Peter Brandl
Hudson River

Peter Brandl

Hudson River

Die Kunst,
schwere Entscheidungen
zu treffen

Bibliografische Information der Deutschen Nationalbibliothek

Die Deutsche Nationalbibliothek verzeichnet diese Publikation in der Deutschen Nationalbibliografie; detaillierte bibliografische Informationen sind im Internet unter http://dnb.ddb.de abrufbar.

Sonderausgabe der unter der ISBN 978-3-86936-509-1 erschienenen Verlagsausgabe.

Programmleitung: Ute Flockenhaus, GABAL Verlag
Lektorat: Susanne von Ahn
Umschlaggestaltung: Martin Zech Design, Bremen | www.martinzech.de
Autorenfoto: Max Kratzer
Satz und Layout: Das Herstellungsbüro, Hamburg | www.buch-herstellungsbuero.de
Druck und Bindung: Salzland Druck, Staßfurt

Copyright © 2013 GABAL Verlag GmbH, Offenbach

3. Auflage 2018
Alle Rechte vorbehalten. Vervielfältigung, auch auszugsweise, nur mit schriftlicher Genehmigung des Verlages.

www.gabal-verlag.de
www.facebook.com/Gabalbuecher
www.twitter.com/gabalbuecher

Inhalt

Prolog: 208 Sekunden 7

Teil 1 Warum wir uns noch nicht entschieden haben 9

Kapitel 1 Schwerkraft: Niemand hat gesagt, es wird leicht 11

Kapitel 2 Gurtschloss: Was uns zurückhält 29

Kapitel 3 Reifendruck: Wirklich hart wird es, wenn alles weich ist 49

Kapitel 4 Gleitflug: Ohne Wenn und Eigentlich 63

Teil 2 Harte Landung 83

Kapitel 5 Nieten: Warum das Unwichtige am wichtigsten ist 85

Kapitel 6 Copilot: Wer wirklich entscheidet 105

Kapitel 7 Gräber: Wo das Leben wohnt 123

Kapitel 8 Schub: Was voranbringt 141

Kapitel 9 Zahltag: Was du dir nicht schenken kannst 161

Kapitel 10 In echt: Was wäre, wenn es klappt? 181

Kapitel 11 Hudson River: Alles im Fluss 200

Epilog: Auf dem Boden bleiben 224

Über den Autor 225

Stichwortverzeichnis 226

PROLOG

208 Sekunden

Was alles 208 Sekunden dauert:

- 11,5 Kilometer auf der Autobahn bei Tempo 200,
- die 4 x 100-Meter-Lagenstaffel bei den Schwimmweltmeisterschaften 2009 in Rom – Europarekord,
- ein Kaiserschnitt,
- zu Fuß von der U-Bahn-Station Bundestag zum Bundeskanzleramt,
- die Rede Charlie Chaplins am Ende seines Films *Der große Diktator* von 1940,
- der Rekord-Tauchgang von Apnoe-Taucher Loic Leferme, als er 2004 in der Disziplin No Limits seinen eigenen Rekord knackt: 171 Meter,
- das Lied *You shock me all night long* von AC/DC.

***

208 Sekunden dauerte es auch vom Einschlag eines Schwarms Wildgänse in die zwei Turbinen des Airbus 320, der gerade vom New Yorker Flughafen La Guardia gestartet war, bis zur Notwasserung auf dem Hudson River. Ein Flugzeug mitten in den Fluten vor der Skyline Manhattans, 1,6 Kilometer Luftlinie vom Times Square entfernt. Alle 155 Insassen überlebten.

Das Wichtigste, was in diesen 208 Sekunden passierte: Es wurde eine Entscheidung getroffen.

TEIL 1

Warum wir uns noch nicht entschieden haben

KAPITEL 1

Schwerkraft: Niemand hat gesagt, es wird leicht

»Wir sind jetzt gerade im Sommer der Entscheidungen. Und dann kommen der Herbst und dann der Winter der Entscheidungen. Jetzt kommen überhaupt nur noch Entscheidungen.« ANGELA MERKEL, 2005

Drei Streifen am Ärmel. Jahrelang habe ich auf sie hingearbeitet, habe alles darangesetzt, Hindernisse überwunden, Opfer gebracht. Ich wusste sehr genau, was ich wollte. Pilot zu sein war schon als Kind für mich dasselbe wie frei zu sein. Einen Jet dorthin lenken, wohin ich will. Einen weithin sichtbaren Kondensstreifen am Himmel hinterlassen. Das Steuer in der Hand halten, für hunderte Menschen die Verantwortung tragen. Das war mein Wunsch gewesen, dafür habe ich alles gegeben. Nun habe ich es endlich erreicht. Meine Pilotenausbildung ist beendet. Ich bin angekommen.

23.34 Uhr. Ich liege im Hotelzimmer auf dem Bett und lasse die vergangene Woche noch einmal an meinem inneren Auge vorüberziehen. Meine ersten Einsätze als Linien-Pilot. Zwei Mal nach Hamburg und zurück, gestern dann ein Flug nach Wien. Fünf Stunden Aufenthalt und gleich wieder retour. Morgen noch einmal Österreich. Der Einstieg in die große weite Welt.

Ich lehne mich in meinem Kissen zurück und betrachte die ausgebürstete Uniform, die an der Wand gegenüber hängt. Die Streifen glänzen matt im Mondlicht. Ich denke an die Crew; sie ist sehr gut, ein eingespieltes Team. Ich denke an die Maschine, eine Dash-8, 50 Sitze. Ein gutes Flugzeug, robust, ohne Mucken.

Eigentlich ist alles bestens. Aber ich bin unruhig, der Schlaf will nicht kommen. Ich mache noch einmal das Licht an, um zu schauen, ob der Wecker richtig gestellt ist. 4.10 Uhr. Um 5.20 Uhr trifft sich die Crew am Flughafen, geplanter Start nach Wien 6.20 Uhr. Das Wecksymbol leuchtet auf dem Display. Alles klar.

Alles klar? Nein. Eben nicht alles klar!

Wie ein Zentnergewicht erdrückt mich plötzlich die Vorstellung, dass ich so wie die vergangene Woche auch die nächsten Jahrzehnte nach Dienstplan fliegen werde. Dass ich die Nacht zum Tage und den Tag zur Nacht machen werde, um Geschäftsleute und Touristen quer über den gesamten Globus zu transportieren. Das kann es nicht sein. Ich will das nicht! Und es war noch nicht einmal ein Vierteljahr ins Land gegangen! Dass mich die Realität so schnell einholt, erwischt mich kalt.

> **Reiß dich zusammen!**
> **Knick jetzt nicht ein!**

Ich sitze auf der Bettkante und gehe hart mit mir ins Gericht: Reiß dich zusammen! Knick jetzt nicht ein! Willst du deinen Lebensplan etwa in Frage stellen? Du hast doch genau gewusst, worauf du dich einlässt. Du hast so viele Opfer gebracht, um bis hierher zu kommen! Fünf Jahre nebenberuflich gebüffelt, knapp 100 000 Euro in die Ausbildung gesteckt, auf Urlaub verzichtet, und jetzt auf einmal sagst du »Och nö. Macht mir doch keinen Spaß«? Das kommt nicht in Frage! Wenn du jetzt ausscheidest, ist das alles für die Katz gewesen. Jetzt das Handtuch zu werfen wäre doch reiner Wahnsinn …

In den Sand gesetzt

Die Erkenntnis, dass man in seinem Leben aufs falsche Pferd gesetzt hat, kann schleichend kommen. Dann wird aus einem anfangs noch kaum spürbaren Unbehagen eine störende Missstimmung, die du noch ganz gut wegdrücken kannst. Doch aus dem merkwürdigen Gefühl wird schließlich ein Klumpen im Bauch, der dich Tag für Tag, Stunde für Stunde begleitet.

Oder es haut dich um wie eine Dampflok.

Ob tausend Nadelstiche oder ein Hammerschlag: In beiden Fällen gibt es den einen Zeitpunkt, an dem dir klar ist: Das war's. Du musst eine Entscheidung treffen. Ein Richtungswechsel ist angesagt. Weg von dem, was in der Vergangenheit falsch gelaufen ist, hin zu dem, was besser zu dir passt.

Hört sich einfach an. Ist aber mit das Schwerste, was du im Leben stemmen musst. Wenn es dich tröstet: Den Unternehmen, der Politik und der Gesellschaft geht es nicht besser. Hier sitzen Topentscheider, ganze Vorstände, Kommissionen, Fachgremien – ein ganzes Arsenal an Instrumenten und Personen, dessen Existenzberechtigung nichts anderes ist, als Entscheidungen zu treffen. Und das Ergebnis? Ich möchte hier nicht von Stuttgart 21, Bildungsnotstand, Langzeitarbeitslosigkeit und verpassten Hybridautos reden. Die sprechen für sich selbst.

Fast jeder kommt in seinem Leben an einen Punkt, an dem es gilt, reinen Tisch zu machen. Und das wahrscheinlich nicht nur einmal! Doch statt die fällige Entscheidung zu treffen, die Konsequenz aus der Erkenntnis zu ziehen, macht man lieber Nebenschauplätze auf und überlegt sich tausend Gründe, warum es doch besser ist, so weiterzumachen wie zuvor.

Was macht jemand als Erstes, der merkt, dass er sich auf dem Holzweg befindet? Er hadert: »Warum ich? Warum muss mir das passieren?« Er klagt das Schicksal an und alles, was daran beteiligt war, ihn in die missliche Situation zu bringen: »Das ist nur geschehen, weil meine Freundin … Hätten meine Eltern … Wenn mein Mann damals … Warum hat mich denn niemand …« Doch andere mit reinzuziehen ist schwach. *Du* bist in der Situation, die eine Entscheidung erfordert. Und *du* allein bist es, der sie treffen muss.

Trotzdem: Wer vor einer tiefgreifenden Entscheidung steht, stellt sich lieber tot, als sie zu treffen. »Das ist eine verdammt schwere Entscheidung«, sagst du. »Ich muss mir das durch den Kopf gehen lassen, eine Nacht darüber schlafen …« Aber aus einer Nacht werden zwei; aus zwei werden drei … bis du endlich vergessen hast, dass du überhaupt etwas ändern wolltest.

Das ist doch vollkommen verrückt! Es kann doch niemand ernsthaft behaupten, mit der Devise »Ich treffe keine Entscheidungen – mal sehen, wohin mich der Wind so treibt« ein erfülltes Leben führen zu können.

Auch mir selbst war meine Lage damals eigentlich sonnenklar: Ich hatte einen Fehler gemacht. Das war nicht nur Müdigkeit, das war auch kein vorübergehendes Motivationsloch. Mir war schlagartig etwas bewusst geworden, und zwar mit der Wucht von zwei Haken der Klitschko-Brüder: Ich hatte mich in den zurückliegenden Jahren nur noch in mein Ziel verbissen – whack!, das war Vitalis Linke – und gar nicht mehr gemerkt, dass mir der Sinn abhandengekommen war – bang!, das war Wladimirs Rechte. Über den Strapazen der Pilotenausbildung hatte ich alles andere ausgeblendet. Mit hohem Einsatz hatte ich einen Gotthard-Tunnel durch die Alpen gesprengt und nun, wo ich auf der anderen Seite wieder ans Tageslicht gekommen war, schaute ich mich um und erkannte, dass ich zwar genau dort angelangt war, wohin es mich die ganze Zeit getrieben hatte. Dass ich an diesem Ort aber gar nicht sein wollte.

> **Lieber jahrelang abstottern, als jahrelang das Falsche tun.**

Ich musste nur noch die entsprechende Entscheidung treffen. Mein Leben neu ausrichten. Gleich dort im Hotel, auf der Bettkante sitzend, um keine Minute mehr als unbedingt notwendig in einem Projekt zu verschwenden, das nichts mehr mit meinem Lebensziel zu tun hatte. Das Geld sausen lassen. Lieber jahrelang abstottern, als jahrelang das Falsche tun – dazu ist das Leben einfach zu kurz, als dass ich mir das leisten könnte. Sagte mein Bauch. Mein Kopf wehrte sich. »Bist du verrückt?«, schrie er. »Das kannst du doch nicht machen! Zieh das gefälligst durch!« Ich war wie gelähmt.

Was hielt mich davon ab, zu reagieren? Auch wenn manche Leute es schaffen, sich darüber hinwegzusetzen – es gibt da eine Eigenschaft, die in uns allen tief verwurzelt ist: Wir fürchten Veränderungen. Wir fürchten uns, von einem einmal eingeschlagenen Weg abzukommen, und wenn er noch so steinig ist oder uns in die Irre führt.

In Adiletten auf der Autobahn

Ein belgischer Rentner wollte mit seinem Auto Brötchen holen. Er bog falsch ab und landete auf der Autobahn. Statt anzuhalten, sich in Ruhe zu orientieren, fuhr er einfach immer weiter. Erst der leere Tank seines Autos stoppte ihn. Das war in Deutschland, auf der A3 bei Waldaschaff, 400 Kilometer von seinem Heimatort entfernt. Die Polizei wurde auf ihn aufmerksam, weil er sein Auto auf dem Standstreifen abgestellt hatte und zu Fuß weiterlief – in Badeschlappen.

Solche Geschichten kann man immer wieder in der Zeitung lesen. Zugegeben: Es sind eher verwirrte Senioren, denen das passiert und die dann von ihren erschrockenen Familienangehörigen wieder abgeholt werden müssen. Ich denke aber, dass gerade im Alter das zutage tritt, was zuvor nur mit einer hauchdünnen Schicht Rationalität überdeckt ist: das Bestreben jedes Menschen, den einmal eingeschlagenen Weg auch weiterzugehen. Ohne nach links und rechts zu schauen. So läuft man erst gar nicht Gefahr, sich eingestehen zu müssen, in der falschen Richtung unterwegs zu sein. Und kann sich der Illusion hingeben, alles sei bestens. Selbst wenn der Weg noch so weit vom eigentlichen Ziel wegführt – Hauptsache, es bleibt so, wie es ist.

Diszipliniert an seinen Zielen festzuhalten und sich nicht gleich beim ersten Fehlschlag davon abbringen zu lassen, hat ja durchaus seinen Sinn. Den langjährigen Lebensgefährten fallen zu lassen, weil er den Hochzeitstag vergessen hat oder die Kartoffeln angebrannt sind, wäre vollkommen übertrieben. Oder den gerade angetretenen Job zu kündigen wegen einer kleinen Auseinandersetzung mit dem Chef. Manchmal ist es richtig, diszipliniert auszuharren. Manchmal ist aber auch der richtige Zeitpunkt gekommen, sich von alten Zielen und Strategien zu trennen.

Es ist nun einmal so, dass in unserer Kultur eine starre, zielorientierte Verhaltensweise stark verankert ist. Mit einem festen Ziel vor Augen leisten wir Großartiges. Dann räumen wir wie ein Hulk alles, was uns im Weg steht, beiseite und beißen uns bis ins Ziel durch. Das macht uns so leicht niemand nach. Mit dieser Einstellung ist es für uns allerdings sehr anstrengend, unser Verhalten flexibel an einer veränderten aktuellen Situation auszurichten. Wenn uns das Ziel wegbricht, gehen wir in die Knie. Deshalb halten wir lieber am Ziel fest, als uns blutige Schienbeine zu holen.

> **Wie ein Esel zwischen den Heuhaufen**

In der Wirtschaft ist längst bekannt, welche Probleme es gibt, wenn Führungskräfte aus anderen Kulturen auf hiesige Mitarbeiter treffen – und umgekehrt. Um im Jargon der international agierenden Personaler zu bleiben: Wir Westler sind nicht besonders ambiguitätstolerant. Ambiguität ist Mehrdeutigkeit. Und wenn ein Großteil der westlich geprägten Menschen eine Ambiguitäts-Aversion zeigt, heißt das nichts anderes, als dass wir uns schwer damit tun, in komplexen, sich ändernden Situationen zurechtzukommen. Haben wir statt einem Heuhaufen plötzlich zwei Heuhaufen, stehen wir wie ein Esel dazwischen und verhungern eher, als dass wir uns entscheiden. Chinesen und Koreaner zum Beispiel sind da deutlich geschmeidiger.

Das ist der Grund, warum sich gerade in unseren Breiten viele Menschen scheuen, einen Neuanfang zu wagen, auch wenn das Ziel, das sie bislang verfolgt haben, sich als undurchführbar oder unsinnig erweist. Es ist eine Tatsache, dass sie sich lieber der Illusion hingeben, sie seien noch auf dem richtigen Weg, als kurz stehenzubleiben, ihren Kurs zu überprüfen und eventuell umzudrehen.

Dieses geradezu selbstzerstörerische Verhalten hat nicht nur im persönlichen Bereich verheerende Auswirkungen – auch auf gesellschaftlicher Ebene führt diese besondere Art der Nostalgie geradewegs ins Desaster. Denn in den Leitungspositionen sitzen ja genau die Menschen, die so ticken.

Augen zu und durch

Nachtschicht. Die Ingenieure sitzen vor ihrem Schaltpult. Ein Stresstest soll die Funktionstüchtigkeit der Anlage überprüfen. Liefern die Kraftwerksturbinen bei einem kompletten Stromausfall noch genügend Strom für die Notkühlung? Ein Bedienungsfehler lässt die Leistung unerwartet stark abfallen. Die Mitarbeiter überlegen, ob sie den Test lieber abbrechen. Doch der Leitende Ingenieur will den Plan erfüllen und befiehlt: »Noch ein, zwei Minuten, und alles ist vorbei! Etwas beweglicher, meine Herren!« Es ist der 26. April 1986 und wir befinden uns in Tschernobyl ...

Na ja, das waren ja schließlich auch Mitglieder eines totalitären Systems, das sich große Mühe gemacht hat, seine Bürger so zu erziehen, dass sie sklavisch die Fünfjahrespläne einhalten. Koste es, was es wolle. – Könnte man meinen. Wäre aber falsch gemeint. Das sture Festhalten an Althergebrachtem hat auch ein paar Längengrade weiter westlich schon so manchen Untergang eingeläutet. Den von Kodak zum Beispiel.

In der Film- und Fotobranche kam niemand an dem Namen Kodak vorbei; er war fast schon ein Synonym für Fotopapiere und Filme für Fotoapparate und Super-8-Kameras. Schon um 1900 herum hatte das Unternehmen die erste massentaugliche Kamera auf den Markt gebracht. Seitdem lief die Konkurrenz nur noch hinterher. Der Rang als Weltmarktführer war auf Dauer gebucht.

1976 legte Steven Sasson seinem Chef einen vier Kilo schweren Koffer auf den Schreibtisch. Das war die erste elektronische Kamera der Welt; sie fotografierte schwarz-weiß, mit 0,1 Megapixeln. Eine Eigenentwicklung von Kodak. Aber irgendwo in der Entscheidungskette vom genialen Mitarbeiter in der Forschungs- und Entwicklungsabteilung bis zum CEO ging die neue Erfindung verloren. Im Unternehmen schien kein Platz zu sein für so neumodischen Schnickschnack. Das Geschäft mit den Negativfilmen und dem Fotopapier brummte, mit einer Digitalkamera würden sie sich selbst kannibalisieren. Die Befürchtung: Wer wird dann noch die Filme kaufen, die uns so stark machen? Also setzte man weiter auf die analoge Technologie – so wie die fast hundert Jahre zuvor auch. Und überließ die Entwicklung einer massentauglichen Digitalkamera der Konkurrenz. Als die Führungsebene endlich ihren Fehler erkannte, war es längst zu spät. 2003 strich Kodak 47 000 Arbeitsplätze, im Januar 2012 meldete das Unternehmen Insolvenz an.

Ich meine: Okay, wir wollen nicht stehen bleiben und umdrehen. Wir wollen nicht von dem einmal eingeschlagenen Weg abweichen. Nicht, wenn er uns nur Mühe macht und aus spitzen Steinen besteht. Und auch nicht, wenn es bisher recht bequem auf ihm zu laufen war, aber abzusehen ist, dass es so nicht weitergeht. Aber warum denn nicht? Was ist denn so schlimm daran, einen Neuanfang zu wagen, wenn das Ziel, das man bislang verfolgt hatte, sich als undurchführbar oder unsinnig erwiesen hat?

Trennungsschmerzen

> **Die Investition mit Zähnen und Klauen verteidigen**

Wer vor einer wichtigen Entscheidung steht, lässt seinen Blick immer auch in die Vergangenheit schweifen: Ich kann mich doch nicht von meinem Freund trennen; wir haben doch schon so viel gemeinsam erlebt; lieber bleibe ich bei ihm, auch wenn er mich wahnsinnig macht. Aber nicht nur schöne Erinnerungen vernebeln den Blick auf die aktuelle Realität. Es reicht schon die Tatsache, dass man in der Vergangenheit in etwas investiert hat. Und seine Investition in den Wind zu schießen, das fällt niemandem leicht.

Sich vom Partner trennen, mit dem man schon seit dreizehn Jahren zusammen ist – sollen denn all die Jahre umsonst gewesen sein?

Oder den Job hinwerfen – mitten im Rennen das Pferd wechseln? Dann hätte man ja vergeblich darauf hingearbeitet, endlich stellvertretender Abteilungsleiter zu werden.

Oder das Haus verkaufen – wegziehen? Das Haus wird niemals einen Preis erzielen, der den Aufwand für Ausbau und Sanierung auch nur annähernd deckt.

Im Innersten weißt du es genau, wenn du nicht mit dieser Frau, in diesem Job, in diesem Haus leben möchtest. In deinem eigenen Leben kennst du dich ja am besten aus. Und trotzdem scheust du dich, die Reißleine zu ziehen. Denn es gibt einen gemeinsamen Nenner, der alle diese Entscheidungen so schwer macht: die Angst davor, Verlust zu machen. »Ich habe schon so viel investiert, da kann ich doch jetzt nicht aufhören.«

Da geht es dir genauso wie den Unternehmen, die sich nur ungern von Geschäftszweigen trennen, wenn die doch früher mal so gewinnbringend waren oder wenn doch schon so viel Geld in sie hineingepumpt wurde.

Wie blöd ist das denn! Das ist wie bei einem Anleger, der Aktien eines Handyherstellers gekauft hat, und zusieht, wie die Smartphones der Konkurrenz den Wert seiner Aktien weiter und immer weiter drücken. Selbst wenn die Aktie längst auf ein Zehntel gefallen ist, scheut er sich, zu retten, was zu retten ist. Sogar wenn im Wirtschaftsteil der Zeitung von Insolvenz die Rede ist, hält unser Mann an seiner Anlage fest, hofft auf ein Wunder. Denkt: »Ich habe so viel Geld da reingesteckt, dann kann ich auch noch ein bisschen länger warten.« Es gibt sogar ein paar Spezialisten, die noch Aktien im Low dazukaufen. Weil der Kurs so schön niedrig ist. Und wenn dann der Tag des Triumphes endlich kommt und all das Warten und Ausharren belohnt wird, steht man dann noch besser da. Dumm nur, dass der Anleger oft vergeblich wartet.

Für diesen Typ Investor, der auf den Sankt-Nimmerleins-Tag hofft, hat kein Mensch wirklich Verständnis. Gutes Geld dem schlechten hinterherwerfen, das macht doch niemand. Doch. Je höher die Investition, desto schwieriger ist es, der Realität ins Auge zu schauen und die Reißleine zu ziehen. Die alles beherrschende Frage lautet: Was war, was wurde schon investiert? Sie lässt dich in Schockstarre verharren.

Kaum einer ist davor gefeit, auf einem toten Gaul sitzen zu bleiben. Und dabei geht es natürlich nicht nur um finanzielle Dinge, das wäre ja noch zu verschmerzen. Geld ist eben nur Geld. Schlimm bis zur Unerträglichkeit ist es, wenn du nicht Moneten vergeudest, sondern dein Leben. Wenn du es nicht schaffst, dich von der falschen Lebensweise, dem falschen Job, dem falschen Partner zu trennen. Wenn du lieber untätig bleibst, als ins Handeln zu kommen. Wenn du nicht bereit bist, auch mal etwas abzuschreiben.

Verluste um jeden Preis vermeiden zu wollen, ist ein schlimmer Fehler! Denn die Sinnhaftigkeit einer Entscheidung hat gar nichts damit zu tun, ob und wenn ja wie viel schon in die falsche Richtung investiert wurde. Sprich: Egal, wie hoch dein Engagement in der Vergangenheit war – sobald sich herausstellt, dass du ins Falsche investiert hast, ist es klar, dass nur eine Entscheidung richtig ist: Aufhören. Und einen anderen Weg einschlagen.

Wir haben nun schon zwei Gründe dingfest gemacht, die es uns so schwer machen, weittragende Entscheidungen zu treffen: das starrsinnige Festhalten an einmal gefassten Plänen und Zielen und die Angst davor, das bereits Investierte zu verlieren. Gibt es da noch mehr?

Wenn die Fußfesseln anfangen zu sprechen

Ein aus dem Urlaub in Südfrankreich heimkehrender Autofahrer hat seit den frühen Morgenstunden schon 800 Kilometer hinter sich gebracht. Jetzt sind es nur noch 40 Kilometer bis nach Hause. Er ist todmüde, zwei- oder dreimal ist er sogar in Sekundenschlaf gefallen und jedes Mal wieder hochgeschreckt. Er weiß genau, dass er jetzt besser noch einmal eine Pause einschieben würde. Aber er fährt weiter. »Ist doch nur noch eine halbe Stunde. Wär doch blöd, jetzt noch eine Rast zu machen.«

Wer unter Ankommeritis leidet, hat einen Tunnelblick, der jede vernünftige Erwägung in den Hintergrund drängt. Unbedingt ankommen wollen – auch das hat mit der bereits angesprochenen Zielfixierung zu tun. Sie beschreibt, dass die Tatsache, dass ich schon eine Weile unterwegs war, mich umso mehr vorantreibt. Aber nun kommt noch ein weiterer Aspekt hinzu: Das Ziel selbst entfaltet eine magnetische Wirkung: »Ich hab doch schon so viel hinter mir. Dann schaffe ich das letzte bisschen doch auch noch!«

Je näher einer am Ziel dran ist, desto größer ist die Anziehungskraft, die von diesem Ziel ausgeht. Fast am Ziel zu sein und dann doch noch umzukehren oder eine Pause einzulegen, bedeutet eine geradezu übermenschliche Anstrengung. Auch Profis und Experten, die es eigentlich besser wissen müssten, tappen regelmäßig in diese Falle und bezahlen ihren Starrsinn nicht selten mit dem Leben. Taucher, die nicht rechtzeitig wieder auftauchen; Bergsteiger, die beim Aufstieg zu viel Zeit und Energie verloren haben und auf dem Abstieg verunglücken; Piloten, die entgegen der Empfehlung des Towers, auf einen anderen Flughafen auszuweichen, auf Biegen und Brechen landen wollen und die Maschine samt Passagieren in die Katastrophe lenken …

Im Juli 2008 starteten beim Zugspitz-Extremberglauf 585 Läufer. 16 Kilometer, 2100 Meter Höhendifferenz. Es regnete, die Temperatur war alles andere als sommerlich und der Wind biss. Nach einiger Zeit wurden Schneeschauer daraus. Plötzlich war die Laufstrecke mit 10 Zentimeter Schnee bedeckt. Im Juli! Manche Läufer brachen ihren Lauf ab. Andere machten weiter; in kurzen Hosen, ohne Mütze, in ärmellosen Hemden. Nichts konnte sie stoppen. Das Ergebnis: Sechs der Teilnehmer mussten im Garmisch-Partenkirchener Klinikum mit schweren Unterkühlungen behandelt werden. Zwei Läufer starben entkräftet und durchgefroren – knapp unterhalb des Gipfels.

> **Sie starben entkräftet und durchgefroren – knapp unterhalb des Gipfels.**

»Die Sportler (haben) oben natürlich den starken Willen, den Lauf zu Ende zu bringen«, sagte der Mediziner Markus de Marees, der als Höhenphysiologe an der Deutschen Sporthochschule in Köln arbeitet, in einem Interview der Frankfurter Zeitung. Und genau das ist die

Haltung: Was ich angefangen habe, bringe ich auch zum Ende. Diese Haltung ist es, die die Entscheidungskraft lähmt und verhindert, die Konsequenzen zu ziehen, die der Situation angemessen wären:

»Nein, ich werde nicht noch diesen interessanten Höhlenspalt untersuchen, sondern jetzt mit der notwendigen Sicherheitsreserve in meinen Druckluftflaschen wieder auftauchen.«

»Ich verzichte darauf, den Gipfel zu erreichen, sondern kehre lieber sicher und vor Einbruch der Dunkelheit ins Tal zurück.«

»Unter diesen Umständen hat es keinen Sinn mehr, in diesem Unternehmen zu bleiben; ich werde mich wegbewerben.«

Die richtige Entscheidung zu treffen hat viel mit Aushalten zu tun. Ich meine nicht: es aushalten, auch noch die letzten Kilometer runterzureißen oder die Zähne zusammenzubeißen, damit man auch noch die letzten Höhenmeter schafft. Sondern aushalten, sich an der aktuellen Situation zu orientieren. Die halbe Stunde Pause zu machen, auch wenn der Stalltrieb fast übermächtig ist. Fünfzig Höhenmeter unterhalb des Gipfels kehrtzumachen, um sicher ins Tal zu gelangen.

Aushalten musst du aber nicht nur, deine eigenen Pläne zu verwerfen und deine eigenen Vorstellungen zu kippen. Aushalten musst du auch, die Erwartungen der anderen zu enttäuschen.

Captain's Decision

Der strahlend blaue Himmel tut in den Augen fast schon weh. Die weißen Kumuluswolken sehen prall und kuschelig wie aufgeschüttelte Daunenkissen aus. Ein geniales Wetter für den lange verabredeten Flug mit meinen Freunden. Wir sitzen zu viert in der Cessna, Flughöhe 800 Meter. Um uns herum die gigantische Wolkenlandschaft. Wir fliegen von Mainz nach Friedrichshafen. Flugzeit etwa eineinhalb Stunden. Meine Freunde sind begeistert.

Ich aber weiß, dass dieses Wetter auch seine Tücken hat. Kumuluswolken bedeuten Thermik, und Thermik heißt, dass eine Menge Segelflieger unterwegs sind. Vor allem jetzt am Wochenende. Die leichten Flugzeuge sind am Himmel nur schwer auszumachen. Die Dinger sind einfach nur schmal und weiß. Wenn

> **Eine reine Sache des Zufalls, ob man mit einem Segler kollidiert oder nicht.**

du sie entdeckst, kann es bei 250 Stundenkilometern Fluggeschwindigkeit schon zu spät sein, um zu reagieren. Zusammenstöße passieren immer wieder. Ich will das Risiko nicht eingehen. Ich entscheide: Wir fliegen nicht zwischen, sondern über den hoch aufgetürmten Wolken.

Auf 3000 Meter Höhe kreischt es dann im Sitz rechts hinter mir. Gesa, eine alte Freundin aus Studententagen, verzieht ihr Gesicht, fängt an zu jammern. Sie hat plötzlich starke Zahnschmerzen. Sie windet sich auf ihrem Sitz. Ihr Freund Markus beugt sich zu ihr und versucht sie zu beruhigen. Na super, das hat mir jetzt gefehlt, denke ich. Leichte Entzündungen am Zahn sind unten auf dem Erdboden noch nicht spürbar. In großer Höhe ist der Druck aber so gering – und kleine Passagiermaschinen wie unsere haben keine Kabine mit Druckausgleich –, dass der Zahn wie verrückt anfängt zu pochen und zu schmerzen.

Meine Passagiere kennen sich aus und rufen: »Peter, geh sofort runter!« Sie haben ja recht, sobald wir wieder auf unserer früheren Reisehöhe wären, würde der Zahn vielleicht aufhören zu schmerzen. Meine Zunge fährt an meinen Zähnen entlang. Ich leide mit Gesa. Aber ich entscheide: Wir bleiben hier oben. Über den Wolken gibt es keine Segelflieger, unter den Wolken ist die Gefahr zu groß. Das gibt einen richtigen Aufstand hinter mir. »Mensch, Peter, das kannst du doch nicht machen. Siehst du denn nicht, was hier hinten los ist?« Markus und Richard reden auf mich ein, Gesa ist nur noch ein Häufchen Elend. Noch 55 Minuten bis Friedrichshafen. Aber Gesa muss das aushalten. – Und ich erst recht.

Aushalten, dass deine Freunde sich in deine Entscheidung einmischen. Aushalten, dass sie sie in Frage stellen. Aushalten, dass sie sich querstellen. Aushalten, dass sie dich von deinem Vorhaben abhalten möchten. Diese Widerstände sind es, die Entscheidungen letztendlich schwer machen. Und schwer ist, nicht nur die Tatsache, dass du »Nein« sagen musst. Schwer ist die Erfahrung zu machen, dass deine bisherigen Mitstreiter sich von dir abwenden. Sauer werden. Dich vielleicht sogar anschreien. Das tut weh. Nicht weil Streit nicht schön ist, der Streit ist nur die Fassade. Der eigentliche Grund, warum wir ihn scheuen, ist nicht, dass es laut zugeht oder kracht. Der wahre Grund ist, dass wir uns auf einmal ausgeschlossen fühlen aus einer Gruppe, zu der wir bisher meinten fest dazuzugehören.

Die Eltern, die so stolz sind, dass ihr Sohn Medizin studiert. Der Vorgesetzte, der nicht verstehen kann, warum man die Beförderung ausschlägt und lieber in eine andere Abteilung versetzt werden möchte. Die Ehefrau, die der Meinung ist, wir seien doch super-glücklich in unserem Einfamilienhaus mit Garten. Sie alle reden auf dich ein, manipulieren dich, versuchen, dich von deinem Vorhaben wieder abzubringen. Und du? Du hast keine Lust auf ewigen Streit. Du willst die Erwartungen anderer nicht enttäuschen.

Aber wenn du entscheiden willst, was aus deinem Leben wird, musst du dich auch gegen deine engsten Freunde, gegen deine Familie und gegen deinen Chef durchsetzen. Das auszuhalten ist schwer. Aber wer hat denn gesagt, dass es leicht wird im Leben?

Die Angst, seine bisherigen Investitionen in den Wind schießen zu müssen, die Bürde, sich auf ein neues Ziel einzulassen, die Sorge, sich und andere zu enttäuschen – das alles macht es dir so schwer, Entscheidungen zu treffen und dein Leben wenn nötig aus dem eingefahrenen Gleis herauszubrechen und in eine ganz andere Richtung zu hieven. Aber der dickste Fisch fehlt noch. Der Grund, der dich mehr als alle anderen davon abhält, dich den notwendigen Entscheidungen zu stellen und so dein Leben in die Hand zu nehmen, statt es einfach laufen zu lassen. Das Totschlagargument sozusagen ...

Kein Zurück

Wer entscheidet, geht immer auch ein Risiko ein. Das Risiko, sich falsch zu entscheiden. Zu glauben, man würde in seinem ganzen Leben keine Fehler machen, ist ein Kinderglaube. Wer entscheidet, kann auch verlieren. So wie es dem Flugzeugbauer Dornier ergangen ist.

Die Dornier-Werke sind mit dem Bau von Flugzeugen groß geworden. Aber die hervorragenden Leistungen des Unternehmens – ich denke da an die legendären Flugboote der Zwanziger- und Dreißigerjahre und an die bahnbrechenden Entwicklungen in der Satellitentechnik ab den Sechzigerjahren –, zusammen fast hundert Jahre Erfahrung haben nicht verhindern können, dass Streitigkeiten unter den Dornier-Erben das Unternehmen empfindlich schwächten. Den Befreiungsschlag sollte die Entwicklung von neuen, zweistrahligen Regionaljets bringen. Das war nicht dumm, denn vor der Jahrtausendwende nahm der Flugboom so richtig Fahrt auf. Kaffeetrinken in London, zum Einkaufen nach Mailand – alles war möglich. Und Dornier setzte alles auf die Karte Do 728, das Projekt, ein zweistrahliges Standardflugzeug für den Kurzstreckenverkehr zu bauen.

> **Sie setzten alles auf eine Karte.**

Aber dann schossen die Entwicklungskosten in die Höhe und die Finanzierung wurde immer wackeliger. Als die Lufthansa kurz nach dem 11. September 2001 ihre Option für 60 Maschinen wieder zurückzog, war das der Todesstoß. Am Ende sperrten die Banken kurz vor dem Erstflug den Kredit. Dornier ging pleite. Übrig blieben drei Prototypen, deren Entwicklung hunderte Millionen Euro gekostet hatte. Der eine wurde für 19 000 Euro an das Deutsche Zentrum für Luft- und Raumfahrt verkauft und dient heute für Kabinenakustiktests. Ein anderer sollte zwischenzeitlich zum Café umgebaut werden, das erwies sich aber als zu teuer. Das dritte Modell – noch ohne Türen und ohne Leitwerk – kaufte ein Rentner für 6000 Euro.

Im Nachhinein weiß man es natürlich immer besser. Was schlauer gewesen wäre, wie man es hätte anders oder besser machen können. Doch die »richtige« Entscheidung gibt es einfach nicht. Oder ich könnte auch sagen: Jede Entscheidung ist richtig – zum Zeitpunkt der Entscheidung. Weil niemand bewusst die zweitbeste Alternative wählen würde. In dem Moment, wo du dich entscheidest, triffst du immer die »beste« Entscheidung, die du in diesem Moment und auf der Basis der Informationen, die du hast, treffen kannst. Ob es aber auch morgen noch die beste ist – darüber kannst du dir nicht sicher sein. Die Bedingungen verändern sich, die Situationen verändern sich, vielleicht kommen neue Informationen ans Licht – und auf einmal kann die Entscheidung, die du gestern noch für die beste hieltest, völlig unsinnig erscheinen. Na super!

Ja, es ist leider so. Wer entscheidet, geht immer auch ein Risiko ein. Das Risiko, sich falsch zu entscheiden. Ein Leben ohne Fehler ist nichts weiter als ein Kinderglaube. Egal, wie lange man Pro und Contra abwägt, egal, wie gut eine Entscheidung untermauert ist: Wer entscheidet, kann verlieren. Und daran lässt sich nichts ändern. Da ist es schon berechtigt zu fragen: Wenn du mit jeder Entscheidung, die du triffst, immer auch damit rechnen musst, die falsche getroffen zu haben, ist es dann nicht besser, das Risiko einer falschen Entscheidung zu vermeiden und sich alle Optionen offenzuhalten? Wer stillhält, trifft wenigstens keine Fehlentscheidungen.

So habe auch ich einmal gedacht. Ich habe am eigenen Leibe erfahren, was es für Folgen hat, sich nicht entscheiden zu können. Was es bedeutet, wenn man meint, einfach weiterwursteln zu können, ohne sich festzulegen.

Gerockt ist was anderes

Mit meinen 18 Jahren war ich definitiv noch grün hinter den Ohren. Aber forsch genug, um die Schule zu schmeißen und spontan meine Kusine Anne in Rom zu besuchen. Das Erste, was mir ins Auge fiel, waren ihre bunten Ketten, Ohrringe und Armreifen. So etwas hatte ich zu Hause noch nie gesehen. Dann sagte Anne en passant: Ah, das ist ja nur Modeschmuck, total günstig ... Und es stimmte auch: Die bunten Perlen gab es für einen Appel und ein Ei. Selbst ich konnte sie mir leisten. Ich packte mir eine Tasche voll, und zurück in Deutschland versuchte ich damit ein bisschen Geld zu verdienen. Etwas Besseres hatte ich, da ich nicht mehr zur Schule ging, sowieso nicht zu tun.

Beim Umsonst-und-draußen-Festival in Würzburg kam genau die richtige Klientel zusammen: In kurzer Zeit verkaufte ich meinen gesamten Bestand. Der Gewinn war nicht schlecht. Also machte ich einfach weiter. Zwei Monate später ging es wieder nach Rom auf Einkaufstour. Eigentlich ein prima Nebenverdienst. Aber eben immer noch ein »Nebenverdienst«. Richtig reingehängt habe ich mich in dieses Geschäft nicht. Es lief nur »nebenbei«, ich arbeitete nur mit Bordmitteln, hatte nicht einmal einen richtigen Stand, nur einen improvisierten Klapptisch. Und entsprechend war auch das Ergebnis: Ich hielt mich gerade so über Wasser. Und auch das nur, weil das Wasser nicht tief war.

Hätte ich die Sache professionell angepackt, besser organisiert, mehr Energie reingesteckt, hätte ich auch richtigen Gewinn machen können. Die Nachfrage war da. Nur nicht meine Entscheidung, mich auf diesen Schmuck zu konzentrieren. Irgendwann stand ich dann mit meinen Ketten und Ringen in meinem improvisierten Zelt im knöcheltiefen Schlamm eines total verregneten Open-Air-Konzerts und dachte nur noch: »Scheiße!« Ich hab dann alles aufgegeben. Meine Halbherzigkeit hatte dem Projekt den Garaus gemacht.

> **Im Schlamm eines total verregneten Open-Air-Konzerts habe ich alles aufgegeben.**

Wer nicht entscheidet, macht auch keine Fehler? Sorry, aber das ist zu kurz gedacht. Wer an der Weggabelung stehen bleibt, sich für alle Zeiten die Option für A, B, C und D erhalten will, kommt sein Leben lang keinen Schritt mehr vorwärts.

Warum fallen die Entscheidungen dann trotzdem schwer? Na ja, wer etwas entscheidet, entscheidet sich nicht nur *für* etwas, sondern automatisch auch *gegen* etwas. Mit jeder Entscheidung verwirfst du hundert andere Möglichkeiten. Schließlich hat Entscheiden etwas mit Scheiden, Trennen zu tun. Gut von schlecht trennen, richtig von falsch. Und genau das ist der Punkt: Wer sagt dir, was richtig ist? Keiner! Wer sagt dir, was falsch ist? Keiner! Da gibt es kein objektives Maß; was gut ist, bestimmst du, was falsch ist, bestimmst du. Und ja, danach musst *du* mit dem Ergebnis leben. Wenn du entscheidest, dich für den Studiengang Maschinenbau in Aachen einzuschreiben, heißt das automatisch, dass du nicht in Braunschweig Elektrotechnik und auch nicht in Berlin Bauingenieurwesen studierst.

Du hast dann deine Optionen eingeengt. Ja, so ist es. Es gibt keine Reiserücktrittsversicherung im Leben. Wenn du aber nicht entscheidest, dann überlässt du dein Leben dem Zufall. Und das ist die größte Entscheidung von allen: Willst du dein Leben aktiv gestalten, der Kapitän auf deinem Schiff sein? Oder willst du, statt auf der Brücke zu stehen, dich wie ein Krustentier außen an den Schiffsrumpf heften und einfach abwarten, wohin dich das führerlose Boot treibt? Als Kapitän kommst du gar nicht daran vorbei: Du musst entscheiden – und die Konsequenzen tragen.

Lass das Gefühl, keine Alternativen mehr zu haben, für dich nicht zum Schreckgespenst werden! Denn es stimmt ja gar nicht, dass einer, der sich für A entschieden und B verworfen hat, für alle Zeit an A gefesselt ist. Was stimmt: Die Möglichkeit, nach einem Jahr die Zeit zurückzudrehen und sich statt für A lieber doch für B zu entscheiden, wird es nur in den seltensten Fällen geben. Doch bald kommt schon die nächste Weggabelung, bei der es dann darum geht, entweder auf A zu bleiben oder vielleicht X oder Y ins Auge zu fassen. Die Alternativen werden dir also nie ausgehen!

Du kannst natürlich auch versuchen, ohne Entscheidungen auszukommen. Dann bitte, unterschreib hier:

> *»Ich erkläre mich einverstanden damit, dass über mein Leben ab heute von anderen entschieden wird. Ich nehme die Konsequenzen aus meinem Nicht-Entscheiden an und verzichte auf jede Regressforderung.«*

KAPITEL 2

Gurtschloss: Was uns zurückhält

»Nicht weil es schwer ist, wagen wir es nicht, sondern weil wir es nicht wagen, ist es schwer.« LUCIUS ANNAEUS SENECA

November 2012. Auf dem Flug von Havanna nach Mailand schieben Flugbegleiter die Cateringwagen durch die engen Gänge der Boeing 767-300.

»Kaffee oder Tee? Oder lieber etwas Kühles?«
»Ich nehme eine Cola, danke.«

Die Stewardess schenkt ein und beugt sich mit dem Plastikbecher zum Passagier am Fenster. In diesem Moment passiert es: Das Flugzeug wird von einer Clear Air Turbulence wie von einer unsichtbaren Faust angehoben und wenige Sekunden darauf nach unten gedrückt. Innerhalb von wenigen Sekunden verliert es 1000 Fuß an Höhe. 300 Meter. Alles, was nicht niet- und nagelfest ist – nicht verstautes Handgepäck, Smartphones, Bücher –, fliegt durch die Kabine. Cateringwagen reißen sich los und krachen gegen die Sitzreihen. Fluggäste, die nicht angeschnallt sind, haben wenig Chancen. Sie werden, wenn sie sich nicht festkrallen können, aus den Sitzen geschleudert. Nach ein paar Sekunden ist alles vorbei. Das Flugzeug ist wieder unter Kontrolle, doch die Kabine sieht aus wie ein Schlachtfeld. Die Ärzte unter den Passagieren kümmern sich um die 45 Verletzten. Das Kabinenpersonal räumt auf.

Im Gurtmodus unterwegs

Allein in der Zeit zwischen 1981 und 1996 lösten starke Luftturbulenzen mindestens 252-mal Unfälle im Passagier- und Frachtverkehr aus. Insgesamt 863 Fluggäste wurden leicht verletzt, 63 schwer. Zwei Passagiere starben. Neuere Zahlen sind kaum zu bekommen, denn die Fluggesellschaften sprechen nicht gerne über die unsichtbare Gefahr. Verständlich, denn wer will schon seine Kunden verschrecken?

> **Buchstäblich aus dem Nichts heraus spielt das Flugzeug verrückt.**

Doch das Problem bleibt: Keine drohende Wolkenformation weist einen Piloten auf eine Clear Air Turbulence hin. Er sieht nur klare, blaue Luft – und buchstäblich aus dem Nichts heraus spielt das Flugzeug verrückt. In eine heftige CAT zu geraten ist zwar nicht sehr wahrscheinlich, aber es kommt vor. Deshalb sehen es die Fluggesellschaften gerne, wenn ihre Fluggäste auch dann den Gurt weiter geschlossen halten, wenn das »Bitte anschnallen«-Schild nach dem Start erloschen ist. Das ist eine Frage der Fürsorge für den Fluggast. Und der Haftungsrisiken.

So wie einem Passagier im Flugzeug kann es auch dir im Leben gehen: Wenn es darauf ankommt, bist du nicht angeschnallt. Da kannst du es dir noch so gemütlich auf deinem Fensterplatz eingerichtet haben, die kleinen und die großen Schicksalsschläge hauen dich doch aus dem Sessel.

Aber du solltest dir auch dessen bewusst sein, dass es Situationen gibt, in denen du besser *nicht* angeschnallt bist! Ich weiß, dass diese Ansicht nicht sofort auf Gegenliebe stoßen wird. Ich will sie erklären. Die Frage dieses Kapitels ist, was genau dich davon abhält, die richtigen Entscheidungen zum richtigen Zeitpunkt zu treffen. Wenn du die Antwort auf diese Frage finden willst, solltest du erst einmal darüber nachdenken, warum du dich im Auto anschnallst. Und warum du dich während des Fluges von deinem Gurt gar nicht mehr trennen magst – jetzt, wo du über die Sache mit dem CAT Bescheid weißt.

Ein Gurtschloss gibt dir Sicherheit, es kann dein Leben retten. Wenn du dich anschnallst, minderst du das Risiko, dich in einer Gefahrensituation zu verletzen. Das gilt nicht nur für Flugzeug, Auto und Achterbahn. Sobald du eine Versicherung abschließt, wenn du in eine Kranken- oder Rentenkasse einzahlst, wirkt sich das auf dein Leben genauso wie ein Gurt aus: Du sicherst deine Existenz.

Es gibt so vieles im Leben, über das du keine Kontrolle hast; jederzeit kann dich Unvorhergesehenes aus der Bahn werfen. Wer sorgt für dich, wenn eine plötzlich auftretende Krankheit dich für ein halbes Jahr von der Bildfläche verschwinden lässt? Wie kannst du dann deine Miete weiter zahlen? Gut, wenn du rechtzeitig für den Fall der Fälle vorgesorgt und eine Berufsunfähigkeitsversicherung abgeschlossen hast. Dann musst du dir zumindest um das Finanzielle keine Sorgen machen. Mit einem Gurt verlieren viele Unwägbarkeiten ihren Schrecken und du bekommst maximale Kontrolle über dein Leben.

Auch auf staatlicher Ebene wird vorgesorgt. Es ist ja vernünftig, dass in den Fluren aller öffentlichen Gebäude Feuerlöscher hängen. Die Vorsorge des Staates geht noch viel weiter. Da gibt es zum Beispiel in Deutschland die rund hundert im gesamten Bundesgebiet strategisch verteilten Vorratslager, in denen tonnenweise Getreide, Trockenmilchpulver und andere haltbare Lebensmittel gelagert werden. 15 Millionen Euro kostet es pro Jahr, die Nahrung, die die Bundesbürger im Notfall über Wochen versorgen kann, zu lagern und turnusmäßig je nach Haltbarkeit zu ersetzen. Bislang sind all diese Lebensmittel nur dreimal zum Einsatz gekommen: 1986 nach Tschernobyl wurden 1000 Tonnen Milchpulver verteilt, und bei den akuten Hochwasserereignissen der Jahre 1997 und 2002 wurden ebenfalls Lebensmittel ausgegeben. Lohnt sich der Aufwand von umgerechnet 20 Cent pro Bundesbürger und Jahr? Ganz klar: Ja. Er lohnt sich! Es gibt ein richtig gutes Gefühl zu wissen, dass es da eine Lösung für den Notfall gibt.

Eine Risikoabsicherung, die mich besonders fasziniert, ist folgende: In Zeiten des Kalten Krieges fürchtete die deutsche Regierung, dass der Ostblock das Bundesgebiet mit Falschgeld überschwemmen könnte, um die Wirtschaft schlagartig zu destabilisieren und ein Chaos herauf-

> **Faszinierend, was sich Menschen einfallen lassen, um Risiken zu vermeiden**

zubeschwören. Schließlich soll schon Lenin gesagt haben: »Wer eine Gesellschaft zerstören will, muss ihre Währung ruinieren.« Die Bundesbank ließ sich einen besonderen Kniff einfallen, um diesem Risiko zu begegnen. 1963 zirkulierten in der damaligen BRD Geldscheine im Wert von rund 25 Milliarden DM, und so wurden kurzerhand 25 Milliarden DM an »Zweitgeld« hergestellt. Die Scheine waren den offiziell gültigen Geldscheinen ähnlich, hatten aber zum Beispiel deutlich geänderte Rückseiten. Falls der Feind im Osten tatsächlich versucht hätte, die BRD mit Massen an Falschgeld zu destabilisieren, hätte das gebunkerte Geld der Serie BBk II sofort eingesetzt werden können. Erst ab Ende der Achtzigerjahre wurde das Ersatzgeld nach und nach geschreddert und verbrannt. Der Ostblock war zerfallen und die ab 1990 gültige neue Banknotenserie war so fälschungssicher, dass die Scheine ihren Zweck verloren hatten.

Ich finde es spannend, was sich Menschen einfallen lassen, um Risiken möglichst auszuschließen – auf persönlicher, wirtschaftlicher und auch gesellschaftlicher Ebene. Jede Maßnahme, möglichen Risiken schon im Vorfeld die Zähne zu ziehen, wirkt wie ein kleiner Sicherheitsgurt.

Auch mental sind wir mit einem Sicherheitsgurt unterwegs. Er bewahrt uns davor, vorschnell zu handeln.

Hals über Kopf

Am 28. Juni 2012 wurde im Deutschen Bundestag ein neues Meldegesetz verabschiedet. In der ursprünglichen Fassung war vorgesehen, dass Bürger erst prinzipiell zustimmen müssen, wenn Meldeämter und Kommunen ihre Daten an Dritte weitergeben wollen. Verabschiedet wurde aber das Gesetz, dass die Bürger, wenn sie die Weitergabe der Daten nicht wollen, aktiv Widerspruch einlegen müssen. Auf einmal wurde also dem Bürger die Bringschuld zugeschustert! Klamme Kommunen hätten die wertvollen Daten ihrer Einwohner ab 2014 an private Adresshändler verkaufen können – mit der Folge, dass noch mehr Werbematerial im Postkasten liegt. Dass es Lobbyisten gibt, denen an dieser Version des Gesetzes gelegen war, ist klar. Doch warum sind die Datenschützer der Parteien nicht dazwischengegrätscht? Wie kam es zu dieser offensichtlichen Fehlentscheidung, gegen die, kaum dass sie publik wurde, parteiübergreifend gewettert wurde? Ganz einfach: Das Plenum war fast leer, die Debatte dauerte genau 57 Sekunden, die Anwesenden wollten das EM-Spiel Deutschland gegen Italien sehen. Schnell, schnell mal ein Gesetz beschließen – das kann eben nicht gut gehen! Übrigens: Nur wenig später kippte der Bundesrat den Unsinn kurzerhand. Der Bundestag hatte versagt, mit seiner Hopplahopp-Aktion hätte er fast eine wichtige Entscheidung versemmelt. Gut, dass der Bundesrat hier seine Aufgabe als zusätzlicher Sicherheitsgurt etwas ernster genommen hat.

Es ist sinnvoll und vernünftig, nicht überstürzt zu entscheiden. Kein vernünftiger Mensch würde nach einem Streit mit der Biologielehrerin wegen einer ungerechten Note sein Kind auf einer anderen Schule anmelden. Oder auf die Schnelle einen Urlaub buchen, wenn er noch nicht einmal sicher ist, ob er in der Woche auch wirklich frei nehmen kann. Lieber also noch einmal eine Nacht darüber schlafen, ein paar mehr Informationen sammeln, die Konsequenzen ein weiteres Mal überdenken, bevor man eine Entscheidung trifft.

Bei der Bundeswehr ist das ganz gut geregelt: Beschwerden aller Art können erst am folgenden Tag zur Meldung gebracht werden. Über Nacht aber relativiert sich vieles, und die Beschwerdestelle erspart sich viel Arbeit. Denselben Effekt hat es, wenn du nach einem heftigen Streit erst mal eine Runde an der frischen Luft spazieren gehst, bevor du aus dem Affekt heraus deinem Geschäftspartner die Zusammenarbeit aufkündigst.

Das Gegenteil von vorsichtiger Absicherung ist Spontaneität. Die kann ja ganz schön sein, ist aber auch anstrengend. Auch ich habe mich schon in Projekten engagiert, von denen ich mir wünschte, es nie getan zu haben. Als ich mich einmal in ein Immobilienprojekt einkaufte, hat mich kein innerer Gurt zurückgehalten. »Wird schon gut gehen«, war meine Einstellung. Es stellte sich aber heraus, dass ich sehr naiv gewesen war, und ich hatte viele schlaflose Nächte zu überstehen, bis am Ende klar war, dass ich mit einem blauen Auge davonkommen würde. Hätte auch ganz anders kommen können. Damals habe ich mir geschworen: Nie wieder lässt du dich spontan auf so ein Abenteuer ein.

Mit einem Anschnallgurt um den Leib haut es dich nicht aus den Schuhen. So wie dich ein physischer Gurt im Auto davor bewahrt, mit dem Kopf voran durch die Frontscheibe zu fliegen, hält dich der mentale Gurt davon ab, überhastet Risiken einzugehen und allzu schnelle Bewegungen auszuführen – nicht umsonst heißt ein Gurt in Fachkreisen »Rückhaltesystem«. So schützt du dich vor den Wechselfällen und Unwägbarkeiten des Lebens. Um die Kontrolle zu behalten, brauchst du diese inneren Gurte – je mehr, desto besser, könnte man meinen.

Ich frage mich nur: Ist das wirklich so? Oder gibt es einen Punkt, an dem es zu viel wird?

Bewegungslos im Recaro-Sitz

Wenn du in dein Auto steigst, gilt dein erster Griff dem Anschnallgurt. Die Bewegung läuft derart automatisch ab, dass du sie schon gar nicht mehr bewusst wahrnimmst. Der Griff mit der rechten Hand über die linke Schulter und – klick – bist du angeschnallt. Die Autobauer verwenden viel Arbeit und Know-how darauf, dass du den Gurt beim Fahren gar nicht spürst. Du lehnst dich vor, um den Sender im Autoradio zu ändern, du drehst dich nach deinen Kindern auf dem Rücksitz um oder schaust an der roten Ampel stehend im Handschuhfach nach einem Kaugummi. Ein guter Gurt limitiert dich nicht in deinen Bewegungen. Jedenfalls nicht in den vorgesehenen. Wenn du allerdings im Stop-and-go-Verkehr schnell mal unter dem Beifahrersitz nach dem verlorenen Kuli suchen willst, geht das nicht. Doch du bist schon so sehr daran gewöhnt, angeschnallt zu sein, dass dir das gar nicht mehr auffällt. Ganz automatisch verschiebst du die Suche nach dem Kuli auf später, wenn du daheim angekommen bist.

Dir wird gar nicht klar, dass du soeben auf ein Stück Freiheit verzichtet hast.

Und das ist das Dumme an Sicherheitsgurten: Irgendwann nimmst du sie gar nicht mehr wahr. Du bemerkst gar nicht mehr, dass du im Sicherheitsmodus unterwegs bist. Und was am schlimmsten ist: Dir ist auch nicht bewusst, dass der Gurt dich in bestimmten Bewegungen zurückhält, deine Freiheit beschneidet. Auf einmal ist der Gurt nicht mehr dein rettender Engel, sondern dein Kerkermeister.

Bin ich ein Gurtmuffel? Ein Rückhaltesystem-Hasser? Nein, ganz bestimmt nicht. Ich weiß sehr gut, wie wichtig es ist, in den richtigen Momenten angeschnallt zu sein. Einmal flog ich mit einer kleinen Cessna in den Windschatten eines Berges hinein und hatte plötzlich keinen Auftrieb mehr. Der Flieger fiel ab wie ein Sack Kartoffeln. Ich war lässig gewesen und viel zu locker angeschnallt und knallte mit dem Kopf so stark an die Decke, dass ich nur noch Sterne sah. Ein bisschen mehr Wucht und ich wäre ohnmächtig geworden. Dann wäre es mit mir vorbei gewesen.

> **Anschnallgurte minimieren das Risiko. Aber sie hindern uns auch in unseren Bewegungen.**

Noch einmal: Gegen Gurte habe ich nichts. Aber gegen das automatische, unüberlegte Anlegen eines Sicherheitsgurtes. Und vor allem dagegen, ein ganzes Leben nur noch mit Gurt zu verbringen. Das ist dann so, als würdest du in deiner Garage angeschnallt in deinem Wagen sitzen, um das Autoradio auszubauen. Klar, dass ich nicht an reale Gurte denke, wenn ich zu einem bewussteren Umgang mit Rückhaltesystemen aller Art aufrufe. Sondern an all die Situationen, in denen du dich ohne Not hemmen lässt, in denen du gerade dann auf Spontaneität verzichtest, wenn sie notwendig ist, und in denen du dich lieber tot stellst, als lebendig zu sein.

Im Grunde ist es ja nicht nur ein einziger Gurt, den du dir anlegst. Das Haus, das du dir mit einem Kredit kaufst, um dich im Alter sicher zu fühlen – klick –, die Lebensversicherung, die einen viel zu großen

Teil deines Einkommens auffrisst – klick –, die nicht gemachte Weltreise, weil du doch für deinen Papagei sorgen musst – klick. Am Ende siehst du aus wie eine Mumie, eingewickelt in Gurtband und nicht mehr fähig, dich zu bewegen. Bekannterweise ist in Mumien nicht viel Leben ... Wenn du dich im wahrsten Sinne des Wortes entwickeln willst, musst du dir immer wieder bewusst machen: Ist es jetzt wirklich sinnvoll, mich abzusichern? Oder behindert mich das nur in meinen Bewegungen?

Der Sprung ins Ungewisse

Wir alle kennen die Kinder, die im Freibad stundenlang auf dem Sprungturm stehen und aufs Wasser starren. Sie klettern nicht wieder herunter, aber sie springen auch nicht. Ihr erstaunliches Ausharrungsvermögen kommt daher, dass sie völlig ausgeblendet haben, dass eine Entscheidung ansteht. Sie stehen da oben und frieren, während ihre Freunde unten im Wasser einen Höllenspaß haben.

> **Erst wenn du weißt, wie ein Gurt funktioniert, kannst du ihn auch ablegen.**

Du weißt genau, dass du etwas entscheiden musst. Dass der Zeitpunkt längst gekommen ist, eine Situation zu klären, ein Missverhältnis zu bereinigen. Aber du tust es nicht. Lieber noch ein bisschen warten. Lieber noch ein paar Informationen mehr einholen. Doch wenn du da oben auf dem Sprungturm stehst, nutzt es nichts, die anderen Kinder nach der Wassertemperatur zu fragen. So etwas fällt unter die Sparte »Kreative Vermeidungsstrategien«.

Und das ist das Drama mit dem uneingeschränkten Sicherheitsdenken: Weil du dich nicht entscheiden möchtest, vertagst du den Entschluss. Und aus diesem Vertagen wird schnell Vermeiden. Aus der langen Bank wird schnell der Sankt-Nimmerleins-Tag.

Jede Entscheidung ist wie ein Sprung. Im Sprung hast du keine Kontrolle. Und aus Angst, die Kontrolle zu verlieren, springst du nicht.

Wenn du dich aber gar nicht mehr zu rühren wagst, dann wird es kritisch. Die Angst davor, die Kontrolle zu verlieren, hindert dich daran, eine Entscheidung zu treffen.

Das Perverse an der Sache ist: In dem Moment, wo du nicht entscheidest, entgleitet dir die Kontrolle erst recht. Dann hat der Kontrollzwang *dich* im Griff.

Warum also, zum Teufel, entscheidest du dich nicht? Alles, was du tun musst, ist zu sagen: Hopp oder Top, Stop oder Go. Das gilt übrigens auch für: Baugenehmigung erteilen oder nicht; Kita-Plätze einrichten oder nicht; Hochschulreform oder nicht. Stattdessen heißt es: »Da müssen wir noch ein Gutachten einholen« oder »Wir sollten noch ein Komitee gründen«.

Was ist das für eine unselige Kraft, die uns wie ein unsichtbarer Sicherheitsgurt zurückhält, fällige Entscheidungen zu treffen, und so daran hindert, ins Handeln zu kommen? Was ist das für ein Sicherheitsgurt, der, ohne dass wir es merken, zur Fessel mutiert?

Erst wenn du weißt, wie er funktioniert, kannst du das Schloss knacken und ihn ablegen. Und zwar genau dann, wenn du es für richtig hältst.

Ausgetrickst

Süße Teddys, knuddelige Hündchen, freche Mäuse – die vierjährigen Kinder sind begeistert. Ein jedes, das an der Versuchsreihe der amerikanischen Yale-University teilnimmt, darf sich eines der Stofftiere mit nach Hause nehmen. Dazu dürfen sie zuerst aus dem Berg der Spielzeugtiere drei auswählen, die für sie in Betracht kommen. Mit großem Ernst wird die Auswahl vorgenommen: Das Kätzchen mit dem samtweichen Fell? Nein, das hat so doofe Augen. Lieber den braunen Bären. Abschätzende Blicke, abwägen und entscheiden. Dann liegen die drei Kandidaten unter den begehrlichen Augen der Kleinen auf dem Tisch. Der brummige Bär, der Fisch, der sich so gut unter den

Arm klemmen lässt, und der Hund mit den extralangen Ohren. Nun muss das Kind eines der drei weglegen. Das dauert. Es ist so schwer, sich zu entscheiden! Nach langem Hin und Her wird der Fisch mit großem Bedauern wieder zurückgelegt. Nun gilt es, sich zwischen dem Hund und dem Bären zu entscheiden. Die langen Ohren geben den Ausschlag: Der Bär kommt wieder auf den Haufen, der Hund wartet darauf, liebevoll an die Brust gedrückt zu werden. Alles in Butter also, die Entscheidung ist gefallen. Jetzt aber legen die Psychologen Louisa C. Egan, Laurie R. Santos und Paul Bloom dem Kind noch einmal den zuvor weggelegten Fisch auf den Tisch und sagen, dass es sich noch einmal zwischen Fisch (Platz 3) und Hund (Platz 1) entscheiden darf. Und obwohl es den Kindern anfangs so schrecklich schwer gefallen war, die Auswahl zu treffen, wird in ausnahmslos allen Fällen der Fisch wieder verworfen. Der Hund wurde gewählt und es bleibt dabei.

Dieser an der amerikanischen Yale-University im Jahr 2007 durchgeführte Versuch stieß auf weltweites Interesse. Er zeigt, dass schon vierjährigen Kindern der Hang zum Selbstbetrug in den Knochen steckt. Sie bleiben strikt bei ihrer Wahl, obwohl auch die Alternative durchaus in Frage kommt. Selbstbetrug? Wieso das denn?

Ganz einfach: Mit diesem Trick müssen sie von dem, was sie einmal als das Beste bewertet haben, nicht mehr abrücken. Im geschilderten Einzelfall ist das ja noch nachvollziehbar, es gab schließlich Gründe, warum der Hund und nicht der Fisch den Sieg davongetragen hat. Doch wenn von dreißig Kindern kein einziges seine Entscheidung noch einmal widerruft, dann läuft da ein verdammt mächtiges Programm im Hintergrund ab: Eine einmal getroffene Entscheidung wird nicht mehr in Frage gestellt.

Ich will so bleiben, wie ich bin

Im Seminar fragte ich einmal jemanden, was für ein Auto er fährt. Er antwortete: »Einen Audi S8. Da fühle ich mich sicherer beim Überholen.« Der braucht ein 520-PS-Auto, um sich sicherer zu fühlen? Was genau läuft da eigentlich ab?

Wissenschaftler sprechen von dem Prinzip der Kohärenz: Alles ist tiptop im Leben, keine losen Enden, alles fügt sich zusammen. Jedes Puzzleteil ist an seinem Platz. Um das zu erreichen, wendet das Gehirn einen Trick an: sekundäre Rationalisierung. Mit nachträglichen Begründungen plausibilisiert es getroffene Entscheidungen. Das funktioniert wunderbar – auch wenn die Gründe manchmal ganz schön weit hergeholt sind. Das fängt beim Kauf teurer Schuhe an. »Die halten länger.« Aber ob das für den 300-Euro-Stiletto aus Mailand wirklich gilt, ist fraglich. Und ganz bestimmt ist das nicht der ausschlaggebende Kaufgrund gewesen.

Die sekundäre Rationalisierung ist ein Programm, das zunächst einmal sinnvoll erscheint. Es sagt dir: Du kannst dich auf dich verlassen. Wenn Zweifel gar nicht zugelassen sind, Alternativen ausgeblendet werden, dann gibt das Sicherheit. Eigentlich ist es ganz angenehm, wenn man von Geburt an so gepolt ist, dass das, wofür man sich einmal entschieden hat, auch das Beste bleibt. Dann kommen erst gar keine negativen Gefühle wie Zweifel auf: »Wäre es vielleicht doch besser gewesen, den Fisch zu nehmen? Ist der Hund wirklich der Schönste?« Mit einem »Jetzt, wo ich ihn habe, ist es ganz klar: Der Hund ist viel schöner als alle anderen« lebt es sich weitaus bequemer.

Dieser Mechanismus gilt für die Stofftier-Frage eines Vierjährigen genauso wie später im Leben für die Frage, für welche Automarke man sich entscheidet. Meistens heißt es: einmal Opel, immer Opel. Oder Mercedes. Oder Audi. Kommt drauf an. Wichtig ist nur, dass, sobald einmal die Richtung festgelegt, die Meinung gebildet und die Wahl getroffen wurde, sie im Nachhinein als die einzig mögliche dasteht. Alles andere ist dann automatisch Quark. Einmal Friseur »Cut Cat«, immer Friseur »Cut Cat«. Für Themen der Religion oder Ethik gilt das genauso: einmal Zölibat, immer Zölibat. Etwas zu ändern, was lange Zeit »funktioniert« hat, braucht einen immensen Energieaufwand. Selbst dann, wenn sich die Bedingungen geändert haben und eine Neuausrichtung von großem Vorteil wäre.

> **Einmal Zölibat, immer Zölibat**

Der Grund, warum dieses Denken so gut funktioniert: Wenn alles, was du *nicht* gewählt hast, minderwertig ist, dann ist für dich alles bestens. Dann gibt es keine Alternativen zu dem, was du ohnehin tust und bist. Mit anderen Worten: Es gibt gar keinen Anlass, etwas zu ändern, also Entscheidungen zu treffen. Es kann alles so bleiben, wie es ist. Das ist eine sehr konservative Denk- und Handlungsweise. Das Gewohnte, das Bekannte hat Macht über uns. Es verschleiert den Blick auf die Realität. Platz für Neues ist da nicht. Und richtig vorwärts kommst du mit dieser Einstellung auch nicht. Wie ein Autofahrer, der seinen Blick vom Rückspiegel nicht lösen kann. Wie soll der denn bitteschön vorankommen?

Sich einmal auf etwas alternativlos festzulegen, ist der Auslöser einer sich selbst erfüllenden Prophezeiung. Du sagst, die Salami vom Feinkosthändler XY sei die beste, dann wird sie es auch sein. Denn du kaufst ja gar keine andere mehr, mit der sie einen Vergleich aushalten müsste.

Man kann für dieses Verhalten viele Bezeichnungen finden: Die Skala reicht von Schönfärberei über Selbstgerechtigkeit und Sich-selbst-etwas-Einreden bis zu Realitätsverleugnung und Selbstbetrug. Die Erkenntnis, dass Menschen sich selbst betrügen, ist beileibe keine neue: »Nichts ist leichter als Selbstbetrug, denn was ein Mensch wahr haben möchte, hält er auch für wahr«, sagte der griechische Staatsmann Demosthenes schon vor 2400 Jahren.

> **Wenn Routinen und Vorurteile dein Tun bestimmen, bekommst du statt des Besten nur das Bekannte.**

Der Preis dafür, dass du niemals zugeben musst, dass du dich getäuscht hast oder auf dem falschen Dampfer fährst, ist hoch. Solange du nicht erkennst, was da mit dir passiert, und bewusst versuchst, diesem archaischen Mechanismus entgegenzuwirken, verzichtest du darauf, dein Leben frei und selbstbestimmt zu führen. Wenn Routinen und Vorurteile dein Tun bestimmen, bekommst du statt des Besten nur das Bekannte. Sich einzureden, alles sei bestens, wirkt wie ein Gurt, der dich an der Bewegung hindert. Wie schwer es ist, aus diesem Verhalten auszusteigen, wusste schon Einstein. Er sagte einmal: »Es ist leichter, ein Atom zu spalten, als ein Vorurteil.« Weil er sehr klug war, meinte er bestimmt nicht nur die Vorurteile anderer, sondern ganz besonders die eigenen Vorurteile.

»Ich muss gar nichts Neues in Angriff nehmen, es ist doch alles gut so, wie es ist« – allein diese Einstellung bereitet dir schon genug Probleme, zur richtigen Zeit die richtige Entscheidung zu treffen. Ja, sie hindert dich schon sehr wirkungsvoll daran, überhaupt eine rationale Entscheidung zu treffen. Aber es gibt noch einen weiteren mächtigen Mechanismus, der zusätzlich zu diesem Effekt beiträgt.

Mit der Sogkraft eines schwarzen Loches

Der zweite Gurt, der dich mental immobil macht, ist der Halo-Effekt, der in den letzten Jahren von sich reden gemacht hat. Er schlägt in dieselbe Kerbe, ist aber noch wirksamer als die Sache mit den Kuscheltieren. Jetzt geht es nicht mehr nur darum, die eigenen Entscheidungen möglichst nicht mehr zu hinterfragen, sondern darum, wie diese Entscheidungen überhaupt zustande kommen.

Halo bedeutet Heiligenschein. Der Begriff wurde von dem Amerikaner Edward Thorndike geprägt, als er sich im Ersten Weltkrieg genauer anschaute, wie Offiziere ihre Soldaten beurteilten. Obwohl in den Beurteilungen die unterschiedlichsten Kriterien abgefragt wurden, von Aussehen und Haltung über Charakter und Intelligenz bis hin zu Treffsicherheit mit der Waffe und Musikalität, fielen die Beurteilungen nicht wie erwartet differenziert aus, sondern sehr einseitig. Es schien kaum Soldaten zu geben, die zwar gute Schützen, aber charakterlich fragwürdig waren, oder intelligente Soldaten, die unordentlich und schlecht geputzte Schuhe hatten. Den Beurteilungen nach waren die Soldaten entweder charakterlich einwandfrei, von hoher Intelligenz, hervorragende Schützen und gute Musiker – oder sie versagten auf ganzer Linie. Thorndike schaute genauer hin und entdeckte, dass es ein hervorstechendes Merkmal gab, das die Offiziere blendete, sodass ihre Urteilskraft, was die anderen Fähigkeiten anging, deutlich litt:

Zeigte der Soldat eine gute, militärisch einwandfreie Körperhaltung, so wurden ihm auch alle anderen positiven Eigenschaften zugeschrieben. Einem Soldaten mit mangelhafter Haltung und Körperspannung dagegen trauten sie noch nicht einmal nicht zu, dass er seine Schuhe putzen kann.

Der Halo-Effekt besagt, dass unsere vermeintlich rationalen Meinungen massiv von Störfaktoren beeinflusst werden. Wir sehen die Dinge nicht als das, was sie wirklich sind, sondern nehmen sie immer nur im Kontext wahr. Andere Faktoren, die für unsere Beurteilung einer Sache oder einer Situation eigentlich unerheblich sind, überstrahlen plötzlich unsere Überlegungen und lassen uns zu Schlüssen kommen, die alles andere als rational sind. Wissenschaftler sprechen auch von einer Wahrnehmungsverschiebung oder kognitiven Verzerrung.

> **Wer gute Croissants macht, macht auch gute Brote.**

Was passiert da eigentlich, wenn wir dem Halo-Effekt auf den Leim gehen? In jeder Situation besitzt für dich persönlich ein bestimmtes Argument oder ein bestimmter Faktor unter vielen eine herausragende Bedeutung. Zum Beispiel findest du, dass der Bäcker drei Straßen weiter ganz wunderbar fluffige Croissants im Angebot hat. Dieser Bäcker hat natürlich wie die anderen Bäcker der Stadt auch viele weitere Faktoren aufzuweisen: Du kannst bei ihm einen Kaffee bekommen oder nicht, die Verkäuferin ist nett oder nicht und so weiter. Für dich aber sind die Croissants ausschlaggebend. Bäcker A macht gute Croissants, also findest du Bäcker A gut. Zu Bäcker B, dessen Croissants das spezifische Gewicht von Ziegelsteinen besitzen, wirst du also niemals gehen. Bis hierher ist alles noch rational nachvollziehbar. Der Halo-Effekt sorgt nun dafür, dass du auch die Brötchen und Brote von Bäcker A ganz wunderbar findest. Ganz nach dem Motto: »Wer gute Croissants macht, backt auch gute Brote.« Das ist praktisch, denn es wäre ja auch blöd, jeden Sonntagmorgen zu zwei verschiedenen Bäckern fahren zu müssen. Zu Bäcker A, um dort die Hörnchen zu kaufen, und zu Bäcker B sechs Kilometer weiter, weil dessen Brötchen die knuspigsten sind. Viel einfacher ist es doch, wenn für dich klar ist, dass bei Bäcker A alles besser ist als bei den anderen Bäckern der

Stadt. Das spart viel Energie. Sowohl, was das Benzin, als auch, was das Denken angeht.

Fakt ist aber auch: Mit dem Halo-Effekt als Ballast ist keine rationale Abwägung möglich. Wir sind schlicht nicht in der Lage, die Dinge für sich stehend zu beurteilen. Sondern sie werden immer nur im Licht dessen gesehen, was zuvor war oder was drumherum passiert. Wenn du den Film »Rambo« gut fandest, dann ist die Wahrscheinlichkeit hoch, dass du dir auch »Rambo 2« bis »Rambo 4« angeschaut hast, auch wenn aus der betont defensiv auftretenden Figur des ersten Teils eine Killermaschine geworden ist, die mit dem Rambo des ersten Teils nur wenig zu tun hat.

Was wir nicht vergessen dürfen: Beim Halo-Effekt geht es nicht nur um persönliche Wohlfühl-Launen. Wo einer seine Brötchen kauft, ist nicht gerade von weltbewegendem Interesse. Der Halo-Effekt greift aber noch viel weiter. Auch in Wirtschaft und Politik wird gefragt: Was war vorher? Wie haben meine Vorgänger gehandelt? Was sagen die anderen? Als 1994 die Immobilienfirma von Jürgen Schneider in die Pleite ging, wurde schnell sichtbar, wie sehr die Banken dem Halo-Effekt zum Opfer gefallen waren. Immer wieder wurden Schneider Kredite gewährt, weil die Oberfläche seines Firmengeflechts so stark auf Hochglanz poliert war, dass niemand auf die Idee kam, einmal die Fakten zu prüfen. Auch als längst klar war, dass es nicht mit rechten Dingen zuging, drückten die Banken wider besseres Wissen immer wieder die Augen zu und schossen Geld nach.

Die erfolgreichsten Unternehmen profitieren vom Halo-Effekt. Die iPhones von Apple sind Verkaufsschlager mit Kult-Status, obwohl die meisten Testberichte klar zum Ergebnis kommen, dass Ausstattung und Funktion anderer Smartphones deutlich besser sind. Der Testbericht von Computer-Bild vom Dezember 2012 nennt das iPhone zum Beispiel erst auf Platz 6. Deutlich abgeschlagen hinter HTC, Galaxy und Samsung. Und doch ist das iPhone cool und von HTC haben nur die wenigsten schon gehört.

Noch einmal zusammengefasst: Vom Halo-Effekt geblendet treffen wir unrationale Entscheidungen. Und das, wofür wir uns einmal entschieden haben, finden wir auch dann gut, wenn es eigentlich Mist ist. Wir haben uns aus dem Vernunft-Modus ausgeklinkt. Das ist der »Kuscheltier-Effekt«. Unterm Strich kommt heraus: Du bist recht zufrieden, dies aber mit der zweit- oder drittbesten Möglichkeit. Von einer optimalen Lebensführung bist du Meilen entfernt. Wie kann es sein, dass du da mitmachst? Merkst du denn gar nicht, dass du auf dem Holzweg bist? Natürlich merkst du das! Du hast Rückenschmerzen und Magengeschwüre, du fühlst dich unwohl, du würdest am liebsten auswandern. Aber du änderst nichts an deinem Leben.

Alles, was wir tun, tun wir aus gutem Grund: Es bringt uns einen Vorteil – auch wenn es noch so irrational, unsinnig oder drittklassig ist. Sonst würden wir es nicht tun. Niemand geht ins Feuer, wenn er daraus nicht irgendeinen Sinn, irgendeinen Nutzen ziehen kann. Das muss allerdings schon ein gewichtiger Vorteil sein, den wir für den Preis eines verpatzten Lebens einstreichen können! Was kann das nur sein, was uns auf so viel verzichten lässt?

Da weiß man, was man hat

Der Hapag-Lloyd-Flug 3378, der in Chania auf Kreta startete, sollte nach Hannover gehen. Doch gleich nach dem Start trat ein Problem auf: Das Hauptfahrwerk ließ sich nicht mehr einfahren. Das war alarmierend, aber eigentlich kein großes Problem für die Piloten der A310-300, denn mit ausgefahrenem Fahrwerk fliegen zu müssen, ist nicht weiter schlimm. Die meisten Kleinflugzeuge, vom antiken Doppeldecker bis zur 17-sitzigen Beechcraft, sind mit sichtbaren Rädern unterwegs. So zu fliegen verbraucht nur deutlich mehr Treibstoff, denn der Luftwiderstand ist ja viel höher. Bei einem Airbus A310 steigt der Kerosinverbrauch sogar auf fast das Doppelte.

Die Piloten hatten nun mehrere Möglichkeiten: Gleich wieder in Chania oder in Athen oder einem anderen nahe gelegenen Flughafen landen, den Ausfall beheben lassen, eine Ersatzmaschine organisieren.

Das kann viele Stunden dauern, manchmal auch einen ganzen Tag. Unangenehm für die Passagiere, teuer für die Fluggesellschaft. Die Piloten wollten es deshalb bis München schaffen, denn dort war die Wartungsbasis der Hapag-Lloyd.

Es sah zunächst auch ganz gut aus: Das Flight-Management-System zeigte grünes Licht: alles okay, alles normal. Dieses Herzstück der Navigation und Flugsteuerung, das in der Mittelkonsole eingelassen ist, sieht ein bisschen wie ein überdimensionierter Taschenrechner aus. In diesem Prozessor werden alle flugrelevanten Daten gebündelt und für die Piloten aufbereitet. Das FMS bekam natürlich auch die Daten vom Tankfühler und berechnete nach vorgegebener Formel die Reichweite. Weil es aber den erhöhten Verbrauch durch das ausgefahrene Fahrwerk gar nicht in der Rechnung drin hatte, lagen die von ihm ausgegebenen Werte für die Reichweite viel zu hoch. Dass die sich ständig aktualisierenden Berechnungen wegen der schnell abnehmenden Treibstoffmenge eine sich immer schneller verkürzende verbleibende Flugstrecke anzeigten, sahen die Piloten nicht. Sie fühlten sich sicher, weil das FMS keine Warnmeldung ausgab.

> **Zunächst sah alles ganz gut aus ...**

Über dem Balkan fing es auf einmal an zu piepen: Der direkt mit den Tanks verbundene Fühler meldete, dass die Notreserve von 1600 Litern Treibstoff unterschritten war. Immer noch hätte die Maschine sicher im 75 Kilometer entfernten Zagreb landen können; doch die Piloten wollten weiter. Wien war nun das Ziel. 220 Kilometer. Mit 1600 Litern Kerosin. Abzusehen, dass das nicht hinhaut. Aus einer eigentlich ungefährlichen Situation war ein Triple-Rot geworden.

22 Kilometer vor der Landebahn in Wien setzten die Triebwerke aus – der Sprit war verbraucht. Im Gleitflug ging es weiter. Sie schafften es bis Wien – nicht ganz. 600 Meter vor der Landebahn legten sie einen Crash hin. 26 der 142 Passagiere wurden leicht verletzt, das Flugzeug war nur noch Schrott.

Und das ist das absolut Verrückte an dieser Geschichte: Es war ja alles andere als ein Routineflug! Die Piloten haben nicht geschlafen, sondern sie waren alarmiert, aufmerksam, angespannt. Sie wussten, dass das Fahrwerk nicht eingefahren war. Sie wussten, dass Treibstoff ein Thema war. Sie wussten, dass es knapp werden musste. Sie hatten die ganze Zeit die Treibstoff-Anzeige und die Fuel-Flow-Anzeige vor Augen. Hier wurde der reale Stand angezeigt. Sie hätten nur auf diese Anzeigen schauen und kurz im Kopf überschlagen müssen.

Jedem Achtklässler wäre nach kurzer Zeit klar gewesen, dass München keine Option war. Aber die Piloten verließen sich auf das FMS. Denn das macht ja auch sonst immer alle Arbeit für sie. Die Gewohnheit hatte mehr Gewicht als die Realität. Selbst in dieser Ausnahmesituation haben sie sich auf das gewohnte Procedere verlassen. Denn das waren sie gewohnt. Das war komfortabel. Das war bequem.

Und das ist es, worum es geht: Bequemlichkeit. Du musst nicht lange nachdenken, was du essen willst. Du nimmst das, was du immer nimmst. Du musst dich nicht mit Zweifeln auseinandersetzen, ob das, was du hast, auch das Optimale, das Richtige für dich ist. Du hast deinen Streuselkuchen in der Hand und die Frage, ob die Sachertorte nicht doch noch ein bisschen leckerer gewesen wäre, stellt sich dir gar nicht erst.

All die genannten Vermeidungs- und Vertagungsmechanismen zahlen auf eines ein: Bequemlichkeit. Das Wort Bequemlichkeit hört sich allerdings so gemütlich, so kuschelig an. Mir ist der Begriff Trägheit lieber.

Aus Trägheit haben die Piloten der Hapag-Lloyd-Maschine das Flugzeug geschrottet. Aus Trägheit bleibst du bei dem Job, den du schon seit zwanzig Jahren hast, und traust dich nicht, dich mit deinem Know-how selbstständig zu machen. Aus Trägheit ist das Schlecker-Unternehmen über Jahrzehnte beim gleichen Geschäftsmodell geblieben. Das war genial – in jedem Kuhdorf gab es eine Filiale. Der Erfolg war gigantisch und die Schlecker-Familie gehörte zu den reichsten in Deutschland. Und plötzlich war es aus. Die Bemühungen, das Modell zu variieren, in letzter Minute noch die Kurve zu kriegen, kamen zu spät.

Trägheit lässt dich in bekannten, gewohnten Bahnen bleiben. Wie Unternehmen. Und ganze Gesellschaften. Keine Änderungen. Keine Entscheidungen. Die Meinung, die Einstellung steht fest. Alles, was für deine Sichtweise spricht, wird aufgenommen. Alle widersprüchlichen Informationen werden ausgeblendet. Wenn die Gewohnheit wichtiger ist als die Realität, dann resultiert daraus pure Realitätsverzerrung. Wahrnehmungsverzerrung.

Du *willst* bestimmte Dinge nicht sehen. Im Nachhinein heißt es dann oft: Wie konnte ich nur so blind sein? Das ist dann noch die bessere Variante. Denn dann hat dich ja irgendetwas aus deinem Trott herausgerissen. Dann bist du zur Entscheidung gezwungen; du machst die notwendigen Schnitte. Viel schlimmer ist es, wenn du bis an dein Lebensende in dem Glauben lebst, alles sei bestens und wohlgeordnet gewesen. Und dabei hast du nur dein Leben vergeudet, dein Potenzial verschimmeln lassen.

Und das ist es, was wir klar sehen müssen: Es gibt keine absolute Sicherheit, keine absolute Kontrolle. Wir können Fehlerquellen minimieren, aber niemals alle Risiken ausschließen. Wer seinen Schmuck aus Angst vor Diebstahl nur im Banksafe liegen hat, wird ihn niemals tragen können. Geh also raus aus der Deckung und wage den Sprung ins Ungewisse! Fürchte dich nicht vor Entscheidungen, sondern davor, sie nicht zu treffen!

Eine Entscheidung ohne Risiko ist keine Entscheidung. Eine Entscheidung braucht Mut. Um dein Leben immer wieder zum Besseren ändern zu können, musst du bereit sein, Risiken einzugehen. Wenn es schiefgeht – was soll's! Dann versuchst du eben etwas anderes. Warte nicht darauf, dass alle Risiken ausgeschaltet, alle Unklarheiten beseitigt sind. Wenn du alles schon im Vorfeld wüsstest, dann wäre dein Leben nichts anderes als das Abhören einer Benjamin-Blümchen-Kassette in einer Endlos-Schleife. Als Kind hast du sie tausendmal gehört. Konntest jedes Wort mitsprechen. Du fühltest dich sicher, weil du immer genau wusstest, was kommt. Aber ist das das Leben, so wie du es dir vorstellst?

Mit einem Gurt wird nichts passieren.

Eben.

***

Der Österreicher Felix Baumgartner ließ sich im Oktober 2012 in einer winzig kleinen Kapsel mit einem Ballon in eine Höhe von 39 Kilometern transportieren und sprang dann ab. Im freien Fall durchbrach er mit 1342 Stundenkilometern die Schallmauer, bevor er den Fallschirm auslöste. Fünf Jahre hat es gedauert und ein Team von Helfern gebraucht, um sich auf diesen Sprung von wenigen Minuten vorzubereiten und alle denkbaren Fehlerquellen zu minimieren. Am Schluss erschien das Restrisiko so gering, dass er den Sprung wagte – und in die Geschichte einging.

Dazu hat er den Gurt, der ihn mit seinem Sitz in der Kapsel verband, lösen müssen.

KAPITEL 3

Reifendruck: Wirklich hart wird es, wenn alles weich ist

»Weißt du, das Leben kann sehr hart sein, manchmal ist es auch ungerecht, aber du hast immer die Wahl. Du kannst entweder den harten Weg gehen und dein Leben besser machen oder du kannst es schlimmer machen.«
FILMZITAT AUS *SEITE AN SEITE*

Auf der Autobahn am frühen Abend. Es ist stockdunkel und jetzt fängt es auch noch an zu schneien. Die dicken Flocken fallen immer dichter, nach kurzer Zeit fährt der Fahrer, nennen wir ihn Ralf, durch dichtes Schneegestöber. Jetzt, nachdem der Berufsverkehr vorbei ist, sind nicht mehr so viele Autos unterwegs und die Fahrbahn ist schnell von einer Schneeschicht bedeckt, die immer kompakter wird. Es wird anstrengend, die Spur zu halten. An Tempo 160 ist nicht mehr zu denken.

Jetzt will Ralf den Laster vor ihm überholen. Der fährt mit 80 auf der rechten Seite und schleudert dicke Schnee- und Matschbrocken zur Seite. Als Ralf nach links rübergezogen hat und schon schräg hinter dem Lkw ist, merkt er plötzlich, wie sein Wagen für Sekundenbruchteile ins Gleiten gerät. Achtung! Sein Blut sammelt sich im Magen, seine Hände werden kalt und schweißnass. Reflexartig nimmt er den Fuß vom Gas und bringt den Wagen wieder unter Kontrolle. Noch mal gut gegangen! Aber er traut sich nicht mehr, den Lkw zu überholen. Wer weiß, ob da irgendwo noch eine Eisplatte unter dem Schnee lauert. Aber langsamer kann er auch nicht werden, denn hinter ihm hat sich mittlerweile eine ganze Reihe an Autos angesammelt. Er geht noch weiter mit dem Tempo runter, weil er jetzt hinter dem Laster wieder einscheren möchte. Sollen sich doch die anderen in Gefahr begeben! Doch sein Hintermann reagiert nicht. Er bleibt stur bei seiner Geschwindigkeit, der Abstand zwischen den beiden Fahrzeugen wird gefährlich knapp.

> **Da hängt er nun und kann nicht vor und nicht zurück.**

Da hängt Ralf nun! Er traut sich nicht zu überholen und auch nicht langsamer zu werden, aus Angst, dass sein Hintermann ihm dann ins Heck fährt. Der Lkw wirft kiloweise nassen Schnee an seine Windschutzscheibe, sodass sein Scheibenwischer selbst mit maximaler Geschwindigkeit nicht damit fertig wird. Sicht fast null. Mit verkrampften Schultern beugt er sich über sein Lenkrad. Der Panik nahe klammern sich seine Hände um das Steuer, die Knöchel sind vor Anstrengung weiß. Ralf kann nicht vor und nicht zurück. Mist!

Warum, zum Teufel, fährt der Lkw-Fahrer nicht für ein paar Sekunden langsamer, damit er ihn überholen kann, ohne schneller werden zu müssen? Der muss doch sehen, in was für einer vertrackten Lage Ralf steckt! Und sein Hintermann, dieser Vollidiot, sollte mal seine Augen aufmachen. Es ist doch brandgefährlich, so nah an der Stoßstange zu kleben. Er muss Ralf doch nur in Ruhe wieder einscheren lassen, dann kann er gerne überholen und sich den Hals brechen. Dass er durch die Unfähigkeit dieser Fahrer so in Gefahr gebracht wird, macht Ralf fertig.

Festgefahren bei 80 km/h

Trägheit lässt die Menschen lieber im Bekannten verharren, als dass sie sich in Neues vorwagen – das wissen wir. Das Schmiermittel für diesen Mechanismus: Man kann sich in der aktuellen Situation so herrlich einrichten. Aber gilt das auch, wenn jemand zwischen Schneematsch und einem gefährlich drängelnden Hintermann eingeklemmt ist? Wie will man sich so eine Gefahrensituation schönreden! Das Erklärungsmuster »Es soll so bleiben, wie es ist, weil es so bequem ist« greift doch hier nicht. Es muss eine andere Erklärung geben, oder?

Nein, das muss es nicht. Denn auch Ralf ist träge und macht es sich unbewusst bequem. Wer tief in einer festgefahrenen Situation feststeckt, hat viele Gründe dafür, warum es nicht weitergeht. Erklärungen gibt es immer haufenweise, auffallend ist nur, dass es in diesen Deutungsversuchen immer nur darum geht, was die anderen falsch machen. Hätten die Eltern damals einen mehr unterstützt, hätte etwas ganz anderes aus einem werden können. Und der Mathelehrer, der dafür verantwortlich war, dass man in der Oberstufe eine Extrarunde drehen musste, hat letzten Endes nur bewirkt, dass das Wunschstudium in unerreichbare Ferne rückte, weil in dem verlorenen Jahr der Numerus clausus angehoben wurde.

Erstaunlich, wie selten es heißt: »Wäre ich nur ein bisschen früher da gewesen«, und wie oft: »Hätte der blöde Busfahrer nur noch ein bisschen gewartet, dann hätte ich den Bus noch erwischt«. Selbst hat man nichts dazu getan, in eine dumme oder unangenehme Situation zu geraten. Schuld ist immer der andere! Wie heißt derjenige, der unter den Fehlleistungen anderer zu leiden hat und so ohne eigenes Zutun in eine missliche Lage gerät? Opfer. Für ein Opfer sind immer die anderen der Grund für das eigene Unglück. Die Schuldfrage ist klar geregelt.

Die Opferhaltung ist bequem, selbst wenn einem der Schneematsch um die Ohren fliegt. Denn sie entbindet einen von der Aufgabe, selbst die Verantwortung für das eigene Leben zu tragen. Dwight D. Eisenhower, 34. Präsident der USA, hat einmal gesagt: »Die Suche nach Sündenböcken ist von allen Jagdarten die einfachste.«

Aber was kann so jemand wie Ralf denn tun? Klar ist das eine verdammt unangenehme Lage, in die er sich hineinmanövriert hat. Aber er darf nicht darauf warten, dass irgendein Wunder geschieht – dass der Lkw-Fahrer auf die Bremse tritt (mal ehrlich: Wer viel auf der Autobahn unterwegs ist, weiß, dass Lkws niemals freiwillig langsamer werden) oder dass der Hintermann von allein aufhört zu drängeln und ihm als Kavalier der Straße freien Raum gibt. Da kann er besser darauf hoffen, dass ein plötzlicher Wetterumschwung Schnee und Eis schlagartig tauen lässt … Nein, Ralf muss aktiv werden, Verantwortung übernehmen. Hupen, die Bremse antippen, sodass die Bremsleuchten hektisch aufleuchten – keine Ahnung. *Er* sitzt am Steuer. *Er* muss sich etwas einfallen lassen.

Doch statt das Leben in die eigenen Hände zu nehmen und zu agieren, werden nur die Gründe, die einen zum Opfer gemacht haben, und damit die Fehlleistungen anderer endlos aufgewärmt. Wie in einem Samowar köchelt die Vergangenheit vor sich hin, und das Opfer genehmigt sich, wenn draußen wieder ungemütliches Wetter herrscht, gerne von Zeit zu Zeit einen kräftigen Schluck überzuckerten Begründungs-Tee.

Opferbereitschaft

Als 2001 die Twin Towers in New York einstürzten, reagierten die USA im Opfer-Modus. Die Kriegserklärung an den Irak, der nachgewiesenermaßen eines der wenigen arabischen Länder war, in denen Al Qaida keinen Fuß auf den Boden bekommen hatte, die Vorgänge in Abu Ghraib und die schändlichen Entführungsflüge zeigten der Welt, wie umfassend das Selbstverständnis der USA unter dem Angriff der Terroristen gelitten hatte. Das Land, das in der Welt für Freiheit und Demokratie stand, trat genau diese Werte offen mit Füßen. Selbst-Delegitimierung nennt man so etwas. Die Folgen waren fatal: Auch wenn die USA noch so viel Wind machten und noch so hektische Aktivität verbreiteten – es waren nicht sie, die das Heft in der Hand hatten. Sie reagierten nur. Aus den momentanen Opfern eines mörderischen Anschlags waren Loser auf Dauer geworden. Weil sie sich so fühlten.

> **7. Juli 2005 – hmm, was war da noch mal?**

Dass es auch ganz anders geht, zeigt der Bombenanschlag von London ein paar Jahre später. Hmm, wann war das noch mal? 9/11 hat jeder im Kopf, den 7. Juli 2005 kaum noch jemand. Ist das hart? Ja, natürlich. Die Angehörigen der 52 Opfer und die 700 zum Teil schwer Verletzten, Verstümmelten, die traumatisierten Helfer werden dieses Datum bestimmt nicht vergessen. Aber alle anderen haben es schon vergessen. Und damit den perfiden Plan der Terroristen durchkreuzt. Die Selbstmordattentäter von New York haben ihr Ziel erreicht, ihr Soll übererfüllt. Nicht in den kühnsten Träumen haben sich diese Mörder und ihre verbrecherischen Hintermänner vor dem 11. September 2001 ihren durchschlagenden Erfolg vorstellen können. Die vier Attentäter in London dagegen haben genau 752 Menschen verletzt und ihrer Gesundheit, wenn nicht sogar ihres Lebens beraubt. Nicht eine ganze Nation.

Zeige ich nicht genug Respekt vor den Leiden wirklicher Opfer? Doch, auf jeden Fall! Jedes Opfer, egal ob durch Terror oder Verkehrsunfall oder dumpfbackige Schlägertypen zu Schaden gekommen, ist eines zu viel. Ihnen gilt mein ganzes Mitgefühl. Doch nur Dummköpfe und Traumtänzer behaupten, das Leben sei gerecht oder gar fair. Es gibt immer ein Risiko. Das Risiko, in die falsche Familie hineingeboren zu sein, die Weichen falsch gestellt zu haben, und das Risiko, zur falschen Zeit am falschen Ort zu sein.

Jeder Mensch hat Alternativen. Dies zu begreifen ist immens wichtig. Wer in einem Unfall unverschuldet schwer verletzt wird, einen Teil seiner Beweglichkeit oder Schaffenskraft verliert, kann den Rest seines Lebens damit zubringen, die Ungerechtigkeit des Lebens zu beklagen. Oder er kann aus dem, was ihm geblieben ist, das Beste machen. Du kannst sechs Wochen lang Opfer sein, so lange, bis deine Knochen wieder zusammengewachsen sind, oder sechzig Jahre. Deine Wahl!

Richard Oetker wurde 1976 als Student entführt und in eine kaum 1,50 Meter lange Holzkiste gezwängt, in der er nur seitlich in der Hocke liegen konnte. 47 Stunden in dieser Kiste und 220-V-Stromschläge aus einer vom Entführer gebastelten Maschine, die Oetker an einem Ausbruchsversuch hindern sollten – die der Entführer aber versehentlich selbst auslöste –, ließen ihn mehr tot als lebendig zurück. Fast zwanzig Jahre lang musste Oetker immer wieder operiert werden, bis heute ist er schwer gehbehindert. Ein Leidensweg, der seinesgleichen sucht. Und trotzdem sagt Richard Oetker in einem Interview mit der *Frankfurter Allgemeinen Zeitung* vom März 2011: »Ich bin heute ein sehr glücklicher Mensch.« Und: »Die Entführung hat mir viel Kraft gegeben.« Wenn er in diesem Interview auch noch sagt: »Unterm Strich ist das eine Erfolgsgeschichte« – heißt das, dass Richard Oetker seine Geschichte leugnet? Nein. Allein schon die Tatsache, dass er im Vorstand des »Weißen Rings« sitzt, eines Vereins, der sich für Opfer von Verbrechen einsetzt, beweist, dass von Verdrängung hier nicht die Rede sein kann. Nur von Mut, dem unbegrenzten Willen, sich sein Leben nicht kaputtmachen zu lassen, und von einem Selbstbild als Gestalter, nicht als Opfer. Sogar als Richard Oetker noch in der unsäglichen Kiste gefangen war, fragte er sich: »Was mache ich denn jetzt?«

> **Aus dem, was war, wird der Strick gedreht, der heute das Opfer fesselt.**

Was für ein Unterschied zu all denen, die sich in ihrer selbst gewählten Opferrolle wohlfühlen! Dann richtet sich die Aufmerksamkeit nicht mehr auf Lösungsmöglichkeiten, also auf die Zukunft, sondern allein auf die Vergangenheit. Im schlimmsten Fall auf pure Rache. Ich kenne Menschen, die meinen, sie hätten nie Chancen gehabt, weil ihre Eltern ihnen das Leben schwer gemacht haben, sie nie unterstützt und bestätigt haben. Es mag sein, dass die Eltern keine guten Eltern waren. Das ist gar nicht so selten. Aber sein Leben lang damit zu verbringen, genau dieses Versagen den Altvorderen so oft es geht unter die Nase zu reiben, das ist doch nur armselig! Spätestens mit zwanzig hört die Kindheit auf! Dann muss man aus dem, was man hat, etwas machen. Nur im Zorn zurückzublicken bringt niemanden weiter, es übertüncht nur die eigenen Mängel.

Aus dem, was war, wird der Strick gedreht, der heute das Opfer fesselt.

Die Harten und die Zarten

Sehen sich denn alle Menschen als Opfer? Das wäre doch zu einfach! Stimmt. Auch wenn meiner Einschätzung nach etwa 95 Prozent der Menschen sich zumindest zeitweise als Opfer gerieren, gibt es auch einen kleinen Teil, der genau das Gegenteil macht: Das sind die Hammerharten. Sie tun so, als ob es ihnen nichts ausmachen würde. Ich nenne diesen Typ: der Chauvi. »Na und? Ich kann mir hier noch tagelang den Schneematsch um die Ohren schmeißen lassen. Und wenn der Hintermann noch so drängelt, das ist sein Problem, nicht meins.« Hört sich cool an, bringt den Hammerharten aber auch nicht weiter. Und erst recht nicht aus der akuten Situation.

Wie ist das denn mit den Eltern, deren einzige Tochter auf Sri Lanka ein Hotel aufmacht? Sie leiden wie ein Hund unter der Trennung, aber sie beschwichtigen sich gegenseitig: »So ist das nun mal. Hauptsache, sie ist glücklich. Und Weihnachten können wir ja mal hinfliegen.« Warum überlegen sie nicht, ob es eine Option sein könnte, einfach mit nach Südostasien zu gehen? Es spricht einiges dafür und einiges dagegen. Nicht jedes Kind, das beginnt, auf eigenen Füßen zu stehen, ist glücklich, wenn die alten Eltern um die Ecke wohnen. Und vielleicht würde den Senioren das schwül-heiße Klima auch gar nicht guttun. Es könnte aber auch sein, dass ein Umzug die Lösung für viele Probleme wäre – einen richtigen Freundeskreis gibt es sowieso nicht in Deutschland und von der weiten Welt haben sie schon immer geträumt. Solange sie nicht darüber nachdenken, dass es auch ganz anders sein könnte, als in ihrer Dreizimmerwohnung zu hocken und zu vereinsamen, kann es auch nicht wirklich gut werden.

Was wird aus den Hammerharten? Mit ihrer Augen-zu-und-durch-Haltung werden sie verknöchern, einen Burn-out bekommen. Aber nicht glücklich. Sie meinen, alles im Griff zu haben – und gehen darüber kaputt. Genauso wie die Opfer schaffen sie es nicht, die anstehenden Entscheidungen in Angriff zu nehmen.

Egal ob Hammerharter oder Opfer – beide haben es gerne bequem. Der eine fühlt sich in der ihm bekannten Hölle wohler als in einem ihm unbekannten Himmel. Der andere versucht die Hitze der glühenden Kohlen damit zu überspielen, dass er sagt; »Schön kühl hier!« Beide Typen leugnen, dass es ihre Hölle überhaupt gibt. Beide schalten auf stur, sodass alles so bleibt, wie es ist. Beide glauben, die Situation, in der sie eigentlich gar nicht sein wollen, aussitzen zu können. Der eine, indem er jammert und darauf wartet, dass ein gütiges Geschick oder ein freundlicher Mitmensch ihn befreit. Der andere, indem er so tut, als mache es ihm nichts aus. Beide stecken fest. Beide kapieren nicht, dass es an ihnen selbst liegt, sich zu befreien.

Und beide Typen schaffen es nicht, das zu überwinden, was diese Trägheit so mächtig macht. Die Angst davor, in Erscheinung zu treten.

Kalte Füße

Du sitzt in einem guten Restaurant und freust dich auf deinen Lammrücken. Du hast dir auch einen guten Wein dazu bestellt. Das Hintergrundgeräusch im Raum ist angenehm gedämpft. Bis das etwa siebenjährige Kind am Nachbartisch seinen Gameboy herausholt. Während sich seine Eltern angeregt miteinander unterhalten, daddelt der Kleine, was das Zeug hält. Er spielt kein Ballerspiel. Wie jeder Anwesende im Raum mitbekommt, hat er ein Frage-und-Antwort-Programm für Grundschüler auf dem Schirm. Immer wenn er die richtige Antwort gibt, ist eine enervierend fröhliche Computerstimme zu hören: »Deine Antwort ist richtig! Das hast du gut gemacht. Nun die nächste Frage …« Die Eltern haben keinen Blick für ihren hochbegabten Kleinen übrig. Aber alle anderen. Von den Nebentischen hagelt es giftige Blicke. Getuschel. »Da müsste man doch mal …« und »Warum geht denn da keiner mal hin und sagt …«

Es müsste nur ein einziger Gast aufstehen, an den Tisch der Familie herantreten und freundlich darum bitten, dass der Junge sein Spielzeug leiser stellt. Denn so ein Gameboy hat ja auch einen Stumm-Modus. Aber keiner tut es. Alle leiden still vor sich hin, werden um ihr Vergnügen an einem guten Essen gebracht. Und trotzdem kann sich niemand überwinden, aufzustehen. Warum nur?

Zunächst einmal ist es die Angst vor Gegenwind. Wer kann denn schon absehen, ob die Eltern nicht anfangen zu pöbeln und zu randalieren: »Wie können Sie es wagen! Stecken Sie Ihre Nase gefälligst in Ihre eigenen Dinge!« Und so weiter. Vielleicht wechseln ja auch die anderen Gäste plötzlich die Seite: »Der hat wohl was gegen Kinder!« Um nicht Gefahr zu laufen, ins Kreuzfeuer zu geraten, bleibt man lieber sitzen und leidet. Soll doch ein anderer sich darum kümmern!

Eine extreme Variante dieses Verhaltens ist der Non-helping-Bystander-Effekt. Er beschreibt die Tatsache, dass Menschen mit geringerer Wahrscheinlichkeit bei einem Unfall helfen oder bei einer sich anbahnenden Gewalttat einspringen, je mehr Beteiligte und Zuschauer involviert sind. Wenn du in einem Park ein Kind allein weinend antriffst, musst du schon sehr kaltherzig sein, wenn du weitergehst und so tust, als ob du nichts sehen würdest. Schreit ein verloren gegangenes Kind aber in einer Fußgängerzone nach seiner Mama, dann ist es wahrscheinlich, dass viele Leute vorübergehen. Es sind doch genügend andere da, die sich des Kleinen annehmen können. Und am Ende tut niemand etwas.

> **Am Ende tut niemand etwas.**

Das ist eine eingeimpfte Verhaltensweise: sich bloß nicht exponieren! Die wenigsten lieben es, in Erscheinung zu treten. Auch wenn sie im Familienkreis die Hosen anhaben oder auf Hochzeiten im Freundeskreis gerne den Alleinunterhalter geben, überlegen sie es sich zweimal, bevor sie auf unbekanntem Terrain den einen Schritt nach vorne wagen und aus der Reihe der Zuschauer heraustreten.

Denn wer in Erscheinung tritt, tut das, um zu handeln. Dazu ist eine Entscheidung notwendig: Rufe ich angesichts der auf einer Eisscholle im See treibenden Kinder nur die Rettungswacht, oder versuche ich auch, durch das eiskalte Wasser zu ihnen zu kommen und ihnen direkt zu helfen? Bei beiden Möglichkeiten gibt es gute Gründe dafür und dagegen. Aber du musst dich entscheiden. Und das beinhaltet eben die Gefahr, die falsche Entscheidung zu treffen. »Warum haben Sie den Kindern nicht direkt geholfen? Es war doch abzusehen, dass die Rettung nicht rechtzeitig eintreffen konnte.« Oder: »Warum haben Sie nicht auf die Rettungswacht gewartet? Es war unverantwortlich, dass Sie auch noch aufs Eis gegangen sind!«

So ist es auf dem Olympiasee auf dem Münchner Olympiagelände geschehen. Dort sind im Dezember 1989 drei Jungen im Alter von fünf bis acht Jahren ins Eis eingebrochen und kämpften, nur 40 Meter vom rettenden Ufer entfernt, um ihr Leben. Zwar wurde die 500 Meter entfernte Security informiert, doch von den zwanzig Spaziergängern, die das langsame Sterben der Kinder beobachteten, ging keiner ins nur hüfthohe Wasser, um zu helfen. Die Experten waren sich einig: Wären es nur wenige Zuschauer gewesen, die Chance der Kinder auf rechtzeitige Rettung hätte sich vervielfacht. So konnte aber jeder Einzelne denken: »Soll sich doch ein anderer kalte Füße holen!«

Bevor einer sich für eine falsche Entscheidung verantworten muss, bleibt er also lieber stumm. Wie in Schockstarre verharrt er tatenlos. Jetzt kannst du dir ausmalen, wie ein Leben aussieht, das ohne Entscheidungen vor sich hindümpelt. Es ist aber nicht nur so, dass du dir dann eben den Schneematsch um die Ohren fliegen lässt oder dir endloses Gameboy-Gedudel anhören musst. Die Folgen eines entscheidungsarmen Lebens gehen noch viel weiter.

Die Angst des Schützen vor dem Elfmeter

Ich sitze neben Robert im Cockpit. Für ihn ist es eine kleine Auffrischungsstunde, für mich pure Entspannung. Wir üben die verschiedensten Manöver. Langsamflug und Steilkurfen ... Langsam wollen wir zurück zum Platz. Aber ich möchte noch eine Sache probieren.

»Okay, lass uns zum Abschluss noch einen Stall machen!«

Robert schaut mich grinsend an: »Ja klar, natürlich!«

Ich merke, dass er mein Vorhaben als Witz abtut. »Nee, ich meine es ernst. Zieh mal die Nase ordentlich hoch!«

Robert glaubt, ich hätte nicht mehr alle Tassen im Schrank. Denn in der Fliegerei ist ein Stall mit das Gefürchtetste, was es gibt. Ein Flugzeug kann nur dann fliegen, wenn die Luftströmung mit einer gewissen Geschwindigkeit über die Flügel streicht. Weil der Flügelquerschnitt asymmetrisch aufgebaut ist, muss die Luft, die oberhalb des Flügels entlangsaust, einen weiteren Weg zurücklegen als die, die unter dem Flügel entlangstreicht. Daraus ergibt sich eine Sogwirkung, die das Flugzeug wie mit einer eisernen Faust nach oben zieht. Reißt aber dieser Luftstrom ab, zum Beispiel weil die Flügel wie ein steil aufgerichtetes Brett quer zum Wind stehen, dann wird aus dem eleganten Flieger von einer Sekunde zur nächsten ein Sack Kartoffeln. Du musst also wie Ikarus nur zu steil in die Sonne fliegen, und es wird dich Richtung Boden hauen.

Ich kann verstehen, dass Robert nicht begeistert ist, aber mit seiner vehementen Gegenwehr, seiner absoluten Verweigerung habe ich nicht gerechnet. »Du bist ja vollkommen verrückt! Willst du uns umbringen?«

Hey, Robert ist kein Flugschüler. Er hat zig Flugstunden auf dem Buckel. Und trotzdem: Dieser erfahrene Flieger traut sich nicht. Dabei ist ein bewusst eingeleiteter Stall alles andere als ein Himmelfahrtskommando: Sobald die Maschine außer Kontrolle gerät, musst du nur die Nerven behalten und die Nase des Flugzeugs nach unten zwingen. Dann nimmt es wieder Fahrt auf, und sofort greift auch wieder die Luftströmung und du kannst die Maschine wieder steuern. Eigentlich keine große Sache, ein bisschen wie das Schleudertraining auf einem verlassenen, dick vereisten Supermarkt-Parkplatz an einem Sonntagvormittag. Du musst nur genug Höhe haben, damit es dich nicht in die Erde bohrt, bevor sich dein Flieger wieder gefangen hat.

> **Du bist ja vollkommen verrückt! Willst du uns umbringen?**

Wir lassen es sein. Wenn einer Angst hat, dann sind solche Manöver gefährlich. Schade. Ich hätte gern mal wieder dieses ganz besondere Achterbahn-Prickeln verspürt. Und Robert hat eine der seltenen Gelegenheiten, sich kontrolliert auf den Ernstfall vorzubereiten, verpasst. *Jetzt* wäre die optimale Gelegenheit gewesen, es einmal auszuprobieren. Er hatte jemanden neben sich sitzen, der einen Stall schon hunderte Male geflogen war und wusste, wie es geht. Mich. Robert wäre kein nennenswertes Risiko eingegangen. Die Gefahr, dass ihn einmal unvorbereitet ein Stall erwischt, ist viel, viel größer.

Wenn du mit einer Entscheidung zu lange wartest, bist du nicht mehr derjenige, der den Zeitpunkt bestimmt. Dann kann es sein, dass ein anderer die Entscheidung für dich trifft. Oder dass die Ereignisse dich überrollen. Das kann zwar immer noch besser sein, als bis in alle Ewigkeit die Entscheidung vor dir herzuschieben, Möglichkeiten zu wälzen oder erst gar nicht auf den Trichter zu kommen, dass etwas geändert werden könnte. Aber darauf wetten würde ich nicht. Mit jeder Stunde, die du wartest, die Entscheidung verschiebst, dich vor ihr drückst, verlierst du Stück für Stück einen ganz besonderen Vorteil, der anfangs klar auf deiner Seite steht: bestimmen zu können, *wann* du ins Neue aufbrechen willst. Diesen Zeitpunkt bestimmen zu können ist pure Macht: *Du* bestimmst, wann du bereit für die Änderung bist. *Du* bestimmst, wann es passiert.

Seit Jahren überlegst du dir, ob du den Job wechselst oder nicht. Du redest dir die Arbeit schön. Sie ist zwar eher sinnlos und die Bezahlung unterirdisch, aber die Kollegen und sogar der Chef sind doch so nett! Dein schöner Selbstbetrug wirkt sich wie eine tägliche Dosis Laudanum aus, sodass du manchmal monatelang nicht an dieses Problem denkst. Aber das Unbehagen kommt immer wieder hoch: »Das ist doch gar nicht der richtige Platz für mich! Woanders könnte ich mein Potenzial doch viel besser entfalten!« Und dann wirst du unsanft aus dem Winterschlaf gerissen: Über Nacht macht dein Unternehmen pleite. Und nun bist du dort, wo du schon vor drei Jahren hättest sein sollen: auf der Suche nach etwas anderem. Nur bist du jetzt völlig unvorbereitet und die Plötzlichkeit, mit der das geschehen ist, haut dich um. Du musst nun unter Zeitdruck nach einem neuen Job suchen, von der Straße aus und nicht aus dem vorigen Arbeitsverhältnis heraus. Du hättest es viel einfacher haben können. Aber indem du die Entscheidung auf die lange Bank geschoben hast, gingen alle Vorteile verloren. Nun musst du dich erst mühsam wieder nach oben kämpfen.

Beispiele aus der Wirtschaft? Unternehmen, die zu lange mit wichtigen Entscheidungen gewartet haben? Nun, das ist schwer. Denn die

Unternehmen, die sich diesen Fehler leisteten, verschwinden vom Markt wie ein Wassertropfen auf einer heißen Herdplatte. Sie gehen pleite. Sind weg vom Fenster. Werden aufgekauft. Vergessen. Grundig fällt mir da noch ein. Ein stolzes, selbstbewusstes Unternehmen. Wo Grundig draufstand, da war auch Grundig drin. Ein guter Grundsatz, geprägt vom Firmengründer der Nachkriegszeit Max Grundig. Doch in den Siebzigerjahren kamen Billigprodukte aus Fernost auf den Markt. Grundig blieb bei seinen Prinzipien. »Qualität setzt sich durch«, war die Devise. Ende der Siebzigerjahre tobte der Formatkrieg auf dem Heimvideomarkt: Grundig, Pionier in diesem Bereich, erfand zusammen mit Philips VCR und Video 2000, doch die Japaner konnten mit ihrem VHS-System das Rennen machen. Das von Grundig entwickelte Videosystem verschwand vom Markt. Und die Grundig-Leute verstanden die Welt nicht mehr. »Aber unser System war doch das beste!« Ja. Das kann gut sein. Aber offensichtlich hatte das nicht den Ausschlag gegeben.

Viel zu lange hielt man an den alten Werten fest, konnte man sich nicht dazu durchringen, im Globalisierungsspiel mitzuspielen. Die Firma musste einen Rückschlag nach dem anderen einstecken. Qualität schlägt den Preis? Nein, die Zeichen standen genau andersherum! Doch ein Engagement in Billiglohnländern war für Grundig immer noch kein Thema. Als ein Mitarbeiter dem Patriarchen Grundig einmal vorschlug, ein Büro in Hongkong zu eröffnen, blaffte der zurück: »Was willst du in Hongkong? Wir sind eine deutsche Firma.«

> **»Aber unser System war doch das beste!«**

Den Zeitpunkt, zu handeln und neue Wege zu beschreiten, hat das Unternehmen verpasst. 2003 meldete Grundig Insolvenz an. Von dem Unternehmen mit ehemals 40 000 Mitarbeitern ist nur noch die Handelsfirma Grundig Intermedia GmbH mit etwas über 100 Beschäftigten übrig geblieben.

Genau das ist es, was passiert, wenn du dich um Entscheidungen drückst, das Ruder aus der Hand gibst: Wenn du nicht die fällige Entscheidung fällst, dann tut es ein anderer für dich. Du bist dann weder der Herr über den Zeitpunkt, an dem du aus deiner Hängematte geworfen wirst, noch – und das ist noch viel einschneidender – über das Ergebnis. Wer sagt denn, dass die Entscheidungen, die andere für dich treffen, die richtigen für dich sind? Oder dass das, was am Ende herauskommt, für dich positiv ist?

Du bist dir nicht sicher, ob du mit deinem Lebenspartner auf Dauer glücklich sein wirst? Du eierst herum, drückst dich davor, Nägel mit Köpfen zu machen, hältst die Beziehung auf einem beliebigen Niveau – und plötzlich ist er weg. Und du erkennst auf einmal, dass er es gewesen wäre. Zu spät!

Wer sich vor Entscheidungen drückt, begibt sich in weiche Polster – und kommt darin um.

KAPITEL 4

Gleitflug: Ohne Wenn und Eigentlich

»Wenn Sie Mist bauen, dann kommen Sie mir nicht mit Ausreden – schauen Sie in den Spiegel, und dann kommen Sie zu mir.«
CHARLES BEACHAM, EHEMALIGER CHEF VON LEE IACOCCA

Berlin. Ich wollte nach Berlin. Raus aus dem muffeligen Würzburg und rein in die Boom-Town. Die Mauer war gerade gefallen, die Stadt hypte, Goldgräberstimmung. Wer Hummeln im Hintern hatte, wer mit dabei sein wollte, der ging nach Berlin. Und ich wollte mit dabei sein.

Wieder einmal stand ich im Zug. Vier Stunden Würzburg – Berlin ohne Platzreservierung. Seit Wochen versuchte ich, in Berlin eine Bleibe zu finden. Ein Zimmer in einer WG oder ein kleines Appartement. Die Preise waren ja noch ganz günstig. Freitagabends in Würzburg noch gefeiert, samstagmorgens ausgeschlafen, mittags losgefahren; entweder als Beifahrer von irgendeinem Kumpel oder mit dem Zug. Ich übernachtete in Berlin bei einem Freund und machte mich dann am Sonntagmorgen – na ja, es war wohl eher 11 oder 12 Uhr – daran, die Mietanzeigen durchzuforsten. *Berliner Morgenpost*, dazu die *Zitty*, den *Tip* und wie die Blättchen alle heißen. Mit dem Kaffeebecher in der Hand kreuzte ich akribisch alle Anzeigen an, die mir interessant erschienen. Aber egal wo ich anrief, es war immer schon einer vor mir da gewesen. »Schon weg«, hieß es; oder die Angerufenen legten einfach wortlos auf.

Sonntagnachmittags dann wieder zurück nach Würzburg. Zurück in den Freundeskreis, der ein dankbares Publikum für meine Klagen war: »Jetzt bin ich schon zum fünften Mal in Berlin gewesen. Keine Chance!«

Lichter der Großstadt

Aber andere hatten es doch auch geschafft! Warum fanden die eine Wohnung und ich nicht? Ganz einfach: Es lag nicht am Wohnungsmarkt, sondern an mir. Ich fand keine Wohnung, weil ich mich nicht richtig bemühte. Ich war regelmäßig zu spät dran, blätterte in den Anzeigen herum, wenn es mir gerade in den Kram passte. Ich stand nicht wie die anderen samstagmorgens um fünf vor dem Bahnhofskiosk und wartete auf die Auslieferung der noch druckfrischen Zeitungen. Da lag ich 500 Kilometer weiter südwestlich noch in den Federn. Die anderen fanden ein Zimmer, weil sie es mussten. Sie hatten keine Wahl. Ich dagegen hatte einen Studienplatz und eine Studentenwohnung in Würzburg. Hierher konnte ich mich jederzeit wieder zurückziehen.

Was mir heute klar ist: Ich habe damals gar keinen ernsthaften Versuch unternommen, auf Dauer in Berlin unterzukommen. Klar, ich wollte nach Berlin. Aber ich hatte auch Angst, meinen bequemen, festgefügten Mikrokosmos zu verlassen. In Würzburg kannte ich jeden und jeder kannte mich; in Berlin wäre ich ein Nobody gewesen – ich hätte wieder ganz von vorne anfangen müssen. Andererseits sah ich mich gerne als coolen Hund, der mit nichts weiter als einem Seesack auf der Schulter in ein 200-Quadratmeter-Loft in Kreuzberg einzieht und von dort aus die Großstadt, ach was sage ich, die Welt erobert.

Wie schaffte ich es, diesen weit klaffenden Spalt in meinem Selbstbild zu schließen? Mit welcher möglichst plausiblen Erklärung rechtfertigte ich mein Versagen vor anderen und vor allem mir selbst gegenüber? Nichts einfacher als das. Ich erzählte jedem, der es hören wollte – und auch jedem, der es *nicht* hören wollte: »Ich hab schon wieder 100 Mark für eine Fahrkarte nach Berlin ausgegeben. Ganz umsonst!« Ein eigentlich leicht durchschaubarer Versuch, mich in die bequeme Opferrolle zu manövrieren: »Schaut her, was ich alles für meinen Traum tue, und niemand auf der grausamen Welt erkennt meine Leistung an!« So ein Unsinn! War ich denn wirklich der Meinung, dass die Tatsache, dass ich für die Fahrt nach Berlin in die Tasche griff, mich automatisch als zukünftigen Mieter autorisierte? Allerdings: Ich kam damit durch.

Was ebenso als Opfer-Masche wirkte, war mein Standardsatz: »In Berlin ist der Wohnungsmarkt eben dicht! Da kriegst du einfach keine Wohnung.« Mit einem Achselzucken und traurigen Augen hervorgebracht verfehlte er nicht seine Wirkung. Meine Freunde reagierten in angemessener Form: »Das ist wirklich eine Schande, dass es keinen bezahlbaren Wohnraum für solche wie uns in Berlin gibt! Tja, da kann man einfach nichts machen.«

Vermieter, die von Tuten und Blasen keine Ahnung haben, geldgierige Maklerhaie, die unfähige Politik oder als immer gültiger Rundumschlag: die Schweine da oben – alles bedauernswerte Umstände, die mich daran hinderten, mein ach so ersehntes Ziel zu erreichen. Mit dieser Hidden Agenda musste ich mein Leben nicht ändern – und stand dazu noch vor meinen Freunden als furchtloser, wenn auch verhinderter Weltenbummler da. Ausreden sind einfach toll!

> **Ausreden sind einfach toll!**

Das Erfolgsprinzip, das hinter den Ausreden steht: Alle gewinnen. Ich muss nicht zugeben, dass ich einfach nur zu faul oder zu blöd bin, um etwas zu erreichen. Und die anderen wollen lieber Ausreden als die Wahrheit hören. Warum? Mundus vult decipi – die Welt will betrogen werden. Sebastian Brant sagte das; der war Rechtsgelehrter an der Universität Basel – das war vor 500 Jahren. Ist also nichts Neues. Vielleicht funktioniert es so: Ich kratz dir den Rücken, dann kratzt du irgendwann mir den Rücken. Oder anders gesagt: Wenn ich dir jetzt deine Ausrede glaube, dann glaubst du mir demnächst auch meine. Dann bist du mir ein »Da kannst du echt nichts dafür« schuldig.

Mit so einem Pakt einigt man sich auf eine Version der Wahrheit, die mit der Realität nicht viel zu tun hat. Ausreden: Obwohl sie Falschgeld sind, werden sie als Zahlungsmittel akzeptiert. Bequem. Aber blöd, wenn man glücklich werden will.

Festgemauert in der Erden

Es gibt etwas, was sogar noch besser als eine Ausrede funktioniert: Glaubenssätze. Was ist der Unterschied? Wenn einer zur Verabredung zu spät kommt und sagt: »Ich hab kein Taxi gefunden«, dann ist das eine Ausrede. Das Problem: Er muss sie sich erst einfallen lassen. Noch bequemer wird es, wenn eine Ausrede so oft benutzt wird, dass aus dem Einzelfall eine Regel wird: »Es gibt in dieser Stadt viel zu wenig Taxis; wenn man eins braucht, ist keins da.« Dann ist die Ausrede zum allgemeingültigen Glaubenssatz geworden. Mit so einem Glaubenssatz im Gepäck brauchst du beim nächsten Zuspätkommen noch nicht einmal mehr weitschweifig von deiner vergeblichen Suche nach einem Taxi zu erzählen, sondern nur ein vielsagendes »Du weißt ja, die Taxis …« fallen zu lassen. Und alles ist geritzt.

»*Mir blieb gar keine andere Wahl.*«
»*Ich hatte ja nie eine Chance.*«
»*Das Problem haben wir nur wegen all der Ausländer.*«
»*Man muss tolerant sein.*«
»*Das darf man denen nicht durchgehen lassen.*«
»*Die Gier der Heuschrecken hat alles kaputtgemacht.*«
»*Das gibt der Arbeitsmarkt nicht her.*«
»*Die Chinesen können das viel billiger produzieren.*«
»*Ich bin nicht gut in Mathe.*«
»*Ich habe immer doofe Chefs.*«
»*Als Mann hat man es schwer, zu bekommen, was man will.*«
»*Als Frau hat man es schwer, zu bekommen, was man will.*«
»*Mit über vierzig hat man eh keine Chance.*«
»*Ohne Studium nimmt einen niemand ernst.*«
»*Ich bin kein guter Redner.*«
»*Ich kann nicht singen.*«
»*Das geht gar nicht.*«

Diese Liste von Glaubenssätzen könnte man schier endlos weiterführen. Egal ob auf privater oder gesellschaftlicher Ebene: Immer hat man einen Schuldigen oder einen Vorwand, und immer kann man sagen: »Ich war's nicht! Ich kann nichts dafür!«

Man kann es auch so sagen: Glaubenssätze sind allgemein anerkannte Ausreden, die sich beim Einzelnen versteinert haben. Dahinter stehen also ganz individuelle Mechanismen, die dem Einzelnen seine Welt zurechtrücken. Nicht zugeben müssen: »Ich war blind vor Gier, ich wollte unbedingt ein paar Promille mehr Zins einsacken und bin deshalb mit meinem Geld bis nach Island gelaufen« – sondern lieber jammern: »Die Banken haben mich falsch beraten.« Diese Sicht macht die Dinge erst mal viel, viel einfacher.

> **Ich war blind vor Gier und bin deshalb mit meinem Geld bis nach Island gegangen.**

Viele Glaubenssätze können auf eine lange Tradition zurückblicken. Über Generationen hinweg hat sich eine unübersehbare Anzahl von ihnen in unseren Köpfen festgesetzt und versteinerte im Lauf der Zeit zu unumstößlichen Dogmen. »Such dir 'ne Festanstellung, dann hast du was Sicheres« oder »Freche Kinder kriegen nichts«. Und mit einer Gänsehaut fällt mir das Lied aus der DDR ein: »Die Partei, die Partei, die hat immer recht!« Aber sind das denn Ausreden? Ja. Es sind die perfekten Ausreden dafür, nicht nachdenken zu müssen. Weder darüber, wie deine berufliche Laufbahn überhaupt aussehen soll. Noch darüber, ob ein Kind, das aufbegehrt, vielleicht recht haben könnte. Da kommen solche Glaubenssätze gerade recht. Die Alternative ist auch viel anstrengender: sich mit einem aufsässigen Kind auseinanderzusetzen und es ernst zu nehmen, statt es einfach nur abzuwatschen.

Jede Kultur hat ihre eigene Auswahl an Glaubenssätzen, über deren Wert bzw. Wahrheitsgehalt sich streiten lässt. Wenn wir sagen »Der frühe Vogel fängt den Wurm«, ist das ebenso kulturbestimmend wie der Spruch von Inuit-Eltern: »Geh nie ohne Schneeschuhe aus dem Iglu.« Die wenigen verbliebenen Kannibalen in Papua-Neuguinea sehen es vielleicht als gesetzt an, dass niederländische Missionare sich besser für rituelle Tötungen eignen als die der Hexerei überführten Mitglieder des eigenen Stammes – reine Ansichtssache. Und wenn das Ziel ganzer Nomadenstämme der Sahelzone ist, möglichst große Viehherden zu besitzen, auch wenn so aus Halbwüsten Wüsten werden, dann ist das eben deren Glaubenssatz. Nicht unbedingt unserer. Mit großer Beherztheit und fast schon bewundernswerter Selbstsicherheit versuchen wir, anderen Kulturen klarzumachen, wie blöd uns manche ihrer Glaubenssätze vorkommen. Rad der Wiedergeburt und mieses Karma: »Nein, Rajid, dieser Behinderte ist nicht selbst daran schuld, dass er ohne Beine zur Welt gekommen ist. Sei also ein bisschen netter zu ihm!« Dschihad als Heiliger Krieg: »Nein, Ahmed, du kommst nicht ins Paradies, wo 72 Jungfrauen auf dich warten, wenn du diese Bombe zündest.«

Wer sagt denn, dass wir mit unseren Glaubenssätzen besser fahren? Es wäre ziemlich arrogant zu behaupten, dass gerade wir die Weisheit mit Löffeln gegessen haben, oder? Also über Bord mit den Glaubenssätzen? Weg mit »Man ist pünktlich« und »Reden ist Silber, Schweigen ist Gold«? Oder in der Wirtschaft: »Angebot und Nachfrage bestimmen den Preis.« Und vonseiten der Gewerkschaft: »Egal, was ist, wir brauchen 5 Prozent mehr Lohn.«

Nein, denn fest steht auch, dass in vielen Glaubenssätzen die Erfahrungen von Generationen kondensiert sind. Als Lebensweisheiten sind sie ein Schatz an gesundem Menschenverstand, passgenau auf die jeweilige Gesellschaft zugeschnitten. »Spare in der Zeit, dann hast du in der Not« – was soll daran falsch sein? Ich kann mir keine Situation vorstellen, in der dieser Ausspruch seine allgemeine Gültigkeit verlieren würde. Es kommt nur darauf an, wie du ihn umsetzt …

Meine Glaubenssätze wirken wie Zwang, den mir mein kultureller Hintergrund auferlegt. So ein Korsett engt nicht nur ein, sondern kann auch stützend wirken – das ist ja der Sinn von so einem Apparat. Glaubenssätze können uns helfen, unseren Alltag zu meistern. Sie befreien uns davon, zu viele Entscheidungen treffen zu müssen. Wenn zum Beispiel Konsens ist, dass Pünktlichkeit eine Tugend ist, dann brauche ich auch nicht lange zu überlegen, wann ich losgehe, um mich um drei Uhr mit einem Freund zu treffen. Um halb vier? Dann ist der zu Recht sauer. Kurz vor zwei? Auch nicht, denn dann warte ich eine Stunde am vereinbarten Treffpunkt. Mit dem Glaubenssatz »Man ist pünktlich« im Hinterkopf richte ich mir meine Zeit automatisch so ein, dass keiner seine Zeit verschwenden muss. Vielleicht meinst du: Ist doch selbstverständlich, Pünktlichkeit anzustreben! Da muss man doch nicht lange drüber nachdenken!

Eben.

Für uns ist »Pünktlichkeit eine Tugend«. Und wer hierzulande nicht pünktlich ist, ist zumindest eine Erklärung schuldig. Andere Kulturen können da ganz anders ticken. Manager, die in Schwarzafrika Unternehmen aufbauen wollen, können ein Lied davon singen. Sind wir also besser als die Schwarzafrikaner? Natürlich nicht. Nur anders.

Was denn nun? Stecken uns unsere Glaubenssätze in eine Zwangsjacke, hindern sie uns daran, unser Leben selbstbestimmt zu führen, und hemmen sie unsere Entwicklung zu autarken Wesen, die ihr Leben in eigener Verantwortung leben? Oder sind sie der notwendige Kitt, der dafür sorgt, dass wir eben nicht alles und jede Meinung neu erfinden müssen und auch ohne Überdosis an Grundsatzdebatten durchs Leben kommen?

Beides.

Mit den Hühnern aufstehen

Wenn in einer Gesellschaft gilt: »Morgenstund hat Gold im Mund« und »Der frühe Vogel fängt den Wurm«, dann ist gesetzt, dass jeder, der um zehn noch in den Federn liegt, ein Faulpelz und Tunichtgut ist. Die einen finden das ganz in Ordnung so, und die anderen verdrehen nur ihre Augen.

Für mich persönlich ist es sehr schwer, frühmorgens schon fit zu sein. Da geht es mir wie vielen anderen auch. Aber in meinem Business ist es notwendig, dass ich um acht Uhr morgens leistungsfähig bin. Oder einfach um 7.05 Uhr in Friedrichshafen im Frühflieger in Richtung Frankfurt sitze. Frühflieger – das heißt, der Wecker klingelt um 4.45 Uhr. Viertel vor fünf. Glaub mir, das fällt mir nicht leicht. Diese Uhrzeit kommt in meiner Lebensplanung nicht vor.

Aber die Geschäftswelt richtet sich nun mal nicht nach mir. Das akzeptiere ich. Ich habe es mir überlegt und bin zu dem Schluss gekommen, dass es für mich gut ist, hier mit dem Strom zu schwimmen und zum Glaubenssatz Ja und Amen zu sagen. Ich könnte natürlich auch versuchen durchzusetzen, dass ich vor zehn nicht zu erreichen bin. Aber für meinen Geschmack wären die Nachteile größer als die Vorteile. Also stelle ich meinen Wecker. Und damit ist das Thema für mich erledigt.

Bei anderen Glaubenssätzen bin ich nicht so nachgiebig. Es gab eine Zeit, in der der Besitz eines Hauses zu meinem Leben gehörte. Das ist vorbei. Es war in Ordnung, ein Haus zu haben. Und es ist in Ordnung, jetzt in einer Mietwohnung mit Dachterrasse zu leben. Wenn aber einer kommt und im Brustton der Überzeugung sagt: »Schaffe, schaffe, Häusle baue!«, dann geht mir in der Tasche das Messer auf. Denn dahinter steht die Einstellung, dass du nur mit einem eigenen Haus ein ganzer Mann bist. Ich habe schon genug Freunde und Bekannte gesehen, die dieser Glaubenssatz in den Ruin getrieben hat. Sie haben sich mit Krediten übernommen; sie wollen das mit viel Herzblut renovierte Heim nicht mehr verlassen, obwohl sie in der Zwischenzeit woanders viel bessere Lebensbedingungen hätten finden können; sie bezahlen leer stehende Häuser mitten in der Pampa ab, weil die Frau längst weg ist.

Ein Haus bauen oder kaufen – das ist so eine typische Sache, die zum einen passt und zum anderen weniger. Und wenn für dich das eine heute das Richtige ist, muss es das morgen lange nicht mehr sein. Schon gar nicht, wenn man einem Glaubenssatz auf den Zahn fühlt. Bleiben wir beim Beispiel: »Kauf dir ein Haus, dann hast du was.« Bei einem Kredit über 400 000 Euro fallen im Jahr bei 4 Prozent Zins summa summarum 16 000 Euro für Zinsen an. Und zwar nur für

Zinsen. Tilgung? Kommt oben drauf. Unterhalt des Hauses? Kommt oben drauf. Versicherungen? Kommt oben drauf. Für das gleiche Geld könntest du dir ein wirklich schönes Haus mieten. Und schon sieht es mit dem Glaubenssatz ganz schön mau aus. Es sei denn, du wolltest nicht dein Geld sichern, sondern einfach deine eigenen vier Wände haben, in denen allein du bestimmst über Wandfarbe, Raumaufteilung und Einstellung des Lautstärkereglers der Stereoanlage.

Wenn du dein Leben selbstbestimmt führen willst, wirst du also nicht darum herumkommen, immer wieder zu entscheiden: Passt dieser Glaubenssatz hier und heute zu mir? Ja oder nein? Und dann handelst du danach – und zwar nicht nach dem allgemeingültigen Glaubenssatz, sondern danach, was du mit ihm vorhast. Denn Glaubenssätze sind Werkzeuge, keine Götzen. Was du im Umgang mit Glaubenssätzen nicht tun solltest: immer Ja sagen. Aber immer Nein sagen ist auch daneben.

Bayrische Nächte

Wir stehen in der Würzburger WG am Fenster und schauen in den klaren Nachthimmel. Ein paar der Kommilitonen sind schon gegangen. Nur noch der harte Kern sitzt in der kleinen Küche und lässt die Party ausklingen.

»Sag mal, was ist denn da drüben auf der anderen Straßenseite?«, fragt Fred. Vom unscheinbaren Flachbau gegenüber wummert Musik. Die Fenster sind hell erleuchtet und wenn die Tür aufgeht, wabern Hitzewellen und feuchter Dampf in die kühle Nachtluft.

»Das ist das AKW«, antworte ich, »die Autonome Kulturwerkstatt Würzburg.«

»Ey cool! Von denen hab ich schon gehört. Die machen richtig was los, so Veranstaltungen gegen das Establishment. Konzerte und Lesungen und so weiter. Die sind hier in Würzburg echt'n Highlight. Alles andere ist ja gähn-langweilig und total kleinkariert.« Fred redet sich noch ein bisschen in Fahrt, wie provinziell Würzburg ist. Und wie toll er es findet, wenn so eine Einrichtung wie das AKW den hiesigen bourgeoisen Provinzlern wie ein Spleiß im Hintern steckt.

»Stimmt genau«, sage ich, »da ist immer was los. Und wenn altgediente Startbahn-West-Kämpfer mit Atomkraftwerk-Gegnern und Jusos reden wollen, dann ist dort der richtige Ort dafür. Aber eins kann ich dir sagen: Die da drüben sind noch viel spießiger als alle Kirchenvorsteher und Gemeinderäte zusammen.«

»Ey komm! Das ist doch wohl nicht dein Ernst!« Fred deutet auf ein paar Leute, die drüben gerade aus der Tür treten. Sie sehen wirklich alles andere als spießig aus – die Zeit der Parkas und AKW-neindanke-Buttons war gerade vorbei und diese Typen hatten sich viel Mühe gegeben, auf andere Art ihre Unangepasstheit zum Ausdruck zu bringen. Der eine trägt eine Che-Guevara-Mütze, unter der lange Zotteln hervorsprießen, beim anderen fallen sofort der orange-gelbe handgestrickte Pullover und die indischen Ledersandalen ins Auge.

Spießig; nicht spießig – Fred und ich streiten noch ein bisschen herum, bis es mir zu dumm wird. »Pass auf. Ich geh jetzt da rüber und dann wirst du ja sehen.« Ich stehe auf, gehe zu meinem Kleiderständer, ziehe mir mein einziges Jackett an, leihe mir von Bernhard, dem Banklehrling, seinen Schlips und schon bin ich auf der Treppe nach unten. Meine Kumpel beobachten vom Fenster aus, wie es nun weitergeht.

Noch bevor ich einen Fuß ins AKW setzen kann, habe ich schon so eine Art Türsteher am Hals. Nur ist der nicht groß und breit, sondern drahtig mit schütterem Zopf.

»Wo willst denn du hin?«, fragt er unfreundlich und taxiert mich von oben bis unten. »Mit deinem Strick um den Hals kommst du hier nicht rein.«

»Ich will mich hier mal umschauen. Finde ich interessant, was ihr hier macht«, antworte ich und schaue unauffällig kurz hinter mich hinauf zum Fenster gegenüber, wo meine Freunde alles hautnah mitbekommen.

Der Typ drückt mich gleich wieder von der Türschwelle nach draußen. »So Typen wie dich können wir hier nicht gebrauchen«, sagt er. »Verschwinde.«

»Hey, ich denke, hier darf jeder rein. Gehört dir denn der Laden? Wird doch auch von der Stadt finanziert, oder? Wie kommst du also dazu, mir hier den Weg zu verbauen?«

»Hör zu, Arschloch. Zieh Leine! So Anzugtypen wie du sind hier unerwünscht!«, droht der selbst ernannte Wächter der AKW-Tugenden. Und damit ist für ihn die Sache erledigt. Für mich auch. Ich habe mein Ziel erreicht. Ich drehe mich um, schaue nach oben und mache eine Seht-ihrs-Geste in Richtung meiner Kumpels.

Auch heute noch finde ich die Gewohnheits-Revoluzzer zum Kotzen. Genauso wie die ewigen Duckmäuser und Ja-Sager vertreten sie betonharte Glaubenssätze. Nur dass ihre Dogmen allein aus der rigorosen Ablehnung alter Glaubenssätze entstehen. Wo ist denn der Unterschied zwischen: »Hier kommen nur Leute mit Krawatte rein« und »Hier kommen nur Leute ohne Krawatte rein«? Zu meinen, man stünde über den Glaubenssätzen, und dabei nur ein überheblicher Verfechter genau des Gegenteils zu sein – das ist doch nur jämmerlich! Wenn jemand für sich persönlich entscheidet, dass er sich in Pulli, offenem Hemd, schwarzem Rolli, Lederweste oder was auch immer wohler fühlt als in einem Jackett, dann ist das in Ordnung. Für mich gilt: Mir fällt es leichter, einen Vortrag in einem Anzug zu halten als in Strandklamotten. Wenn ein anderer das gerne barfuß macht – bitte. Soll jeder für sich entscheiden. Aber niemand soll meinen, er sei mit seiner Wahl besser als andere.

Da sind wir bei einem heiklen Thema: Oft sind es gerade diejenigen, die gegen Glaubenssätze Sturm laufen, die die verknöchertsten Grundsätze haben und am unnachgiebigsten ihre Position vertreten. Samstags sein Auto vor der Garageneinfahrt zu waschen, das kann ich persönlich nicht nachvollziehen. Aber vielleicht ist das für manche total entspannend. Vielleicht ist das sogar besser als Yoga und eine Woche Meditation im Kloster zusammen. Warum soll es denn weniger beruhigend sein, den Poliermop in endlosen Schwüngen über das Blech kreisen zu lassen, als in einem Zen-Garten Kies zu harken? Spießig finde ich es, wenn andere das Samstags-Auto-Waschen spießig finden und meinen, es mit überheblichen Blicken abstrafen zu müssen. Das sind genau die Typen, die vor lauter Angst, beim Wagenwaschen ertappt zu werden, lieber donnerstags frühmorgens, wenn es noch dunkel ist, schnell mit dem Tchibo-Autohandschuh über ihre Kühlerhaube fahren und mit dem Akku-Sauger die Krümel aus ihrem Auto pusten. Oder glaubst du, die Samstags-Auto-waschen-Verweigerer würden ihren Wagen nie schmutzig machen?

Die Bevölkerungsgruppe, die dieses verquere Verhalten zur Vollkommenheit stilisiert hat, sind für mich die Punks. Die echten, meine ich, nicht die, die in 450-Euro-Jeans, die von unterbezahlten Chinesinnen kunstvoll auf kaputt getrimmt wurden, und mit 250-Euro-Haarschnitten, bei denen jeder Euro dafür ausgegeben wurde, dass die Frisur nicht nach Frisur aussieht, herumlaufen. Ich meine die, die vor den Hauptbahnhöfen herumlungern, um ein paar Euro betteln und diejenigen anpöbeln, die sich abwenden, ohne nach ihrem Portemonnaie zu greifen. »Hey, hältst dich wohl für was Besseres, wa?« Aus ihrer Anti-Haltung heraus haben sie sich uniformiert: Piercings, Nieten und Leder; Zuckerwasser oder geklautes Haarspray im Haar. Einer sieht so aus wie der andere. Und die Klamotten über www.punk.de geordert.

Hey, das war jetzt ein Test! Hast du es gemerkt? »*Die* Punks hängen nur rum und stehlen.« Auch wieder ein Glaubenssatz. Einer, der nicht meiner ist, ich habe ihn mir hier nur kurz ausgeliehen. Nun, meine Meinung ist klar: Punks definieren sich darüber, dass sie anders sein wollen als die anderen – und sehen dabei tragischerweise einander zum Verwechseln ähnlich.

Und was ist *deine* Meinung?

Kolonie der Handbremsen

Nimm dir die Freiheit, mit Glaubenssätzen zu machen, was du willst. Lass zu, dass sie dir dabei helfen, dein Leben zu regeln und so Energie zu sparen. Du weißt, dass sie nicht für jeden gelten müssen und auch nicht für alle Situationen und für alle Zeit. Wenn du erkennst, dass sie als ewig gültige Gebrauchsanweisung nicht taugen, sondern dass du sie immer wieder mal auf den Prüfstand heben musst, dann ist alles okay.

Aber es gibt auch die schwarzen Schafe unter den Glaubenssätzen. Für sie gilt immer: Weg damit! Denn sie regeln nicht dein Leben, sondern verhindern deine Zukunft. Das sind die, über die die Zeit längst hinweggerollt ist. Und das sind vor allem die selbst gemachten, die nichts anderes als breitgetretene Ausreden dafür sind, dass du die Hände in den Schoß legst. Sie lassen dich glauben, dass du dich vor anstehenden Entscheidungen drücken darfst.

»Ich kann das nicht.«
»Ich hatte ja nie eine Chance.«
»Ich hatte eine schwere Kindheit.«
»Ich hab's nicht so mit Zahlen.«
»Sport? Geht nicht. Meine Knie sind kaputt.«
»Ich hab halt schwere Knochen.«
»Ich bin nicht gut darin, andere Leute anzusprechen.«
»Ach, die hat bestimmt schon einen Freund.«
»Ich mache das der Kinder wegen.«
»Ich bin oft unterzuckert.«
»Wir haben es gebaut, dann wohnen wir auch drin.«
»Es ist zu spät, um noch mit dem Klavierspielen anzufangen.«

Oft kommen diese Killer-Glaubenssätze auch in Hätte-Form daher:

»Hätte ich damals Abi gemacht ...«
»Wenn ich mehr Geld hätte ...«
»Wenn ich mehr Zeit hätte ...«
»Wenn ich könnte, wie ich wollte ...«

All dies dient der Selbstbetäubung. Du kannst dir mit dem K.O.-Hammer auf den Kopf hauen oder in diesen Rechtfertigungssätzen versinken – der Effekt ist derselbe. Solche Glaubenssätze verführen dich nur dazu, die Hände in den Schoß zu legen. Sie sind die perfekte Ausrede dafür, um jede Entscheidung einen weiten Boden zu machen und alles so zu lassen, wie es ist. Sobald du anfängst, mit Hilfe dieser Glaubenssätze eine Entschuldigung für dein Handeln – oder besser: dein Nicht-Handeln – zu finden, läuft etwas gewaltig schief. Denn eine Entschuldigung heißt immer auch, dass du Verantwortung von dir schiebst. Unterm Strich kommt immer heraus: »Ich war's nicht« und: »Ich konnte ja nicht anders«. Stillstand also.

Merkwürdigerweise gibt es in unserer Gesellschaft die Tendenz, nicht nur für sich selbst, sondern auch für jeden und für alles Mögliche solche Entschuldigungen zu finden.

Zehn somalische Piraten überfielen im April 2010 das unter deutscher Flagge fahrende Frachtschiff *Taipan*. Weil sich die 13-köpfige Besatzung rechtzeitig in einem Sicherheitsraum verschanzte und von dort aus die Maschinen kontrollierte, konnten die Piraten weder das Schiff steuern noch die Seeleute als Geiseln für ein millionenschweres Lösegeld nehmen. Sie wurden kurze Zeit später durch eine Spezialeinheit festgenommen und an Deutschland ausgeliefert. Angriff auf den Seeverkehr, versuchter erpresserischer Menschenraub, da waren für die Piraten bis zu 15 Jahre Haft drin. Doch das Amtsgericht Hamburg urteilte außergewöhnlich milde: sechs bis sieben Jahre Haft für die Erwachsenen, zwei Jahre Jugendstrafe für die jüngeren Piraten.

> »Diese Menschen hatten schlicht keine andere Wahl.«

Den Grund für den vergleichsweise glimpflichen Ausgang für die überführten Verbrecher nennt Gabriele Heinecke, eine der zwanzig Anwälte und Anwältinnen, die die zehn Piraten vertraten, in einem Interview mit der politischen Zeitung *Analyse und Kritik*: »Soweit wir wissen, hatten diese Menschen schlicht keine andere Wahl. Sie lebten ein elendiges Leben und wussten nicht, ob sie den nächsten

Tag überleben würden oder nicht, ob sie etwas zu essen bekämen oder nicht, wie sie die Kinder durchbringen würden.« Für sie gehören die Piraten zu den »Ärmsten der Armen, die, soweit sie freiwillig auf dem gekaperten Schiff waren, aus völliger Verzweiflung und akuter Not versucht haben, an Geld zu kommen«.

Mit anderen Worten: Weil ein Großteil der Somalier kein sauberes Wasser, keinen Zugang zu ärztlicher Versorgung hat, können sie gar nicht anders, als zum Verbrecher zu werden! Die hatten doch gar keine andere Perspektive! Die waren einfach nicht in der Lage, sich zu helfen, ohne andere umzubringen. Pikant ist allerdings, dass der Angeklagte, den Frau Heinecke verteidigte, vier Sprachen spricht, unter anderem sehr gutes Englisch. Er war für das Unternehmen »Frachter kapern« angeheuert worden, um zwischen den Überfallenen, ihrer Reederei und den Piraten zu dolmetschen. Hatte der wirklich keine andere Möglichkeit?

Sind diejenigen, die sich solche Entschuldigungen einfallen lassen, eigentlich noch dicht? Da steigen gut bewaffnete Menschen in mit Raketenwerfern ausgerüstete Schnellboote, halten anderen Menschen Pistolen an den Bauch und manchmal jagen sie ihnen auch eine Kugel durch den Kopf, erpressen gigantische Lösegelder. Und alles, was eine bestimmte Klientel in den westlichen Ländern dazu sagt, ist: »Die armen Kleinen, die hatten ja nie eine andere Chance!« Das ist haarsträubend. Was signalisieren wir denn der Welt mit dieser Haltung? Macht ruhig weiter mit eurem einträglichen Geschäftsmodell. Wir verstehen euch.

Stammtischniveau? Nein, bittere Realität: Für alles und jeden wird eine Entschuldigung gefunden, und sei sie noch so sehr an den Haaren herbeigezogen. Jeder Hartz-IV-Empfänger: ein Opfer der Gesellschaft. Jeder 17-Jährige, der eine Frau, die seine Großmutter sein könnte, auf offener Straße umrennt und ihr die Handtasche klaut, »hat eben nie seinen Vater kennen gelernt«. Mit dem Effekt, dass diese Leute erst recht nicht aus dem Quark kommen. Denn es gibt ja einen Grund, warum es so ist, wie es ist – und es liegt ja nicht an ihnen.

> **Ausreden zementieren die Gegenwart.**

Und das ist es, was Entschuldigungen und Glaubenssätze anrichten: Sie stoppen das Denken, dass es auch ganz anders sein könnte. Natürlich ist es schlimm, wenn in Somalia Warlords Dörfer und Städte terrorisieren. Natürlich ist es schlimm, wenn hierzulande orientierungslose Jugendliche mehr Zeit auf der Straße als bei ihren Eltern daheim verbringen. Aber solange wir immer eine Ausrede, eine Entschuldigung für Missstände finden, wird sich nie etwas ändern. Denn Ausreden zementieren die Gegenwart. Die Zukunft hat dann keine Chance.

Der beste Freundschaftsdienst, den du dir selbst und anderen leisten kannst, ist: keine Ausreden gelten lassen. Den Finger auf die Wunde legen und fragen: »Was machen wir denn jetzt? Wie kommen wir denn aus dieser furchtbaren / bescheuerten / krank machenden Situation wieder heraus?« Dann erst können die Dinge überhaupt in Bewegung kommen.

Als ich noch zur Schule ging, bin ich immer zu spät gekommen. Das war fast schon Ehrensache. Und immer hatte ich eine Ausrede parat: »... Schulbus stand im Stau«, »... musste meiner kranken Mutter noch Medikamente aus der Apotheke besorgen« usw. Das war richtige Kreativarbeit! Ich hab natürlich nie gesagt: »Ich bin zu spät, weil ich am Rossmarkt noch einen Kaffee getrunken habe.« Oder: »Ich hab keinen Bock gehabt und lieber noch auf dem Pausenhof eine geraucht.« Die Lehrer hörten schon lange gar nicht mehr hin. War ja sowieso egal.

Den Brandl hatten sie schon so gut wie abgeschrieben und seine lauen Ausreden interessierten niemanden. Irgendwann bekamen wir einen neuen Englischlehrer. Direkt in seiner ersten Stunde bei uns war ich natürlich wieder mal zu spät dran. Mit fast zwanzig Minuten Verspätung wollte ich mich mit einem gemurmelten »Bin ausgerutscht und war noch im Krankenzimmer« auf meinen Stuhl drücken. Doch bei diesem Lehrer zog die Ausrede nicht. Weder diese noch irgendeine andere. Erstaunt stellte ich fest, dass er ohne zu zögern einen Verweis ins Klassenbuch schrieb und sagte: »Sorg dafür, dass du morgen rechtzeitig zum Stundenbeginn hier bist, sonst hast du gleich den nächsten Verweis.«

Und jetzt rate mal, wer zu meinem Lieblingslehrer wurde.

Hoffen auf den Jackpot

In der Fliegerei gibt es mehrere Möglichkeiten. Erstens: Du kannst dich in einen Segelflieger hieven und auf Thermik setzen. Dann bist du im Gleitflug unterwegs und hin und wieder zieht dich warme Luft ein paar hundert Meter weiter höher, sodass du noch einige Minuten länger in der Luft sein kannst.

> **Sobald die Thermik weg ist, geht's für dich nur noch Richtung Boden.**

Fast geräuschlos gleitest du dahin. Du nutzt das, was dir die Wetterbedingungen bieten. Und nur das. Denn als Segelflieger bist du auf die Thermik angewiesen. Nicht du allein entscheidest, wohin und wie hoch es dich in die Lüfte trägt, sondern neben deinem fliegerischen Können auch die Topografie, der Sonnenstand, die Wärme der Luft und anderes mehr. Sobald die Thermik weg ist, geht's für dich nur noch Richtung Boden. Wenn du einfach nur Spaß haben willst, ist das eine feine Sache. Auch wenn ein Segelflieger theoretisch ewig in der Luft bleiben könnte – für die Langstrecke ist Segelfliegen eher ungeeignet.

Du kannst auch ein Motorflugzeug wählen. In ihm fliegst du genau dorthin, wohin du willst. Es kann die Alpen überqueren oder auch an der Nordsee Inselhopping machen. Deine Entscheidung. Der Motor, den du dafür brauchst, frisst allerdings eine Menge Energie. Seine Reichweite ist begrenzt, irgendwann geht dir dein Sprit aus.

In diesem Bild ist der Segelflieger derjenige, der in seinem Leben voll auf Glaubenssätze setzt. Wie ein Segelflieger sich von Aufwind zu Aufwind hangelt, lebt er sein Leben von »Du musst was Gescheites lernen« über »Du musst heiraten und zwei Kinder kriegen« bis zu »Du musst ein Haus bauen«. Das ist nicht sehr anstrengend, denn er muss nicht lange darüber nachdenken, ob es wirklich das ist, was er will. Er tut es einfach. Weil es alle machen.

Der Motorflieger wäre dann jemand, der sehr genau weiß, wo er hinwill. Der zu jedem Zeitpunkt bestimmt, ob er ein paar Grad mehr Nordwest fliegt oder nicht, ob er zweihundert Fuß höher geht oder nicht. Der Hauptunterschied zum »Segelflieger«: Er hat einen Motor – oder besser: Antrieb. Nur mit Antrieb gewinnst du in deinem Leben wetterunabhängig Höhe und kommst genau dort hin, wohin du willst. Einen kleinen Haken hat die Sache allerdings: So wie dem Motorflieger immer wieder der Sprit ausgeht und er runter muss, um nachzutanken, so ist es auch für dich, wenn du dein Leben im Motorflieger-Modus lebst, sehr energieraubend und anstrengend, wolltest du jede Kleinigkeit im Leben aktiv entscheiden. Auch dir würde dann schnell der Saft ausgehen. Warum nicht beides gleichzeitig haben?

Es ist also gut, wenn du dich in manchen Dingen des Lebens auf Glaubenssätze verlassen kannst.

Und so sind wir bei der dritten Möglichkeit: Du kannst dich in einen Motorsegler setzen. In ihm kannst du mit ausgeschaltetem Motor energiesparend Aufwinde nutzen. Das spart Kraft für die wirklich wichtigen Entscheidungen. Und wenn es nicht richtig weitergeht, fliegst du mit Propellerantrieb zum nächsten Hang, wo die Thermik wieder greift. In einem Motorsegler bist du ein Lebenskünstler, der sich im Energiespar-Modus Glaubenssätze zunutze machen kann, aber jederzeit in der Lage ist zu entscheiden, wieder den Motor anzuwerfen, um ganz andere Landschaften von oben anzuschauen.

Ob Motorflugzeug oder Motorsegler – Geschmacksache. Was aber gar nicht geht, ist, sein gesamtes Leben wie ein Segelflieger anzugehen: ohne Antrieb.

Solche Leute lassen sich hängen, hoffen wie Aschenputtel auf den Prinzen, der sie holen kommt. »Irgendwann wird einer schon noch sehen, was alles in mir steckt!« Für sie ist jede Vom-Tellerwäscher-zum-Millionär-Geschichte reines Labsal. Denn sie sehen nicht die gewaltige Anstrengung, die hinter so einer Vita steht, sondern sie nehmen sie als ein Versprechen, dass irgendein glückliches Geschick – eine günstige Thermik – sie irgendwann schon in die richtige Höhe ziehen wird.

Mit einem YouTube-Video zum Millionär, ohne einen Finger dafür rühren zu müssen – klar, das gibt es. Aber rechne nicht damit! Da kannst du gleich Lotto spielen. Das mach ich manchmal auch. Ich hab einmal 23 Euro gewonnen, fand ich klasse. Wenn aber die Ziehung der Lottozahlen zum Highlight der Woche wird, dann stimmt etwas nicht. Dann ist dein Antrieb, selbst etwas zu bewegen, flöten gegangen. Was geblieben ist, ist die müßige Hoffnung, dass irgendetwas kommt, das dich bewegt. Der Mann, der an deiner Tür klingelt, um dir deinen Traumjob anzubieten, ein Lottogewinn, ein Partner, der dich mit durchs Leben zieht, der Staat, der dich unterstützt.

Wenn du damit zufrieden bist, dass etwas dich bewegt, und du nicht mehr den Willen hast, dich selbst zu bewegen, dann ist dein Leben im Gleitflug. Wenn du dann noch nicht einmal mehr Ausschau hältst nach einem Aufwind, sondern darauf wartest, dass die Thermik *dich* findet, dann ist aus dem Gleitflug ein reiner Sinkflug geworden. Dann kannst du dir ausrechnen, wann du auf dem Boden aufschlägst.

TEIL 2

Harte Landung

KAPITEL 5

Nieten: Warum das Unwichtige am wichtigsten ist

»Keiner kann alles.« THEODOR FONTANE

Die Lockheed Tristar der Eastern Airlines war noch nicht einmal ein halbes Jahr alt. Aber im Landeanflug auf Miami kurz vor Mitternacht trat ein technisches Problem auf. Das viereckige grüne Kontrolllämpchen, das das Einrasten des ausgefahrenen Bugrades anzeigen sollte, blieb dunkel. Auch ein zweiter Versuch ließ es nicht aufleuchten. Der Check der Kontrollleuchten ergab, dass sie alle funktionierten – nur eines nicht: das der Bugfahrwerkskontrolle. Also war es kaputt. Trotzdem: War das Bugrad nun draußen oder nicht? Sicher waren sich die Piloten Robert Loft und John Stockstill und der Flugingenieur Donald Repo nicht. Sie konnten das Risiko nicht eingehen, eine Bauchlandung zu machen.

Also brachen sie den Landeanflug ab, gingen von unter 1000 Fuß wieder zurück auf 2000 Fuß in eine Warteschleife. Loft schaltete auf Autopilot, damit sie sich um das Problem kümmern konnten. Erst versuchte Repo, von hinten über Stockstill gebeugt, die beiden kleinen Glühbirnchen der daumennagelgroßen Warnleuchte auszuwechseln. Dann übernahm Stockstill, der als Copilot am nächsten dran war, die Aufgabe. Loft gab Ratschläge dazu: »… Ich glaub nicht, dass das so funktioniert. Du musst das noch um ein Viertel nach links drehen.« Und Stockstill darauf: »Hat einer von euch ein Taschentuch oder so was? Ich krieg das Ding nicht zu fassen.« Jetzt hatten sich die Lämpchen auch noch verkantet.

Loft fluchte ungeduldig: »Zur Hölle damit!« Und nach hinten zu Repo gewandt: »Geh runter und schau nach, ob es draußen ist. Das ist alles, was jetzt zählt. Mist, dieses gottverdammte Zwanzig-Penny-Teil!«

> **»Mist, dieses gottverdammte Zwanzig-Penny-Teil!«**

Der Flugingenieur quetschte sich von seinem Sitz hinter den Piloten durch einen engen Zugang in den Schacht unter dem Cockpit, um durch das in Bugnähe befindliche Guckloch nachzuschauen, ob das Bugrad ausgefahren war oder nicht. Noch im »Höllenloch« stehend sagte er zu Stockstill, er solle aufpassen, die Lämpchen nicht zu zerbrechen.

Auf den paar Quadratmetern Cockpitfläche fand ein regelrechter Tanz um die Kontrolllampe statt. Es muss ein ganz schönes Chaos gewesen sein! Einer der beiden Piloten ist wohl in dem Hin und Her so unglücklich an das Steuerhorn gestoßen, dass der Autopilot auf CWS-Modus (Control Wheel Steering Mode) gestellt wurde. In diesem Modus arbeitet der Autopilot zwar weiter, reagiert aber auch auf manuell eingegebene Befehle. Und der Befehl, den er versehentlich über einen Ellenbogen oder den Hintern eines der beiden Piloten bekam war: Sinkflug.

Die Piloten merkten nichts davon. Draußen war finstere Nacht. Repo kam wieder aus seinem Loch hervor und sagte: »Ich kann's nicht sehen. Zu dunkel.«

Und weiter ging es mit dem Gewurstel mit den Lämpchen. Plötzlich rief Stockstill verwundert: »Wir haben irgendetwas mit der Höhe gemacht.«

Loft: »Was?«

Stockstill: »Wir sind immer noch auf 2000 Fuß, oder?«

Lofts Worte: »Hey – was passiert hier gerade?« waren seine letzten.

Mit ihm starben 101 der insgesamt 176 Passagiere. Die Maschine knallte in kontrolliertem Flug direkt in die Sümpfe der Everglades, 19 Meilen von der Landebahn entfernt.

Im Dutzend billiger

In der Fliegerei gibt es drei goldene Regeln:

1. First Fly the aircraft!
2. First Fly the aircraft!
3. First Fly the aircraft!

Das ist am wichtigsten. Erst dann kommt alles andere. Egal, ob ein Passagier gerade an einem Herzanfall stirbt, ob ein Triebwerk brennt oder gleich alle miteinander, ob der Druck in der Kabine abfällt oder Terroristen in der Kabine um sich schießen – die erste Aufgabe des Piloten ist: die Maschine zu fliegen. Wenn er das nicht tut, ist alles andere sowieso egal.

Das klingt so simpel. Doch viele der Passagiere von Flug 401 haben im Winter 1972 den Fehler der Piloten mit dem Leben bezahlen müssen, die ausgeblendet hatten, was das Wichtigste war, nämlich das Flugzeug zu fliegen. Auch du wirst so einen Fehler mit deinem Leben bezahlen. Denn genau das passiert, wenn du dein Dasein mit den falschen Dingen verändelst. Wenn du deine Zeit unwiederbringlich mit etwas vergeudest, das du genauso gut auch lassen könntest, und zu dem, was für dich wirklich von Bedeutung ist, gar nicht kommst.

Es ist lebensnotwendig, zwischen den wichtigen und den unwichtigen Dingen zu unterscheiden.

Es ist also lebensnotwendig, zwischen den wichtigen und den weniger wichtigen Dingen in deinem Leben zu unterscheiden. Nur wenn du beides voneinander trennen kannst, wirst du auch die richtigen Entscheidungen treffen können. Und zwar sowohl die kleinen, unscheinbaren – zum Beispiel, ob du am Wochenende in die Berge fährst oder die Küche neu streichst – als auch die großen – ob du dein mit einer schweren Behinderung zur Welt gekommenes Kind selbst pflegen willst oder nicht.

Prioritäten müssen natürlich nicht nur auf der privaten, sondern auch auf politischer und gesellschaftlicher Ebene gesetzt werden. Wasser sparen zum Beispiel. Das wollen wir alle, denn Wasser ist ja ein kostbares Gut, ohne das wir keine zwei Tage überleben würden. Mittlerweile sind die meisten von uns so konditioniert, dass es uns fast schon physisch schmerzt, wenn Wasser verschwendet wird. Was passiert aber, wenn wir zu viel Wasser sparen? Die Abflussrohre werden nicht ausreichend gespült und fangen an zu stinken. Wenn sie verstopfen, ist es teuer, den Schaden wieder zu beheben. Weil das Abwasser nicht mehr schnell zur Kläranlage fließt, sondern nur noch träge durch die Leitungen schwappt, korrodieren die Rohre und müssen öfter ausgewechselt werden. Es wird also noch teurer. Auch in den Rohren, die das frische Wasser zu uns bringen, tut sich etwas: Hier geht es genauso langsam voran wie beim Abwasser, sodass Schwermetalle in das Trinkwasser gelangen. Also: Was ist wichtiger? Wasser sparen in einem Land, in dem fünfmal so viel Wasser zur Verfügung steht, wie gebraucht wird? Oder Zu- und Abwasserrohrsysteme durch einen angemessenen Wasserverbrauch in Schuss halten?

Manchmal versteht es sich von selbst, wie die Prioritäten gesetzt werden müssen, oft aber ist das ganz schön knifflig. Wie findest du heraus, was wichtig ist in deinem Leben – und was nicht? Zuallererst einmal kann ich versichern: Es gibt kein Patentrezept. Ich wiederhole: Das gibt es nicht. Kann es nicht geben.

Verabschiede dich von dem Gedanken, es gäbe eine gültige Wichtigkeits-Weltformel. Nach dem Motto: »Ein Mann muss ein Haus gebaut, einen Baum gepflanzt und ein Kind gezeugt haben.« Solche Sprüche gibt es gleich im Dutzend. Du brauchst dir nur einen Kalender für 3,95 Euro zu kaufen, dann hast du sogar für jeden Tag einen. Die sind zwar meistens gar nicht verkehrt. Aber wenn du genau hinschaust, merkst du, dass solche Kalendersprüche für dich gar keine Bedeutung besitzen.

Glück, Zufriedenheit, Gesundheit, eine tolle Beziehung, sich selbst verwirklichen – all diese »Das ist für uns alle so super-mega-wichtig«-Dinge haben eines gemeinsam: Sie stimmen definitionsgemäß für alle. Deshalb sind sie gleichzeitig völlig banal. »Carpe diem« kannst du dir in Kreuzstich irgendwo draufsticken. Wahrscheinlich gibt es auch schon ein Klopapier mit dieser Prägung. »Genieße den Tag« allein reicht aber nicht. Warum das so ist, siehst du an folgendem Beispiel.

Weltfrieden ist für dich super-wichtig? Klar. Tolle Einstellung. Ist aber für deinen Alltag überhaupt nicht zu gebrauchen. Es soll ja Leute geben, die meinen, den Weltfrieden mit dem Abwerfen von ein paar Bomben zu erreichen. Andere mit zwanzig Jahre Brunnenschippen in der Sahelzone oder, indem sie dem »Seid nett zu den Nachbarn«-Club ihrer Stadt beitreten. Und dann gibt es noch die versprengten Trüppchen, die ihn mit Duftkerzen herbeiwehen lassen wollen. Jeder von ihnen hat sich auf seine Art entschieden.

Und du? Du bist mit deinem »Weltfrieden« noch keinen Zentimeter aus der Deckung gekommen. Was genau wirst du tun? Welche Entscheidung wirst du treffen? Bomben, Duftkerzen oder doch etwas ganz anderes? Vielleicht meinst du aber auch, dass es wichtiger für dich ist, dich erst mal um deine Firma zu kümmern. Oder um deine Gesundheit. Oder um deine Familie. Dann war das Ziel »Weltfrieden« ein bisschen zu weit von dir entfernt. Macht nichts. Ich denke, das geht 99,99 Prozent der Menschen auf diesem Planeten so. Du musst kein Dag Hammarskjöld sein. Und auch nicht Gandhi. Du musst nur herausfinden, was dir wirklich, wirklich wichtig ist. Zur Beantwortung dieser Frage gehört schon ein bisschen mehr, als einen der in der Erdumlaufbahn befindlichen Gemeinplätze zu kapern.

Also: Das Ruder herumreißen und dem Credo folgen: Ich muss Visionen haben. Schritt für Schritt einem Fernziel näher kommen. Alles, was auf dieses Ziel einzahlt, ist wichtig. Alles andere nicht.

Klingt vielversprechend.

Aber so funktioniert es nicht.

Katerstimmung am Morgen

Die Neujahrsansprache des Bundespräsidenten geht zu Herzen und lässt dich innehalten. »Ach, man müsste ...« und »Stimmt, ich wollte ja eigentlich ...« Sie gibt vielleicht auch einmal einen »Ruck« und gute Vorsätze gibt es gratis dazu. »Ja, ich werde mich mehr in die Gemeinschaft einbringen, mich um das Gemeinwohl kümmern.« Neujahrsansprachen sind wichtig. Sie bringen das, was eine Gesellschaft bewegt, auf den Punkt und stärken das Wir-Gefühl.

Aber was ist am 2. Januar? Hat so eine Ansprache wirklich irgendeine Auswirkung? Können Visionen etwas bewegen? Es kommt darauf an, ob sie alltagstauglich sind oder nicht.

Die meisten sind es nicht.

> **Der 2. Januar ist der Aschermittwoch der Visionen.**

Es gibt kaum ein Unternehmen, das nicht eine Vision auf seiner Website offeriert. »Visionen sollen den Weg in eine verheißungsvolle Zukunft weisen, Kräfte bündeln und Mitarbeiter motivieren«, sagt Hugo Kerr, Ordinarius des Münchner Lehrstuhls für Psychologie. Ein guter Plan, aber leider geht er nur in den seltensten Fällen auf. 2011 hat Kerr die Visionen einiger DAX-Unternehmen, also der größten und umsatzstärksten an der Frankfurter Börse gelisteten Firmen, untersucht. Fast alle haben den Realitäts-Check nicht bestanden.

Was soll man sich auch unter der Vision der Deutschen Telekom vorstellen? »Als führendes Dienstleistungsunternehmen der Telekommunikations- und Informationstechnologie-Industrie verbinden wir die Gesellschaft für eine bessere Zukunft.« Abgesehen davon, dass man eine Gesellschaft nicht verbinden kann – das ist doch viel zu abstrakt! Und schlimmer noch: viel zu beliebig! So etwas ist eher ein Gedankenmatsch als ein Leitstern für die Zukunft.

Auf der Website der BASF heißt es: »Wir richten unser Handeln am Leitbild der nachhaltig zukunftsverträglichen Entwicklung, Sustainable

Development, aus.« Außer dass die für diesen Schmu verantwortlichen Leute offensichtlich den englischen Begriff für nachhaltige Entwicklung kennen, können wir aus so einem Satz nicht viel lesen. Was bedeutet dieser Satz eigentlich? Selbst nach mehrmaligem Lesen bin ich mir immer noch nicht sicher. So, die wollen also eine zukunftsverträgliche Entwicklung. Wessen Zukunft? Und wie machen die das genau? Hauptsache nachhaltig!

Bei dem Energieriesen Eon ist gleich eine ganze Seite an Werten aufgelistet. Das geht von »Wir sind aufrichtig und ehrlich« bis zu »Wir nehmen unsere Verantwortung für künftige Generationen wahr«. Fünfzehn Sätze. Und nicht einer darunter, der nicht genauso gut im Eingangsbereich eines Krankenhauses in Köln-Nippes oder eines Kindergartens in Kaiserslautern ausgehängt sein könnte.

Egal ob Unternehmenskultur oder private Lebensplanung – wer auf austauschbare Visionen setzt, buddelt an der falschen Stelle nach seinem Glück. Solche Allerwelts-Visionen sind wie Karotten, die einem Esel vor die Nase gebunden werden. Entgegen der üblichen Auffassung funktionieren sie nicht. Ich bezweifle, dass der Esel länger als ein paar Schritte versucht, das baumelnde Ding zu schnappen. Das muss schon ein gewaltig dummer Esel sein, der da nicht denkt: »Ihr könnt mich mal!« Das Grün am Wegesrand ist für ihn viel interessanter.

Esel möchten was zwischen den Zähnen haben. Hier und jetzt. Dann laufen sie voran.

Menschen auch.

Ich möchte Visionen hier nicht generell schlechtmachen. Im Gegenteil. Das Leben hat mir einfach schon oft die Wahrheit des Konfuzius-Zitats vor Augen geführt: »Es gibt keinen günstigen Wind für den, der nicht weiß, wo er hinsegeln will.« Ohne Grundrichtung kommt keiner vom Fleck.

Allerdings wäre es von jeder Vision zu viel verlangt, dass sie dir Auskunft gibt, was du morgen um acht Uhr zu tun hast. Eine solche Erwartung wäre ein fataler Denkfehler! Der Einfluss eines Fernziels auf das, was du heute tust, wird gnadenlos überschätzt. Wenn dem nicht so wäre, dann hätten viel weniger Menschen Probleme mit ihrem Übergewicht.

Stell dir einen Menschen vor, der zwanzig Kilo abnehmen will. Dieser Vorsatz ist ja durchaus sinnvoll und ehrenwert. Aber die Frage ist doch, ob dieser Vorsatz ihm so wichtig ist, dass er die gemütlichen Samstagnachmittage daheim tatsächlich sausen lässt und sich in einem Sportverein anmeldet. Und ob er wirklich auf Pizza, Chips und das zweite Glas Wein verzichtet. Solange er das nicht tut, solange ihm die kurzfristige Befriedigung seiner Gelüste wichtiger ist als das verschwommene Bild einer fernen Zukunft, in der er rank und schlank durchs Leben geht, wird sich rein gar nichts tun. Nada. Niente. Die Waage zeigt 107 Kilo an und so wird es auch weiter bleiben. Tendenz steigend.

Es funktioniert also genau anders herum: Was dir jetzt, in diesem Moment, wichtig ist, bestimmt das, wo du in Zukunft sein wirst. *Was du sein wirst. Oder haben wirst. Und mit wem.*

Verschwende deshalb nicht deine Zeit darauf, dir bunte Zukunftsbildchen auszudenken. Es ist effektiver, wenn du herausfindest, was dir heute wichtig ist. H-E-U-T-E. Und das tust du dann auch.

Aber birgt das nicht eine große Gefahr? Das hört sich doch gewaltig nach Kurzfristdenken an. »Och, ich hab heute so gar keine Lust, aufzustehen!« Dann bleibst du eben liegen. Ist das etwa das, was der Brandl meint?

Kurskorrekturen

Ein paar Jungs, so vierzehn, fünfzehn Jahre alt, mit Hosen, die ihnen locker in den Knien hängen, und coolen Mützen, üben seit Stunden auf dem Platz mit ihren Skateboards Nosegrinds und Backside-Boardslides. Zwischendurch setzen sie sich auf den warmen Asphalt, reden ein bisschen, lachen. Einen von ihnen, Justin, kennst du vom Sehen. Du gehst hin und fragst ihn: »Hey, Justin, was ist für dich am allerwichtigsten auf der Welt?«

Und Justin antwortet dir grinsend: »Blöde Frage, Mann. Mit meinen Kumpels rumhängen.«

Mensch, der Typ ist in der achten oder neunten Klasse. Hat der denn keine Schulaufgaben? Nichts vorzubereiten für irgendeine Arbeit? In drei oder vier Jahren macht der doch bestimmt Abi. Und dem fällt nichts anderes ein, als hier rumzuhocken und den Tag ungenutzt verstreichen zu lassen? Glückwunsch, Mr. Hartz IV! Toller Plan!

So könntest du denken. Wirst du aber nicht. Denn Justin hat ja recht! Rumhängen mit seinen Kumpels *ist* das Wichtigste in seinem Leben, im Moment. Erst danach kommt sein kleiner Bruder, dann seine restliche Familie und irgendwo ziemlich weit hinten die Schule.

Und wenn Skaten das Wichtigste für ihn ist, dann soll er, verdammt noch mal, einen guten Teil seiner Zeit genau damit verbringen. Jetzt kannst du natürlich einwenden: Mit Abhängen wird niemand Medizinprofessor. Sagt der Brandl etwa, Justin soll, bis er siebzig ist, auf Parkbänken rumhängen? Natürlich nicht!

> **Verbringe deine Zeit mit dem, was für dich wichtig ist. Hier und jetzt.**

Denn unser Justin wird in ein, zwei Jahren wahrscheinlich ganz anders denken. Dann wird er vielleicht seinen Freunden sagen: »Hey Leute, heute kann ich nicht kommen, ich will für die Abi-Klausur was tun.« Oder er wird eine Freundin haben, die für ihn das Wichtigste auf der Welt ist.

Wichtiges und Unwichtiges – die Unterscheidung ist niemals absolut, niemals grundsätzlich. Sondern es kommt auf den Moment an, in dem die Frage gestellt wird. Für das, was einem am wichtigsten im Leben ist, gilt: Jetzt und hier ist es so. Und in einiger Zeit kann es schon wieder ein bisschen anders aussehen. Ich selbst habe das auf die harte Tour lernen müssen.

Ich sitze in einer Hotelsuite. Es könnte Berlin sein oder Stuttgart oder Düsseldorf – egal, es sieht genauso aus wie in Iserlohn oder Castrop-Rauxel. Ich sitze an dem viel zu kleinen Schreibtisch und lege letzte Hand an die Unterlagen für das morgige Seminar. Gehe die Präsentation schnell noch einmal durch, baue hier und da ein paar Umstellungen ein, ein paar Extras für den speziellen Kunden. Dafür muss ich noch nicht einmal richtig nachdenken. Im Hintergrund dudelt auf Flachbildschirm der Musikkanal vor sich hin.

Ich arbeitete damals mit ein paar Partnern zusammen. Unser Backoffice machte die Termine, ich musste nur noch im Kalender ablesen, wann ich wo zu sein hatte. Toll! Ich war wie eine Maschine. Ich bin damals nur von einer Stadt in die nächste gehetzt. Feierabend? Gerödelt. Wochenende? Gerödelt. Urlaub? Gerödelt. Ich kam mir vor wie ein Goldfisch im Aquarium. Immer die gleiche 40-Zentimeter-Runde gedreht. Futterflöckchen waren genug da – ich verdiente eine Menge Geld. Meine Bekannten sprachen mit Neid über meinen Erfolg. Bei mir aber kam von diesem Gefühl nichts an. Welcher Erfolg? Ich war wie blind und taub.

Heute weiß ich, dass ich damals kurz vor einem Burn-out stand. Ganz nahe dran an einer Depression war. Wenn mich aber damals einer gefragt hätte, hätte ich geantwortet: »Ist doch geil!«

Ich sitze also an diesem Schreibtisch und denke zum ersten Mal wirklich nach: »Was habe ich eigentlich davon, mein Leben ohne Pause in fremden Städten abzufackeln?« Und weil das Universum es oft so richtig fies einrichtet, lief genau in diesem Moment im Fernsehen das Lied »Großvater« von STS.

> *»Großvater, kannst du net owakommen auf an schnell'n Kaffee?*
> *Großvater, i möcht dir so viel sag'n, was i erst jetzt versteh'.*
> *Großvater, du warst mein erster Freund und das vergess i nie,*
> *Großvater.«*

Ich war fertig.

»*Du warst kein Übermensch, hast auch nie so 'tan, grad deswegen war da irgendwie a Kraft …*«

Am nächsten Morgen war die Minibar leer.

In diesem Hotelzimmer ist mir klar geworden: So wie es ist, ist es Asche. Dabei hatte ich das alles ja irgendwann einmal genau so gewollt! Dass ich mich mit Partnern zusammengetan hatte, war eine gute Idee gewesen, so konnten wir noch effizienter arbeiten. Ich war auch gerne und mit vollem Bewusstsein auf der Überholspur vorangeprescht. Aber irgendwann hatte ich den Punkt verpasst, an dem all das gar nicht mehr zu mir passte. Längst wollte und konnte ich nicht mehr auf Zeit für mich verzichten. Ich wollte wieder selbstbestimmter leben. Für meinen Terminplan selbst verantwortlich sein. Ich zog die Notbremse: Ein paar Tage nach meinem Breakdown in dem Hotelzimmer habe ich mich von meinen Partnern getrennt.

> **In diesem Moment wurde mir klar: So wie es ist, ist es Asche.**

Wenn ich ein bisschen früher darüber nachgedacht hätte, was für mich aktuell wichtig ist, dann hätte ich mir eine Menge Schmerzen ersparen können. Dann hätte ich nicht so harte Schnitte machen müssen, sondern hätte eine weichere Kurve fliegen können.

Du musst also nicht nur herausfinden, was in deinem Leben wichtig ist. Du musst das sogar immer und immer wieder tun. Immer wieder herausfinden, ob das, was du tust, immer noch up to date mit deinen aktuellen Prioritäten ist.

Wildwuchs

Um Klarheit zu schaffen, führst du ein Zeittagebuch. Vielleicht eine Woche lang oder auch zehn Tage. Du trägst ein, was du am Tag tust, mit wem du zusammen bist, wie viel Zeit du unterwegs bist usw. Am Ende dieser Zeitspanne hast du eine Übersicht darüber, womit du deine Tage verbringst. Wenn du dir die einzelnen Posten auf deinem Zeitkalender anschaust, wirst du einige Aha-Erlebnisse haben. »Was, so viel Zeit sitze ich im Auto?« Oder: »Na, da kommt mein Lebenspartner ja nicht sehr gut weg.«

Aber das ist nur ein erster Schritt! Denn jetzt kommt die Mutter aller Checklisten zum Einsatz. Anhand von vier Fragen erfährst du, ob die Zeit, die du in die einzelnen Tätigkeiten investierst, der Priorität, die du ihnen gibst, auch angemessen ist. Die Antworten auf diese Fragen zeigen dir, ob du deine Zeit mit Unwichtigem verplemperst. Wie bei einer Rasterfahndung sortierst du all die Tätigkeiten aus, die für dich eigentlich gar nicht wichtig sind. Diese Fragen helfen dir dabei, den Ballast über Bord zu werfen und das Wichtige auf Deck festzuzurren.

Du schaust auf einen Eintrag, zum Beispiel, dass du am Freitagabend um 18.30 Uhr eine Stunde lang den Rasen gemäht hast.

Die erste Frage lautet: Warum jetzt?

Was wäre passiert, wenn du den Rasen nicht diesen Freitag, sondern erst nächste Woche gestutzt hättest? Darauf gibt es natürlich keine allgemeingültige Antwort. Der eine sagt: »Lieber würde ich sterben, als dass der Rasen nicht jederzeit topgepflegt aussieht. Vielleicht hätte ich ihn gleich auch noch wässern und düngen sollen. Und die Rasenkanten sind auch nicht mehr genau auf 90 Grad.« Und ein anderer meint: »Hmm, eigentlich hätte ich auch eine Woche später mit dem Mäher drübergehen können. In den paar Tagen wäre er schon nicht zum Urwald geworden.«

Du siehst: Es gibt kein Richtig und auch kein Falsch in der Beantwortung der Frage »Warum jetzt?«. Es gibt nur für jeden einzelnen Menschen die eine richtige Antwort.

Was tust du, wenn dein bester Freund nach einem Unfall auf der Intensivstation liegt und keiner aus seiner Familie erreichbar ist? Dann sagst du nicht: »Och, ich geh irgendwann mal in den nächsten Tagen bei ihm vorbei.« Dann lässt du sofort alles stehen und liegen und schaust nach dem Rechten. Ob er alles hat, ob seine Versorgung optimal ist. Das ist es, was in dem Moment wichtiger als alles andere ist. Alles andere, den Arzttermin, auf den du drei Monate gewartet hast, das superwichtige Meeting, den Hochzeitstag, kannst du dann vergessen.

Wenn du eine bestimmte Tätigkeit genauso gut auch morgen, nächste Woche oder auch in einem Jahr machen könntest, ist sie dann wirklich wichtig? Jetzt im Moment?

Oder es gibt keine Alternative. Dann ist es wichtig.

Aber Achtung! Manche Dinge haben die Fähigkeit, sich unglaublich aufzublasen. Wie ein riesengroßer Popanz tanzen sie vor deiner Nase herum, verstellen dir die Aussicht und kreischen nach deiner ungeteilten Aufmerksamkeit. Aber wenn du in sie mit einer Nadel hineinstichst, dann macht es nur leise »Puff«, und von der ganzen Super-Wichtigkeit ist nur noch ein bisschen heiße Luft übrig.

Ich weiß noch, wie ich einmal vom Finanzamt die Aufforderung bekam, endlich meine Steuererklärung abzugeben. Es hörte sich so an, als würde ich zumindest geteert und gefedert und anschließend auch noch geviertelt werden, sollte ich der Aufforderung nicht umgehend nachkommen. Es war also dringend, die Quittungen aus der Schublade zu holen und mich einen Nachmittag hinzusetzen, alles zu sortieren und endlich sämtliche Unterlagen beim Steuerberater abzugeben – keine Frage. Aber es war nicht wichtig. Denn eine Steuererklärung hilft mir überhaupt nicht dabei, gute und bestbezahlte Trainings zu machen und im Anschluss neue Aufträge zu bekommen. Sie hilft mir nicht dabei, das zu erreichen, was für mich ganz weit oben auf der Prioritätenliste steht.

Glaub mir, die Welt geht nicht unter, wenn du deine Steuererklärung nicht machst. Wenn du angestellt bist, sowieso nicht, dann geht dir im schlimmsten Fall vielleicht eine Rückzahlung flöten. Und wenn du selbstständig bist, dann wird kein Zorn Gottes das Menschengeschlecht vernichten, nur weil du ein bisschen spät dran bist. Ein Brief vom Finanzamt ist doch kein Bannstrahl! Ich habe damals also meine Zeit wie geplant in die Vorbereitung eines Vortrags gesteckt; das war mir in dem Moment wichtiger. Die Steuererklärung war mit einigen Wochen Verspätung beim Finanzamt. Kein Hahn hat danach gekräht ...

Das ist eigentlich ein alter Hut: Wichtiges und Dringendes nicht zu verwechseln. Was du tun musst, ist ganz einfach: Überschätze nicht die Macht des Dringenden. Und unterschätze nicht die Relevanz des Wichtigen.

Anderes Beispiel: Du spürst ein leichtes Ziehen in der Brust. Fühlt sich komisch an, es beunruhigt dich. Das ist kein Muskelkater, das weißt du genau. Also gehst du zum Arzt. Sofort. Nicht:»Irgendwann, wenn ich mal Zeit habe.« Sondern jetzt. Das ist wichtig. Fall nicht auf das »Irgendwann« herein. Denn wenn du das nicht tust, dann wird das Wichtige auch noch dringend. Dann fahren sie dich irgendwann mit Blaulicht ins Krankenhaus.

Die zweite Frage ist: Warum in dieser Form?
Was würde passieren, wenn du das, was du tust, ein bisschen anders machen würdest?

Du spielst Handball, fast schon profimäßig. Dabei machst du dir deine Knochen kaputt, verbringst deine Wochenenden in stinkigen Turnhallen, und noch dazu steckst du mit deiner Mannschaft auf dem Weg nach Hause regelmäßig im Stau, während andere Familienväter daheim im Garten schon längst den Grill angeworfen haben. Und trotzdem kannst du dir ein Leben ohne diesen Sport nicht vorstellen. Die Frage ist also: Könntest du auch in einer Hobby-Mannschaft spielen und auf die Turniere verzichten? Ganz klar: deine Entscheidung.

Im Grunde zielt diese Frage darauf ab, ob es perfekt sein muss. In der Wirtschaft lernt man gerade: Es muss eben nicht perfekt sein. Während die Forschungs- und Entwicklungsabteilung eines Unternehmens noch nach einem besseren Preis-Leistungs-Verhältnis sucht, kommt die Konkurrenz schon mit einem Modell heraus, das die Kunden wie verrückt kaufen. Diesen Vorsprung können die Perfektionisten kaum mehr aufholen. Man kann sich auch zu Tode optimieren.

Perfektionistische Unternehmen haben einen schweren Stand und laufen Gefahr, in schnellen Märkten von der Bildfläche zu verschwinden. Wer es aber auf privater Ebene perfekt haben will, stirbt nicht gleich daran. Er macht sich das Leben nur schwerer, als es sein müsste.

Perfektionisten kann man nicht heilen. Warum auch? Wenn es dir wichtig ist, dass die Quittungen für jedes einzelne Sofakissen nach Jahreszahlen geordnet abgeheftet sind, dann ist das eben so. Dann solltest du aber auch dazu stehen und dir die Zeit dafür nehmen. Wenn du dagegen merkst, dass es auch reicht, Quittungen in einem großen Schuhkarton zu sammeln, weil du sowieso nur einmal in zehn Jahren eine von ihnen hervorholen musst, dann kannst du dir den Aufwand mit den 16 Leitz-Ordnern mit je 24 Trennblättern sparen.

Muss es perfekt sein?

Die dritte Frage lautet: Warum ich?

Das ist eigentlich die schwerste Frage, denn es geht darum, ob du bestimmte Dinge nicht auch delegieren kannst. Eine Steuererklärung kann auch der Steuerberater machen, das Badputzen eine Haushaltshilfe. Und das Protokoll der Jahreshauptversammlung der Freiwilligen Feuerwehr muss nicht immer ich schreiben.

Auch in der Wirtschaft heißt es: Müssen *wir* das machen? Kann man das auch outsourcen? Man kann. Man kann es auch bleiben lassen. Es ist wie immer: Es kommt darauf an. Viele Firmen bereuen es mittlerweile bitter, viel Geld in ein Call-Center oder eine Produktionshalle im Ausland gesteckt zu haben. Andere wären schon längst weg vom Markt, wenn sie sich nicht rechtzeitig dazu entschlossen hätten.

Die Frage »Warum ich?« lässt sich noch radikaler stellen: Müssen wir das wirklich mitmachen? Wenn alle Autohersteller massive Rabatte gewähren, heißt das noch lange nicht, dass automatisch jede Marke mitziehen muss.

Und nun zur letzten Frage: Warum überhaupt?
»Ich muss doch zum Elternabend gehen!«, sagst du. Musst du wirklich? Auch wenn die bisherigen 13 Elternabende eine harte Geduldsprobe waren? In zweieinhalb Stunden werden Dinge besprochen, die auch in zwanzig Minuten über den Tisch hätten gehen können.

Schullandheim-Ausflug – sollen alle Kinder Hausschuhe mitnehmen oder nicht? Und Taschenlampen? Bitte keine Taschenmesser! Auch nicht die mit zwei Zentimeter langer Klinge, um wenigstens mal einem fingerlangen Stöckchen die Rinde abschnitzen zu können. An den Ängsten der Eltern, die aus jedem Schulkameraden ihres Kindes, der bei der Nachtwanderung ein Taschenmesser bei sich trägt, einen Schlitzer machen, wirst du nie im Leben etwas ändern können. Warum tust du dir das also an? Weil du zeigen willst, dass dir dein Kind wichtig ist? Dann mach mit ihm lieber selbst einmal eine Wanderung. Mit Machete, Lagerfeuer und allem Drum und Dran. Oder gehst du zum Elternsprechtag, weil du hinter den anderen Eltern nicht zurückstehen willst? Hast du das wirklich nötig? Weil du der Lehrerin zeigen willst, dass dir an einem Austausch mit ihr gelegen ist? Dann mach lieber einen Termin mit ihr aus, da lernt sie in wenigen Minuten mehr über dich und deine Familie als in hunderttausend Stunden Elternsprechtag.

»Man muss doch« hat keinen Platz in deinem Leben. Fenster putzen, Abteilungsleiter werden, die komplette CD-Sammlung ins MP3-Format konvertieren, den Mount Everest besteigen, mit den Arbeitskollegen auf den Weihnachtsmarkt gehen und Glühwein trinken, ein dickes Auto und eine schlanke Frau haben, Hosen von True Religion tragen und in der Suppenküche aushelfen. Kannst du alles machen. Musst du aber nicht. Weniger ist mehr. Bei einer Speisekarte im Restaurant ist es doch auch so: Je dicker sie ist, je mehr sie anbietet, desto schlechter ist das Essen.

Wenn du alles, alles tun und sein willst, was »man« so macht und ist, dann kann ich dir garantieren: Du wirst niemals, niemals alles schaffen. Du kannst nicht noch ein bisschen im Büro bleiben, um der Präsentation noch den finalen Kick zu geben, und gleichzeitig mit deiner Freundin so richtig schön essen gehen. Du kannst nicht im Gemeindeausschuss über die Grünpflanzenauswahl für den kleinen Stadtpark diskutieren und gleichzeitig mit deiner zweijährigen Tochter in eben diesem Park auf den Spielplatz gehen.

Spätestens nach diesen vier Checklisten-Fragen stehen die ganzen »Muss ich doch machen«-Tätigkeiten nackt da. Sie bringen weder uns, noch die uns Nahestehenden, noch die Gesellschaft und auch nicht die Welt voran. Und deshalb sind sie ersatzlos streichbar.

Reduced to the Max!

Deine Speisekarte sollte also nicht aus sechzehn verschiedenen Nudelsorten mit je vierunddreißig unterschiedlichen Saucen bestehen. Beschränke dich lieber auf wenige Hauptgerichte. Du kannst eigentlich gar nicht zu viel Unsinniges über Bord werfen. Denn je mehr über Bord geht, desto besser wird das, was im Boot bleibt.

Mir zum Beispiel ist ein Sonntagsspaziergang ganz wichtig. Vielleicht denkst du jetzt: Wie uncool ist das denn! Nun, ich könnte es auch Powerwalking nennen. Aber warum sollte ich? Denn das, was ich mache, ist tatsächlich ein Spaziergang am Sonntag. Ich wohne in Lindau am Bodensee, nicht weit entfernt ist die Stadt Bregenz. Und der Hausberg von Bregenz ist der Pfänder, sein Gipfel liegt sechshundert Höhenmeter über dem See. Ich laufe hoch, kehre oben irgendwo ein, und dann laufe ich wieder runter. Ich renne nicht, ich benutze keine Stöcke; ich gehe. Sonntagsspaziergang eben. Ich gehe hoch, um runterzukommen. Ich lasse die vergangene Woche Revue passieren, ziehe Kraft für die kommende Woche. Tanke auf. Ich wüsste gar nicht, was ich ohne diese vier, fünf Stunden am Sonntag machen würde. Vermutlich am Rad drehen. Verrückt werden. Ich merke genau: Ohne diesen regelmäßigen Freiraum allein mit mir, wo ich den Kopf klar bekomme, ist die folgende Woche gleich ein paar Schattierungen grauer.

Meine Antwort auf Frage 4 (»Warum überhaupt?«) ist also: Wenn ich das nicht tue, dann mutiere ich zu jemandem, der ich gar nicht sein will: unausgeglichen, unleidlich, unkonzentriert. Den Sonntag vor der Glotze hocken und Formel 1 gucken? Manchmal hätte ich Lust dazu, aber das ist es mir nicht wert.

Hier kann ich auch noch mal den Check mit den ersten drei Fragen machen: »*Warum jetzt?*« Ich muss sonntags raus. Denn an allen anderen Tagen in der Woche bin ich voll ausgebucht. »*Warum in dieser Form?*« Ganz einfach: Muckibude kommt für mich nicht in Frage. Auch nichts, wo ich erst einen Neoprenanzug anziehen oder das schwere Sportgerät aus dem Keller holen muss. Nein, ich will auf meinen eigenen Füßen gehen. Raus aus der Haustür und los geht's. Und: »*Warum ich?*« Klar, delegieren kann ich das nicht. Es nutzt ja nichts, jemanden anderen für mich auf den Berg zu schicken.

Also: Haken dran. Der sonntägliche Spaziergang bleibt. Er ist für mich wichtig.

Diese Erkenntnis hat Auswirkungen: Ich habe zum Beispiel meinen Job als Fluglehrer aufgegeben. Der hat richtig Spaß gemacht, war auch cool fürs Ego. In der Woche Vorträge und Coachings, am Wochenende den Leuten das Fliegen beibringen. Aber ich hatte die Wahl: in der Freizeit entweder auf die Berge rauf – oder fliegen. Ich habe meinen Job als Fluglehrer aufgegeben, weil ich erkannt hatte, dass mir das Alleinsein mit mir wichtiger war, als anderen das Fliegen beizubringen. Leicht ist die Entscheidung nicht gefallen. Nur weil etwas weniger wichtig ist, heißt das ja nicht, dass es leicht ist, darauf zu verzichten. Aber beides ging nicht. Da war richtig Trauerarbeit angesagt. Es ist schwer, das Wichtige von dem weniger Wichtigen zu trennen.

Es ist sogar schwer, das völlig Unwichtige über Bord zu werfen. Denn oft verletzt du andere damit. Wenn du nach dreizehn Jahren auf einmal nicht mehr Weihnachten bei den Schwiegereltern verbringen willst, dann ist das hart. Für deine Frau und für deine Schwiegereltern. Das musst du erst einmal durchstehen.

Wenn du aber mit Hilfe der Checkliste Klarheit und Sinn in deinem Leben geschaffen hast, wird alles gleich viel einfacher. Der Spanisch-Kurs in der Volkshochschule? Weg damit. Den brauchst du nicht. Das war vor zehn Jahren eine Idee gewesen, nach Argentinien zu gehen. Jetzt nicht mehr. Wozu dann Spanisch lernen? Um in der Bodega nebenan auf Spanisch bestellen zu können? Kein guter Wirkungsgrad!

Jetzt gibt es nur noch *ein* Problem: die Betriebsblindheit.

Was vom Tage übrig blieb

Lisa ist eine Bekannte von mir, eine patente Frau, zuverlässig und geradeaus. Seit drei Jahren kümmert sie sich um ihre Eltern, die immer weniger für sich selbst sorgen können. Zuerst kaufte sie nur die schweren Sachen für sie ein. Wasserkisten, Kartoffelsäcke. Dann fing sie an, auch im Haus nach dem Rechten zu sehen. Heute putzt sie und spült, kümmert sich um die Rechnungen, organisiert den Pflegedienst. Sie beklagt sich nicht. Warum auch? Sie macht es ja wirklich gerne. Sie liebt ihre Eltern. Sie sagt: »Meine Eltern sind mir wichtig.«

Ich fragte sie, wie viel Zeit sie mit ihren Eltern verbringt. Eine bis zwei Stunden pro Tag fährt sie rüber zu ihren Eltern. »Nein, das meine ich nicht. Wie lange sitzt du bei deinen Eltern, redest mit ihnen?«

»Oh, vielleicht zehn Minuten, manchmal eine Viertelstunde.«

Ja, dann geht es ihr doch gar nicht um ihre Eltern! Dann geht es doch darum, dass das Haus ordentlich aussieht. Dass die Treppe geputzt, die Post erledigt ist.

Und genau das ist das Problem: Der Blick auf das Wesentliche ist verstellt. Du sagst, es geht dir um A. Und du meinst es auch wirklich so.

Und trotzdem tust du etwas ganz anderes. Nämlich B. Und B zahlt gar nicht auf A ein. Nur so ähnlich.

Ich nenne das: Sekundärtätigkeiten. Dir ist dein Garten wichtig? Er ist für dich der Ort der Erholung. Aber wie viel Zeit verbringst du wirklich in ihm, ruhig im Sessel sitzend, zwischen den Beeten spazierend? Wenn du doch nur immer auf dem Sprung bist, jedes braune Blättchen aufzulesen, wenn deine gesamte Freizeit dabei draufgeht, den Garten ein halbes Jahr lang zu wässern, und du das andere halbe Jahr dafür brauchst, ihn winterfest zu machen, dann läuft da was ganz falsch.

Unterscheide also zwischen Netto- und Bruttozeit. Die Differenz zwischen Brutto- und Nettozeit sind Sekundärtätigkeiten, Assistenztätigkeiten. Sie zählen nicht. Manchmal sind das auch nur Ausreden. Nur die Nettozeit zählt. Die Zeit, die Lisa mit ihren Eltern verbringt. Mit ihnen redet, mit ihnen spazieren geht. Bad putzen geht vom Brutto ab. Wenn die Eltern nicht mehr da sind, wird es ihr leidtun, dauernd wie ein Wirbelwind durchs Haus gefegt zu sein. Um Versicherungsverträge kann sie sich auch in ein paar Monaten oder Jahren kümmern. Um die Eltern irgendwann nicht mehr.

***

Aschenputtel ist nun fertig mit ihrer Arbeit. Die guten Tätigkeiten sind im Töpfchen und die schlechten haben die Tauben gefressen. Wichtig und Unwichtig sind klar getrennt. Damit müsste alles klar sein. Du musst jetzt nur noch entsprechend handeln. Das ist jetzt doch kein Problem mehr, oder?

KAPITEL 6

Copilot: Wer wirklich entscheidet

»My aircraft!«

Sechzig Tonnen. So viel wiegt eine beladene Boeing – jede startende Maschine ist wie ein Putsch gegen die Naturgesetze. Ich bekomme nie genug vom Zuschauen. Vom Aussichtsdeck des Flughafens sehe ich, wie die 737 langsam auf die Startbahn rollt. Wie ein Tiger vor dem Sprung verharrt sie in der Startposition – und gibt Gas. Das Dröhnen ist bis hierher zu spüren, die Triebwerke beschleunigen die Maschine mit gewaltiger Schubkraft. Endlich sorgt der an den mächtigen Tragflächen zerrende Luftstrom für den nötigen Auftrieb. Steil hebt die Boeing ab und steigt der Wolkendecke entgegen. Ich schaue ihr hinterher, bis sie nur noch ein Punkt ist.

Bis mein eigenes Flugzeug geht, habe ich noch eine Dreiviertelstunde. Zeit, die ich bis zur letzten Minute hier auf der Plattform verbringe. Die A340 dort drüben geht nach San Francisco, 345 Plätze und knapp 7000 Kilometer Reichweite. Und die Triple Seven daneben hat eine Reisegeschwindigkeit von Mach 0,83. Mich packt Sehnsucht.

Schon als Kind wollte ich Pilot werden. So einen silbernen Flieger selbst lenken, dafür verantwortlich sein, dass der Koloss in der Luft bleibt – und sicher auf den Boden zurückkommt. Mit 14 habe ich mit dem Segelfliegen angefangen; früher ging es nicht. Das ist großartig, ein tolles Erlebnis. Für mich aber sollte es nur der Auftakt zu meiner Pilotenkarriere sein. Mit 25 würde ich am Steuer der ganz großen

Vögel sitzen – dachte ich. Der Fliegerarzt, der mich damals untersuchte, haute die Schubumkehr rein: »Minus 2,25 Dioptrien und Astigmatismus auf dem rechten Auge – fürs Segelfliegen reicht das. Das kannst du mit einer Brille ausgleichen. Aber für einen Profipiloten sind deine Augen zu schlecht.«

Smash! Als hätte mir jemand von hinten mit voller Wucht in die Kniekehlen getreten. Mein Magen verwandelte sich in einen Eisklumpen. Ich setzte mein Pokerface auf und verließ wie in Trance die Praxis.

Am nächsten Tag musste ich wieder zur Schule – verdammt noch mal, ich war 14! Aber ich wusste nicht mehr, wofür ich lernte. Die Luft war raus. Als ich die Schule hinter mir hatte, habe ich einen Weg jenseits der Pilotenausbildung gesucht, probierte verschiedene Berufe aus. Doch immer fühlte ich mich als halbe Portion, und das bei 1,83 Meter Körpergröße und 83 Kilo.

Als ich die Boeing in den Wolken verschwinden sehe, bin ich gerade auf dem Weg zu einem Wochenend-Trip nach Hamburg. Noch eine gute halbe Stunde bis zum Boarding. Aber mein Platz ist 16A, nicht das Cockpit.

Mit einem Mal fällt der Groschen. Was bin ich nur für ein Depp gewesen! Warum nur habe ich damals so schnell aufgegeben? Warum habe ich das Urteil akzeptiert? Warum in Teufels Namen habe ich diesem Fliegerarzt die Macht über mein Leben zugestanden?

Wer steuert?

Ich bin nicht der Einzige. Nicht der Einzige, der jahrelang etwas tut, was meilenweit von dem entfernt ist, was das Richtige für ihn wäre. Die meisten Leute machen einen Job, den sie nicht wirklich wollen. Sie generieren Zahlenkolonnen, während ihre Hirnwindungen danach lechzen, kreativ zu sein. Sie hocken hinter Glasfassaden und präsentieren im Meeting das geniale Design der neuen Erdnussbutter-Verpackung, während ihr Körper danach schreit, Höchstleistungen zu bringen. Oder sie tüfteln im Labor, obwohl ihnen schon in der Schule klar war, dass sie sich mit Sprachen am wohlsten fühlen.

Der Effekt: Sie alle fühlen sich leer und unter- oder überfordert. Sie alle sehnen sich nach dem Wochenende. Und am Wochenende quälen sie sich im Fitnessstudio beim Power-Cycling ab oder besuchen Tante Erna, mit der sie außer der Tatsache, dass sie die Witwe von Onkel Georg ist, nichts, rein gar nichts verbindet. Oder anders gesagt: Wenn der Urlaub die schönste Zeit des Jahres ist, dann kann etwas nicht stimmen.

Nicht das zu tun, was in einem steckt, macht zutiefst unglücklich. Es ist im wahrsten Sinne des Wortes trostlos. Denn eine misslungene Partnerschaft wird nicht durch einen tollen Job ausgeglichen. Und das nagende Gefühl, etwas zu verpassen, wird durch glückliche Kinderaugen nur für kurze Zeit betäubt. Es ist so: Wenn es in einem Lebensbereich nicht stimmt, färbt das unweigerlich auch auf alle anderen Bereiche ab. Unzufriedenheit im Beruf macht das Familienleben morsch, der falsche Partner lähmt die Lebensfreude.

Wenn dich dein Umfeld hemmt, dann befindest du dich nicht über den Wolken, sondern 80 Meter unter der Wasseroberfläche, wo bei gutem Wetter und klarem Wasser gerade noch letzte Sonnenstrahlen sichtbar sind.

Du verschwendest kostbare Lebenszeit mit Nichtigkeiten – 4000 Meter unter null; rabenschwarze Tiefsee.

Du verpasst all das, wofür du geschaffen wurdest – du hockst am Grund des Marianengrabens und der Druck von 1000 Bar macht dich platt.

***

Meine Antwort auf die Frage, was uns daran hindert, genau das zu tun, was uns bestimmt ist, wofür wir geboren wurden, lautet:

Die Erwartungen anderer Menschen.

Und: Gewohnheit.

Eine brandgefährliche Mischung. Hier kommen wieder die Schlageisen mit dem Namen »Trägheit«, »Passt schon« und »War doch schon immer so« ins Spiel.

Ein Beispiel: Von Marco wird erwartet, dass er acht Stunden am Tag seinen Job erledigt und mit seiner Partnerin zusammenbleibt. Dass er beides schon seit zwölf Jahren erfolgreich macht, erleichtert ihm die Sache. Denn längst ist ihm sein Alltag zur lieben Gewohnheit geworden. Marco ist davon überzeugt, dass es so in Ordnung ist und auch gar nicht anders geht. Und wenn sein Freund Max ihn um Rat fragt, weil er mit dem Gedanken spielt, seine Partnerschaft in der Anwaltskanzlei zu kündigen, um auf Kreta einen Tauchclub zu eröffnen, dann wird Marco ihn fragen, ob er noch alle Tassen im Schrank hat.

Konventionen haben ihren Sinn. Sie sind eine vernünftige Art, etwas zu tun. Aber nicht immer. Ihre Tücken und falschen Versprechen habe ich oben gezeigt. Wenn alle zum Fahrradfahren eine hautenge Radlerhose mit Sitzpolster anziehen und ich loslaufe, um eine zu kaufen, obwohl ich mich darin fühle wie eine Presswurst mit Windel – dann ist das dumm. Es wirkt sich allerdings nur auf meine Oberschenkel einschneidend aus und nicht auf meine Existenz.

> **Wer das Steuer seines Lebens anderen überlässt, landet nicht dort, wo er hinwollte.**

Katastrophal wird es, wenn ich anderen die Entscheidungshoheit darüber überlasse, wie ich mein Leben zu führen habe. Dann glaube ich, dass ich eine Niete in Englisch bin, weil meine Lehrerin mir eine Fünf gegeben hat. Dann werde ich Ingenieur, weil meine Eltern gesagt haben, dass ich so praktisch veranlagt bin. Und dann finde ich Gabi ganz toll, weil mein Freundeskreis meint, dass wir gut zusammenpassen. Wenn das eigene Hirn ausgeschaltet bleibt, lassen die Konventionen einen wie ferngesteuert leben. Zugegeben: Das ist easy. Die wichtigsten Entscheidungen delegiere ich an andere. Dann muss ich auch keine Verantwortung für das, was ich tue, übernehmen – es war ja der Staat, der Chef, die Versicherung, der Partner, der die Idee hatte. Und wenn es schiefgeht, sind die anderen schuld, das ist angenehm und bequem. So bastele ich mir ein Laufställchen, in dem mir nicht viel passieren kann, in dem es aber auch ganz schön eintönig ist – und aus dem ich nicht mehr rauskomme.

Wer das Steuer seines Lebens anderen überlässt, landet an einem Ort, an den er gar nicht wollte. Er erreicht die Ziele der anderen – nicht die eigenen. Wenn er Glück hat. Wenn er Pech hat, stürzt er ab. Höchste Zeit, endlich selbst zu handeln.

Ferngesteuert

Studiendirektor Maurer nimmt den Stapel Arbeitshefte vom Pult und beginnt sie auszuteilen. Die beiden Einser zuerst und dann die Notenskala runter. Er wirft mit in dreißig Jahren vervollkommnetem Schwung jedem Schüler sein Heft auf den Tisch und spart nicht mit ätzenden Kommentaren. »Neumann, Sie stehen vor einem Hyperbaton wie ein Ochse vor dem Gemischtwarenladen!«, »Krause, Ihnen fehlt jeder Zugang zu Ciceros Staatsverständnis.«

Mir steigt die Galle hoch, wenn ich sehe, wie dieser Gockel durch die Tischreihen stolziert und seine Urteile fällt, als wären es sibyllinische Weissagungen. Ich bin der Letzte, der seine Arbeit zurückbekommt – klar. »Brandl, bei Ihnen vermisse ich jedes Verständnis für die lateinische Sprache überhaupt. Logisches Denken und Disziplin beim Lernen der Vokabeln, das ist der Schlüssel. Den haben Sie nicht. Herr Brandl, ich bin der Meinung, dass Sie auf einer weiterführenden Schule fehl am Platz sind!«

Das ist eine Kampfansage. Er will mich schon lange weghaben. Aber jetzt hat er den Stichel zur Seite gelegt und die Panzerfaust in die Hand genommen. Im Lehrerzimmer wird er Druck machen und am Ende erreichen, was er will: meinen Schulverweis. Zwei Jahre vor dem Abitur. Das ist mir sonnenklar.

Du kannst mich mal, denke ich. Ich gehe doch nicht wie ein Schaf zur Schlachtbank. Drei Tage später ist mein 18. Geburtstag. Morgens um acht marschiere ich in das Büro des Direktors. Ohne Anmeldung. Er schaut überrascht von seiner Zeitung auf.

»Warten Sie bitte draußen!«

Aber für Machtspielchen habe ich jetzt nicht den Nerv.

»Herr Wingert, ich melde mich von dieser Schule ab.«

»Sie tun *was*? Herr Brandl, ich weiß, dass Ihre Leistungen nicht überragend sind, aber Sie können doch nicht einfach ... Was sagen denn Ihre Eltern dazu?«

»Ich bin achtzehn, ich kann machen, was ich will.« Ich mache auf dem Absatz kehrt und habe schon den Türgriff in der Hand, als ich mich noch einmal umwende und sage: »Und richten Sie Herrn Maurer einen schönen Gruß von mir aus!«

***

Ein starker Abgang – und teuer. In den folgenden Jahren hatte ich es nicht leicht. In der ersten Zeit hielt ich mich über Wasser, indem ich einen Job am Fließband annahm. Während meine ehemaligen Schulkameraden sechs Wochen Sommerferien hatten, stand ich in der Fabrik, arbeitete im Akkord und versuchte mir einzureden, dass ich zufrieden sei. Aber ich war kreuzunglücklich.

Selbst zu handeln heißt nicht automatisch, auch selbst zu bestimmen. Manchmal sieht es nur so aus. Mit meinem Schulaustritt bin ich dem Lateinlehrer zwar zuvorgekommen und habe ihn der Genugtuung beraubt, mich von der Schule verweisen zu lassen. Aber mein Handeln hatte genau die Wirkung, die er beabsichtigt hatte: Er war mich los.

Erst Jahre später dämmerte mir, dass ich ihm in die Hände gespielt hatte. Mein heroischer Akt der Selbstbestimmung war nichts anderes als ein jämmerliches Zappeln an Marionettenschnüren gewesen. Der Lehrer hatte auch in meiner Verweigerungshaltung noch Macht über mich gehabt, denn meine Handlung war massiv von ihm beeinflusst gewesen. Diese Erkenntnis war bitterer als Wermut.

Die klassische Kneipenschlägerei: A provoziert B so lange, bis der zuschlägt. Dann hat B zwar das Gefühl, seine Stellung zu behaupten, aber in Wirklichkeit tut er genau das, was A will – B gibt ihm einen Vorwand, mit doppelter Wucht zurückzuschlagen. Oder: Die halbwüchsige Tochter lässt sich ein Zungenpiercing stechen, weil ihre Eltern das so eklig finden. Oder: Holger tritt das Gaspedal bis zum Bodenblech durch, weil seine Helga ständig jammert: »Fahr doch vorsichtig!«

Egal, ob du tust, was ein anderer von dir erwartet, oder ob du aus purem Trotz genau das Gegenteil machst: In beiden Fällen bist nicht du selbst das Maß deiner Handlung. Ein anderer ist der magnetische Pol, an dem du deinen Kurs ausrichtest. Eigenes Handeln ist nur dann selbstbestimmt, wenn ich das tue, was ich eigentlich will – unbeeinflusst von den Wünschen, den Erwartungen, dem Druck anderer.

> **Gerade wenn ich mich verweigere, übt ein anderer Macht über mich aus.**

Ich hätte meine Energie daransetzen können, das Gymnasium zu schaffen. Aber ich dachte, ich müsste Herrn Maurer zeigen, wer das Sagen hat. Und genau dadurch machte ich die Verhältnisse nur noch klarer: dass er es war, der die Puppen tanzen ließ. Aber es kommt noch besser: Lange Zeit war ich wütend auf ihn und hasste ihn mehr als je zuvor dafür, dass er mich in diese Situation gebracht hatte. Bis ich irgendwann eingesehen habe: Ich war auf meinen eigenen Füßen zum Direktor gegangen. Es war einzig und allein meine Entscheidung gewesen.

Also auch meine Verantwortung.

My aircraft

Alle reden vom Piloten. Und von seinem Assistenten, dem Copiloten. Jeder hat eine klare Vorstellung davon, was sich in einem Cockpit abspielt: Da sitzt der Pilot vor einer aberwitzigen Anzahl von Knöpfen und Hebeln und steuert mit Geschick und Erfahrung das Flugzeug. Gut, manchmal schaltet er auch den Autopiloten ein, aber in den wichtigen Phasen, bei Start und Landung, lenkt er selbst. Er allein trägt die Verantwortung.

Neben ihm sitzt der Copilot. Gelegentlich vertritt er sich die Beine, geht zur Bordküche und holt dem Piloten eine Tasse Kaffee. Nur wenn der Pilot etwas Falsches gegessen hat und Bauchkrämpfe bekommt, ist die Stunde des Copiloten gekommen und er springt mit Schweißperlen auf der Stirn ein. Richtig?

Ganz falsch!

Die Realität sieht vollkommen anders aus. Die Fluggesellschaften sprechen nicht von Pilot und Copilot, sondern vom »Pilot flying« und vom »Pilot monitoring«. Der Name sagt es schon: Beides sind aktive Piloten. Zwar hat nur einer von ihnen das Steuer in den Händen – der Pilot flying. Aber auch der Pilot monitoring trägt Verantwortung. Er ist zum Beispiel für die Kommunikation und die Navigation zuständig. Außerdem wechseln beide immer wieder die Rollen: Der eine fliegt hin, der andere fliegt zurück.

Wichtig für einen sicheren Flug ist es, dass sich Pilot und Copilot ständig gegenseitig kontrollieren. Wenn der Pilot flying die optimale Geschwindigkeit verlässt oder der Copilot eine Funkmeldung falsch versteht, weist ihn der jeweils andere darauf hin.

Es kommt vor, dass der Pilot flying Fehler macht. Wir alle sind Menschen. Er fliegt zu tief, kommt von der freigegebenen Landeanflugschneise ab oder reagiert nicht auf eingehende Funksignale. Dann ist es die Aufgabe des Copiloten, einzugreifen: »Check altitude.« In 99,9 Prozent der Fälle wird der Pilot antworten: »Oh Mann, danke.

Bin wieder auf Kurs.« Aber es gibt auch noch die fehlenden 0,1 Prozent.

Kann sein, dass der Pilot übermüdet ist. Oder dass er einen richtig dicken Hals hat, weil er schon wieder für die unbeliebte Strecke eingeteilt worden ist. Wenn der Pilot auch nach Aufforderung seines Partners weiter Mist baut, muss der Copilot aktiv werden. Das ist weltweit ein fester Bestandteil der SOPs – der »Standard Operations and Procedures«: Wenn der Pilot seinen Job nicht macht, dann übernimmt der Copilot das Flugzeug. Und zwar umgehend. Ohne Schonfrist.

Dafür gibt es einen finalen Code: Der Copilot berührt den Piloten und sagt: »My aircraft!«

Damit ist der Pilot von einer Sekunde zur anderen entmachtet. So eine Meuterei auf Rezept kommt nur sehr selten vor, und zum Spaß schon gar nicht. Sie *muss* aber stattfinden, wenn es um Leben und Tod geht. Im Ernstfall hat der Copilot die Pflicht, die Verantwortung zu übernehmen und den Piloten auszuschalten. Auch wenn er sein Freund ist. Auch wenn er sein Mentor ist. Auch wenn er damit dem anderen jede Menge Stress nach der Landung beschert.

Es ist eine Frage des Überlebens: Wenn der eine nicht mehr die richtigen Entscheidungen trifft, muss der andere eingreifen und Verantwortung übernehmen. Das ist schwer. Tausendmal schwerer, als sich zurückzulehnen und zu sagen: »Geht doch. Noch sind wir ja nicht abgestürzt.«

Blindflug

Um dein eigenes Ziel, dein eigenes Glück zu erreichen, musst du der Pilot deines Lebens sein, der den Steuerknüppel fest in der Hand hält. Lass keinen anderen diesen Job machen. Denn das heißt automatisch, dass der die Kontrolle über dein Flugzeug hat – und du dich mit der Rolle begnügen darfst, hinten den Tomatensaft auszuschenken.

Und wenn der Pilot in dir in Routine erstarrt ist? Wenn er zwar bilderbuchmäßig fliegt, aber in die falsche Richtung? Dann muss der Copilot die Dinge in die Hand nehmen. Er muss schon in dem Moment eingreifen, in dem er merkt, das etwas beginnt schiefzulaufen. Nicht erst, wenn der Flieger in Kinshasa statt Chicago gelandet ist.

Du musst also gleichzeitig Pilot und auch Copilot sein und dir gleichsam selbst über die Schulter schauen. Dich selbst mit einer gewissen Distanziertheit beobachten und dich ständig fragen: »Moment mal, tue ich das gerade nur, weil es jemand von mir erwartet? Oder weil jemand das Gegenteil von mir erwartet? Will ich das wirklich, was ich gerade mache? Will ich mit den Folgen leben?«

Wenn du merkst, dass du gerade dabei bist, abzudriften, brüllst du am besten: »My aircraft!« – »Es ist mein Leben!«

> »My aircraft!
> Es ist mein Leben!«

Wenn du in deinem Inneren weißt, dass du in deinem Leben auf der falschen Flugroute unterwegs bist, dann hat sich dein Pilot in einen fremdgesteuerten Zombie verwandelt, der mit starrem Grinsen im Cockpit sitzt und so aussieht, als würde er noch alles im Griff haben. Doch er hat keinen Blick mehr für die Instrumente. Er checkt nicht, dass rote Warnleuchten blinken. Schlecht, wenn dann der Copilot in dir versagt, wenn er sich nur nervös umschaut und sagt: »Merkt das denn keiner?« Wenn er seinen Job nicht macht – den Piloten aus seiner Funktion kicken und die Maschine übernehmen –, dann wird sich zwischen den wirbelnden Massen grauer Wolken allmählich eine massive Bergflanke abzeichnen. Das Flugzeug wird in den Fels einschlagen, noch während sich der Copilot an seinem Sessel festklammert und denkt: »Jemand sollte etwas tun – dringend!«

***

Wann ist es wichtig, dass der innere Copilot zum Einsatz kommt? Nicht bei der Frage, ob es im Urlaub nach Korsika oder Sardinien geht. Oder ob ich im Restaurant Menü 1 oder 2 nehme. Das ist Kleinkram.

Es geht um die Entscheidung, ob ich die Schule zu Ende mache, ob ich mich selbstständig machen oder lieber monatlich einen Gehaltsscheck in meinem Postfach vorfinden will. Der Copilot wird auch nicht aktiv, wenn es um die Frage geht, ob du diesen Sonntag zu Tante Erna rausfährst oder nicht. Nein, es geht darum, ob du sie überhaupt besuchen willst, ob sie ein Teil deines Lebens sein soll. Wenn ja, dann ist es gut. Dann besuch sie und bring ihr einen dicken Strauß Blumen mit. Wenn nein, ist es auch gut. Dann fahr aber auch nicht mehr hin und verschwende deine Zeit damit, dauernd daran zu denken, was du eigentlich viel lieber machen würdest.

Du musst nicht Psychologie studieren, weil der Berufsberater dir das empfiehlt. Du musst nicht Buddhist werden, weil das gerade cool ist. Du musst auch keine Träume aufgeben, weil dir irgendjemand sagt: »Das schaffst du nicht.« Du selbst hast den Hammer in der Hand, um dein Glück zu schmieden. Lass niemals andere über dein Leben bestimmen!

Diese Haltung ist weder überheblich noch arrogant. Ich glaube nicht, dass ich klüger bin als alle Menschen, die meinen, mir Ratschläge geben zu müssen. Trotzdem nehme ich nur noch Ratschläge an, die mir gefallen. Denn ich weiß, dass ich mich selbst am besten kenne und sehr genau einschätzen kann, was zu mir passt – und was nicht. Warum sollte ich also tun, was ein anderer von mir erwartet, auch wenn er sagt, dass er nur mein Bestes will? Warum sollte ich auf die Meinung eines anderen hören, wenn er doch gar nicht wissen kann, wo ich wirklich hinwill?

> **Ich nehme nur noch Ratschläge an, die mir gefallen.**

Ich weiß, dass ich es bin, der ganz allein die Verantwortung dafür trägt, dass mein Leben einen Sinn hat. Und dass ich niemals, niemals eine wichtige Entscheidung einem anderen überlassen darf. Ich entscheide, ob ich der Pilot in meinem Leben werde oder nicht.

**

»M, X, O, N, Z, E ...«

Ich sitze beim Augenarzt und lese durch verschiedene Linsen die Buchstaben vor, die an die Wand projiziert werden. Er notiert sich die Werte und sagt zum Schluss: »Na ja, ein Adler sind Sie nicht gerade, aber so schlimm ist es auch nicht. Mit der richtigen Brille kommen Sie auf 95 Prozent Sehkraft, und es gibt ja auch noch die Möglichkeit, die Augen lasern zu lassen.«

Ich wage nicht zu atmen. »Wie sind die Werte genau?«

»Rechts minus 2,25 Dioptrien, links minus 1,5 Dioptrien, dazu links ein Astigmatismus von -1,25 Dioptrien mit einer Achse von 70 Grad.«

In den letzten Wochen habe ich mich schlau gemacht: Viele Airlines haben einen Grenzwert von drei Dioptrien, die Lufthansa sogar einen Grenzwert von dreieinhalb. Und da liege ich drunter. Die Gefühle laufen Amok. So viel Zeit verloren und so viel Glück, dass es nun doch noch klappen wird. Ich fange an zu lachen – eine echte Übersprungshandlung.

»Was ist so komisch?«

Ich kann es ihm nicht sagen. Es ist auch nicht komisch. Es ist nur ein erstes vorsichtiges Erfassen, dass hier in diesem Moment sich mein Leben grundlegend verändert hat. Denn ich weiß, dass ich endlich Profi-Pilot werde.

100 Landungen und der Boden der Tatsachen

Wenn eine Entscheidung ansteht, grübeln die meisten Leute lange nach, analysieren, wägen ab, listen für jede Variante Pro und Contra auf. Sie befragen die Freunde, die Familie, die Bekannten und die Frau hinter dem Postschalter, bilden dann die Quersumme aus den verschiedenen Ratschlägen, destillieren die Quintessenz heraus. – Blödsinn. Bringt nichts.

Die ganzen rationalen Abwägungen dienen nur als Deckmäntelchen für etwas, was ich sowieso schon weiß. Mein Gehirn hat sich schon längst entschieden anhand meiner früheren Erlebnisse und meiner Prägungen, die tief in seine Windungen eingegraben sind. Ich muss nur darauf hören. Meine Sinne darauf konzentrieren, was mein Körper mir mitteilt.

Wenn sich der rote Alfa Spider, der beim Händler im Fenster ganz vorne steht, in meine Gedanken gefressen hat und ich beim Probefahren merke, dass mir ein Mühlstein im Magen liegt, weiß ich: Das ist nicht das Richtige für mich. Weg damit! Wenn ich mit einer Frau zusammenziehen will und an den nächsten Tagen mit dröhnenden Kopfschmerzen aufwache, dann sollte ich das Vorhaben dringend noch einmal überdenken. Wenn ich ein Ladengeschäft mieten will und mein Herz schon beim Betreten groß und frei wird, dann muss ich sofort zugreifen.

Körperliche Reaktionen werden vom Gehirn gesteuert, nur halt nicht vom rationalen Bewusstsein. Es sendet mir Signale – die Psychologie nennt sie »somatische Marker«: Kopfschmerzen, Übelkeit, Bauchschmerzen, Verspannungen, Verdauungsstörungen als Anzeichen dafür, dass etwas nicht stimmt; Herzklopfen und Schmetterlinge im Bauch als Zeichen für eine gute Idee.

Hör also auf deinen Bauch. Du musst nur den ganzen »Aber – wenn – man erwartet doch«-Störfunk ausblenden. Je öfter man das macht, desto leichter fällt das.

Aber kann man sich auf Bauchentscheidungen wirklich verlassen? Da kann doch so viel schiefgehen …

***

Das Fahrwerk der Piper kracht auf den Boden, der Rumpf ächzt in den Nähten, als die Maschine über die Landebahn hoppelt wie ein Kaninchen auf Brautschau. Mir zieht es den Magen zusammen. Endlich schafft es mein Flugschüler, die Maschine zum Stehen zu bringen. Ein paar hundert Meter weiter hinten als geplant rollt die Lehrmaschine aus. Mit einem Seufzen nehme ich das Headset vom Kopf und schaue den Piloten neben mir an, der zerknirscht an irgendwelchen Knöpfen herumspielt.

Einen Anpfiff kann der jetzt nicht vertragen, denke ich. Also lieber die Wattepackung: »Hey, morgen früh versuchen wir es gleich noch mal. Wird schon.«

Später, bei einem Kaffee in der Flugkantine, lasse ich meinen Frust raus: »Warum nur kriegt der das nicht hin?«

Kollege Herbert nippt in aller Seelenruhe an seinem Kaffee.

»Das war jetzt schon seine dreiundsiebzigste Landung, und wieder ist er zu schnell und zu hoch angeflogen. Wenn ich nicht irgendwann das Gas rausgenommen hätte, wären wir erst in Amsterdam auf den Boden gekommen!«

»Vielleicht wollte er dort ja hin«, grinst Herbert.

> **Wenn er zu langsam fliegt, knallt er runter wie ein Stein.**

Die Landung ist das Schwierigste beim Fliegen. Um ein Flugzeug in die Luft zu bekommen, braucht es nur ein bisschen Fingerspitzengefühl. Es in der Luft zu halten ist kinderleicht, solange der Pilot nicht meint, herumhampeln zu müssen. Aber beim Landen muss er zeigen, was in ihm steckt. Da kann er am meisten falsch machen: Er muss die Landebahn finden und sie in einem bestimmten Winkel und im richtigen Tempo anfliegen. Wenn er zur Landung ansetzt und zu schnell fliegt, kommt er nie runter und muss warten, bis der Sprit ausgeht, bevor er nach Hause gehen kann. Wenn er zu langsam fliegt, knallt er runter wie ein Stein. Es hat schon seinen Grund, dass es in Katastrophenfilmen immer erst dann richtig zur Sache geht, wenn die blutjunge Stewardess versucht, die 747 sicher zu landen, während sich die beiden Piloten mit einer Lebensmittelvergiftung am Boden winden.

Herbert streut Salz in meine Wunde: »Meine Flugschüler brauchen so zwischen vierzig und fünfzig Landungen, bis sie es sicher können. Einer war dabei, der war schon nach der fünfundzwanzigsten Landung durch.«

»Wow!«, kann ich da nur sagen. »Meine Schüler brauchen meistens sechzig bis achtzig Versuche. Wieso bin ich es immer, der die Pappnasen bekommt? Sag mal, was war das Besondere an deinem begabten Schüler? Wie hat der das so schnell gepackt?«

»Er hatte ein gutes Gespür für die Maschine, das ist das eine. Und dann war er auch immer voll konzentriert. Der ist nämlich beim siebten Versuch mal beinahe im Wäldchen vor der Landebahn gelandet. Das wäre beinahe schiefgegangen. Der war kreideweiß im Gesicht. Von da an hat er höllisch aufgepasst.«

»Hast du denn nicht eingegriffen?«

»Klar, aber erst im letzten Moment. Sonst hätte er es doch gar nicht gecheckt.«

Hm. Ich lasse die letzte Flugstunde noch einmal im Kopf Revue passieren und plötzlich fällt es wie Schuppen von meinen Augen: Bei der Platzrunde vorhin habe ich, sobald sich abzeichnete, dass der Schüler in einem zu flachen Winkel runterkam, sofort eingegriffen. Nur ein kurzer Stups an meinem Steuer, und die Piper war wieder auf Kurs. Wahrscheinlich hat das mein Schüler gar nicht registriert. Dann hat er ein bisschen schräg in der Luft gehangen. Hey, sollte das ein Slip werden? Und wieder habe ich eingegriffen und den Vogel ausgerichtet. So ging das weiter, bis wir endlich unten waren. Mit einer Fünf minus als B-Note. Wenn ich aber jedes Mal sofort korrigiere, sobald mein Flugschüler dabei ist, einen Fehler zu machen – wie soll er da merken, was er falsch gemacht hat?

Im rufe mir zahllose andere Flugstunden in Erinnerung, die ich schon gegeben habe. Das Muster ist klar: Ich greife zu schnell ein. Sobald ich sehe, dass etwas nicht ganz passt, korrigiere ich. Ich könnte mir selbst in den Hintern treten. Ich selber habe dafür gesorgt, dass meine Schüler so langsam lernen!

Keine Bewegung!

Fehler zu machen ist erbärmlich. Es ist beschämend. Wer beim Radfahren den Stein nicht sieht, küsst den Asphalt. Wer im Medizinertest die falschen Kästchen ankreuzt, kann sich von seiner Laufbahn als Arzt verabschieden. Wer sich beim Vorstellungsgespräch idiotisch anstellt, bekommt einen warmen Händedruck zum Abschied – und nicht den Job. Das ist hart. Und es tut weh.

Die normale Reaktion: Fehler vermeiden. Schmerzen vermeiden. Um jeden Preis. Bloß nicht danebenlangen. Das ist der Grund dafür, dass Menschen im Urlaub so gerne Schnitzel mit Pommes essen. Würden sie das Gericht bestellen, dessen Übersetzung im Reiseführer fehlt, könnten es gefüllte Ziegendärme sein. Geschäftsleute gehen mit dunklen Anzügen, weißem Hemd und schwarzen Schuhen auf Nummer sicher. Nicht, weil jeder von ihnen diese Uniform toll findet. Sondern, weil man sich damit nicht zum Deppen machen kann. Doch das Leben in der Mitte des Schwarms hat auch Nachteile.

Ein Leben ohne Chance auf Fehler ist wie eine Eiswüste. Nichts ändert sich. Alles bleibt so, wie es ist. Die hundert Meter Eispanzer werden auch in tausend Jahren noch genauso aussehen. Wenn jedes Risiko, einen Fehler zu begehen, ausgeschlossen ist, wird Entwicklung zum Fremdwort. Nur wenn du Fehler in Kauf nimmst, kannst du Erfahrungen sammeln und dich entwickeln. *Eigene* Erfahrungen für die *eigene* Entwicklung. Egal ob es Erfolge sind oder Rückschläge. Mit jeder gewonnenen Erfahrung stärkst du dein Selbstbewusstsein und dein Selbstvertrauen. Mit jedem Entwicklungsschritt wirst du dich immer mehr auf dein Bauchgefühl verlassen können.

Ratschläge anderer, Dos und Don'ts sind nur Erfahrungen aus zweiter Hand – vergiss sie! Du kannst zehnmal hören: »Das ist eine blöde Idee, lass das lieber!« – und trotzdem Erfüllung finden, indem du alte

Zündapps restaurierst. Es kann natürlich auch sein, dass dir dein Plan um die Ohren fliegt. Aber dann hast du es wenigstens versucht und kannst aus eigener Anschauung sagen: »Das war nix.«

Gibt es denn für Risikofreude und die Lust an Erfahrungen keine Grenzen?

Wenn Eltern beobachten, dass ihr sechsjähriges Kind auf einen Baum klettert, müssen sie eine Entscheidung treffen. Es zurückhalten – »Tobi, komm da runter, du tust dir weh« – oder es seine Erfahrungen machen lassen. Dass sich das Kind den Hals bricht, können Eltern allerdings nicht riskieren. Deshalb bleiben sie in der Nähe und rufen es zurück, wenn es dabei ist, auf einen morschen Ast zu treten. Oder, wenn es noch unsicher ist, erlauben sie ihm nicht, höher als zwei, drei Meter zu klettern. Wenn es aus dieser Höhe herunterfällt, holt es sich ein paar blaue Flecken und allenfalls einen verstauchten Fuß. Und wird sich beim nächsten Mal geschickter anstellen. Sie sorgen mit ihrer Entscheidung also dafür, dass mögliche Fehler im überlebbaren Bereich gehalten werden. Nicht im schmerzfreien.

> **Fehler müssen im überlebbaren Bereich gehalten werden – nicht im schmerzfreien.**

Und genau darum geht es.

Was aber passiert, wenn einer sich nicht dazu durchringen kann, Entscheidungen zu treffen, aus der Angst heraus, dass sie falsch sein könnten?

***

»Ich hab doch gar nichts gemacht, ich bin's nicht gewesen!«, sagt der Copilot, dessen Flugzeug eine Bruchlandung hingelegt hat. Er hatte zwar die Warnsignale gesehen und gemerkt, dass der Pilot die Maschine nicht mehr im Griff hatte. Hatte auch vorsichtig angefragt, aber den Beteuerungen des Piloten, dass alles schon in Ordnung sei, nur zu gerne geglaubt. Eingelullt von dessen Ich-weiß-schon-was-ich-tueich-hab-alles-im-Griff konnte er sich nicht entscheiden, zu handeln und das Steuer zu übernehmen – so wie es seine Aufgabe gewesen wäre. Und nun wundert er sich, dass sie einen Vollcrash hingelegt haben.

»Ich hab doch gar nichts gemacht« – eben. Genau das ist der Punkt. Das ist das Mantra all jener, die sich vor Entscheidungen drücken und lieber die Hände in den Schoß legen, als einen Fehler zu riskieren.

Achte darauf, dass du deinen inneren Copiloten ernst nimmst. Geh in dich, hör auf das, was du dir selbst sagen willst. Frag dich: Bin ich überhaupt auf Kurs? Bin ich es, der mich steuert – oder sind es die anderen, müde Glaubenssätze oder irgendwelche Gewohnheiten? Und wenn du merkst, dass hier etwas gehörig schiefläuft, dann sag dir selbst: »My aircraft!«

Wenn nicht du es bist, der über dein Leben bestimmt, dann machen es eben andere. Und damit ist klar: Wenn du nichts machst, dann machst du auch nichts falsch – aber den Fehler deines Lebens.

KAPITEL 7

Gräber: Wo das Leben wohnt

»Der Schwache kann nicht verzeihen. Verzeihen ist eine Eigenschaft des Starken.«
MAHATMA GANDHI

Kronleuchter, Spiegeltüren, kostbare Wandbemalungen, glänzendes Parkett – der Toscana-Saal in der Würzburger Residenz strotzt vor barocker Pracht. Vor zweihundert Jahren sind hier die Fürstbischöfe ein- und ausgegangen. Heute werden hier Empfänge abgehalten und Konzerte gegeben. Einige Fakultäten der Würzburger Universität nutzen den Raum für Vorlesungen.

Ich sitze zusammen mit dreißig, vierzig ziemlich desinteressierten Pädagogik-Studenten des 5. Semesters auf unbequemen Stühlen. Vorne steht ein Dozent, der uns in die Feinheiten des Sachunterrichts einweisen soll. Ich fühle mich unwohl und deplatziert und das liegt bestimmt nicht nur an der miserablen Akustik.

Ich habe das Fach Pädagogik bereits abgeschlossen, allerdings »nur« an der Fachhochschule. Nun will ich noch einen Doktortitel draufsetzen. Aber dazu muss ich erst das Pädagogik-Diplom machen, also ein paar der Kurse des Diplom-Studiengangs nachholen. Das ist so, als müsste ein Abiturient noch einmal in die neunte Klasse gehen, um den Bio-Unterricht nachzuholen.

Der Dozent da vorne ist ein junger Kerl, ich frage mich, ob der überhaupt schon über dreißig ist. Gut vorbereitet ist er nicht. Er redet ziemlich wirr über Entdeckendes Lernen und Stationenlernen. Was er an das Whiteboard schreibt, macht die Sache nicht übersichtlicher. Kreuz und quer bedecken unzusammenhängende Stichwörter und Halbsätze die Tafel.

Irgendwann tritt der Typ einen Schritt zurück und lacht beifallheischend. »Was ich hier wieder zusammenkritzle! Ganz schön durcheinander, was?« Die Studenten lachen pflichtschuldig zurück. So geht das die ganze Vorlesung weiter. Der Dozent biedert sich bei seinen Studenten an und kokettiert mit seiner Unfähigkeit, einen einzigen Satz gerade hinzuschreiben. Mich nervt das.

> **Cargohose und bemüht trendiges Sweatshirt. Ist der schon in der Midlife-Crisis?**

So langsam bekomme ich schlechte Laune. Was mache ich eigentlich hier? Muss ich mir wirklich diese miserable Vorlesung antun? Ein Prof, der gerade mal ein paar Jahre älter ist als ich, und Kommilitonen, die noch richtige Babys sind. Was mich aber wirklich ärgert, ist, dass der Typ da vorne seinen Job nicht macht. Der wäre wohl viel lieber Student! Schon allein seine Klamotten sprechen Bände: bemüht trendiges Sweatshirt mit irgendeinem Surfer-Aufdruck. Cargohose. Ist der denn schon in der Midlife-Crisis?

Während sich der Typ da vorne weiter produziert, fällt es mir plötzlich wie Schuppen von den Augen: Ich bin ja kein bisschen besser als der! Auch ich kann nicht loslassen. Eigentlich will ich nur promovieren, um weiter Student bleiben zu können. Denn Student sein ist das, was ich kann. Das ist es, was ich in den letzten Jahren gemacht habe. Und es hat mir gefallen. Mit dem Abschluss in der Tasche wäre es Zeit, den nächsten Schritt zu gehen. Aber ich wollte, dass alles so bleibt, wie es war. Ich wollte nicht aufhören, auf Feten zu gehen. Und am allerwenigsten wollte ich damit anfangen, ein Leben zu führen, das meiner Meinung nach nur wenig Aufregung, wenig Kick bieten würde.

Ich lerne in dieser Vorlesung nicht viel über Pädagogik. Aber eine ganze Menge über mich selbst.

In die Steinzeit gebombt

Wenn du mit einer Lebensphase nicht abschließen willst, dann ist das erst einmal ein gutes Zeichen. Dann hast du eine Zeit hinter dir, die schön für dich war und in der du dich wohlgefühlt hast. Du hattest ein gute Beziehung, die Familie mit zwei Kindern funktionierte toll, dein bester Freund wohnte direkt um die Ecke. Ich kann nur hoffen, dass du es genossen hast, solange es so war.

Denn jetzt ist es anders geworden: Deine Frau ist mit einem anderen über alle Berge, das erste deiner Kinder ist bereits aus dem Haus und das zweite macht gerade Abi. Und dein Freund arbeitet jetzt in Singapur.

Das ist hart!

Du kannst natürlich versuchen, deine Ex zu stalken, deine Kinder so abhängig zu halten, dass sie wenigstens jedes Wochenende heimkommen. Und du kannst dem CEO deines Freundes schreiben, er möge ihn doch bitte wieder nach Deutschland zurückschicken. Aber wenn du nur halbwegs deine Sinne beisammen hast, tust du das nicht.

Damals in Würzburg hatte ich mich davor drücken wollen, mich von einem Lebensabschnitt, der eigentlich schon zu Ende war, zu verabschieden und den nächsten zu beginnen. Hätte ich damals nicht die Kraft gefunden, loszulassen und etwas Neues anzufangen, wäre ich wohl in ewigem Angedenken an die guten alten Zeiten versteinert. Wahrscheinlich hätte ich noch fünf Jahre später an meiner Dissertation geschrieben und von einer halben Stelle als wissenschaftliche Hilfskraft gelebt. Es gibt kaum etwas Traurigeres als einen Studenten im 21. Semester.

Menschen, die in der Vergangenheit leben und nicht wahrhaben wollen, dass sich die Dinge um sie herum längst geändert haben, gibt es zur Genüge. Zum Beispiel all diejenigen, die immer noch von der »guten alten Zeit« reden, die maßgeblich davon geprägt war, dass alles besser war als heute. Das fängt bei harmlosen Aussagen an wie

»Früher gab es noch richtige Winter«, macht aber leider vor latenten Forderungen wie »Bei uns hätte es einfach eine Tracht Prügel gegeben« nicht Halt. Keine Frage: Ich bin für das Pflegen einer kulturellen Identität, für das Wissen, woher ich komme, was die Grundsätze der Kultur und Lebensweise des Landes ausmacht, in dem ich mich wohlfühle und das ich als meine Heimat erlebe. Insofern kann ich auch der Frage nach einer Leitkultur wirklich etwas abgewinnen. Wenn sich diese Identität aber nur noch als Bremsblock für alles Neue und jede Veränderung entpuppt, ist die Grenze überschritten. Warum ein Marokkaner, der hier in Deutschland Gemüse verkaufen will, Schiller und Goethe kennen soll, wenn es die meisten Deutschen doch selbst nicht tun, ist nicht nachvollziehbar. Ein Witz!

> **Ab in die Vitrine mit dem Schildchen: »Bitte nicht berühren!«**

Ich gebe zu, über diesen Witz haben schon viele gelacht. Aber sie tun es, weil er den Kern der Sache trifft. Eine Gesellschaft muss sich wandeln, um am Leben zu bleiben. Alternde Gesellschaft, Pflegenotstand, fehlende Ingenieure, Mediziner, Handwerker – das alles ist für Ewig-Gestrige kein Thema. Bloß nicht noch mehr Ausländer ins Land holen! Hinterher tragen die noch Kopftücher! Mit dieser Einstellung könnten wir unsere Gesellschaft auch gleich in eine Vitrine stellen mit dem Schildchen: »Bitte nicht berühren!«

Madonna ist das krasse Gegenteil einer im wahrsten Sinne des Wortes konservierenden Lebenseinstellung. Sie ist berühmt dafür, dass sie sich immer wieder neu erfindet. »Like a Virgin« und »American Pie« sind Welten voneinander entfernt. Der Blick zurück ist nicht ihr Ding. Ihr Motto ist eher: »Hier bin ich jetzt. Was könnte ich nun tun?« Das macht Madonna aus, darin besteht ihre Treue zu sich selbst.

Mir fällt kein einziges erfolgreiches Unternehmen ein, das nicht zur Veränderung fähig wäre. Wenn die Führungsetage nach dem Motto handelt: »Wir haben mit unseren Videokassetten immer so viel Erfolg gehabt, wir brauchen keinen neumodischen Schnickschnack«, ist das der erste Schritt in den Konkurs.

Als Beispiel für Innovation und zukunftswirksame Ideen wird immer gern Sixt genannt. Zu Recht. Einer ihrer neuesten Coups: das Programm »Drive now«. In Berlin, München, Düsseldorf und Köln stehen hunderte Minis und Audi A1. Als Mitglied findest du den Standort des nächsten Autos online oder per Smartphone. Du setzt dich rein und fährst los. An deinem Ziel stellst du es ab. Das war's. Du bezahlst per Minute. Keine Reparatur- und Versicherungskosten. Du musst noch nicht einmal tanken; das macht ein Service-Team.

Alle reden davon, dass es gerade in den Großstädten vielen Menschen gar nicht mehr darauf ankommt, ein eigenes Auto vor der Tür stehen zu haben. Sixt hat das umgesetzt. Sie sind Autovermieter. Ja. Aber sie denken weit über den Sechs-Quadratmeter-Schalter am Flughafen hinaus. Sie sind Meister darin, sich von den Gedanken, wie es früher immer war, zu lösen.

Das Leben wohnt nun einmal nicht in der Vergangenheit. Die Vergangenheit ist der Humus, der Boden, auf dem wir wachsen. Aber wir wachsen in die Zukunft, nicht in die Vergangenheit hinein. Oft musst du Altes über Bord werfen, damit du Platz für Neues hast in deinem Leben. Das heißt: Du musst loslassen können.

Und genau das ist das Problem.

Im Urwald

Loslassen fällt vielen Menschen schwer. Das hat zwei Gründe. Erstens: Wir haben im Kopf ein kristallklares Bild von der Vergangenheit – auch wenn dieses Bild nicht immer der Realität entspricht. Aber wir haben normalerweise kein Bild von der Zukunft. Das Bekannte gibt uns ein heimeliges Gefühl. Das Unbekannte fürchten wir. Damit ist die Vergangenheit immer attraktiver als das, was auf uns zukommt.

Bei Kindern ist das noch anders. Für sie ist die Zukunft verheißungsvoll und hält jede Menge Wunder bereit. Ich zum Beispiel wollte als Sechsjähriger Lokomotivführer werden. Dass Dampfloks damals schon Seltenheitswert hatten, hat mich nicht die Bohne gestört. Ich sah mich trotzdem mit meiner Lok und zwei, drei angehängten Waggons durch die Gegend fahren. Wenn ich groß sein würde. Also in anderthalb Ewigkeiten.

Je älter du aber wirst, desto mehr schrumpft der Zeitraum, über den hinaus du dir deine Zukunft vorstellen kannst und willst, zusammen. Irgendwann denkst du höchstens noch bis Weihnachten oder bis zum nächsten Urlaub. Mehr Zukunft ist dann nicht mehr drin für dich.

Wie könnte es denn sonst sein, dass erst dann, wenn die Politik endlich das Rentenproblem in die Köpfe hämmert, plötzlich so viele Menschen aufjaulen und sagen: »Was! So wenig Geld bekomme ich, wenn ich 65 bin?« Hallo? Haben die sich denn nie Gedanken über ihre Zukunft gemacht? Ein bisschen auf dem Taschenrechner herumgespielt? Nein. Offensichtlich nicht. Dabei haben sie, wenn sie angestellt sind, sogar Jahr für Jahr einen Bescheid von der Deutschen Rentenversicherung bekommen, wo es schwarz auf weiß stand: »Höhe Ihrer künftigen Regelaltersrente: 923,14 Euro«. Wem das zu wenig ist, der hätte schon vor vielen Jahren etwas tun müssen. Aber Zukunft ist eben das, was für die meisten von uns gedanklich unerreichbar hinter den sieben Bergen bei den sieben Zwergen liegt.

Ich muss zugeben: Wenn für jemanden die Zukunft nur ein schwarzes Loch ist, dann ist es zu verstehen, dass er am Vergangenen mit verkrampften Fingern festhält. Sonst hätte er ja gar nichts in seinen Händen.

> **Wie ein nasser Sack über dem Urwaldboden.**

Das ist der zweite Grund, warum das Abschließen mit der Vergangenheit so schwerfällt: Was einer loslässt, verliert er. Wenn Tarzan sich durch den Urwald schwingt, muss er erst seine jetzige Liane loslassen, bevor er in vollem Schwung die nächste ergreift. In der Zwischenzeit schwebt er in der Luft. Für einen, der das Fliegen nicht gewöhnt ist, ist das unangenehm.

Was aber passiert, wenn Tarzan seine Liane nicht loslässt? Er schwingt an ihr vor und wieder zurück. Und vor und wieder zurück. Die Bewegungen werden immer spärlicher. Bis er nur noch wie ein nasser Sack über dem Urwaldboden baumelt. Stillstand.

Nur in der Bewegung ist Leben. Wenn du dich aber umschaust, siehst du nur wenig Bewegung. Sind die alle schon tot? Wenn du kein Zombie sein willst, musst du immer wieder loslassen können. In Beziehungen, in Gelddingen, im Job – einfach in allen Lebensbereichen.

Wie ist das denn mit den Palästinensern und den Israelis? Der Nahostkonflikt köchelt seit Jahrzehnten vor sich hin, hat abertausende Menschenleben gekostet. Und die Menschen dort sind offensichtlich noch keinen einzigen Schritt weitergekommen. Die einen sagen: »Vor siebzig Jahren hat das alles uns gehört!« Die anderen: »Wir waren aber schon vor 2500 Jahren da!« Und? Wer hat mehr recht?

Das ist doch gar nicht die Frage. Wenn der Blick allein in die Vergangenheit geht, gibt es keine Lösung. *Kann* es keine Lösung geben.

Mancher versäumt es, sich von vergangenen Glanzleistungen zu lösen. Wenn ein Vierzigjähriger immer noch sein Selbstwertgefühl daraus zieht, dass er mit siebzehn einmal Landesmeister im Tischtennis war, dann ist das armselig. Natürlich gehört sein damaliger Sieg zu seinem Leben. Und er darf mit Recht stolz darauf sein. Aber dieses eine Ereignis darf nicht als Surrogat für sein heutiges Leben herhalten.

Auch in der Wirtschaft gilt das Primat des Loslassens. Pfaff, Märklin, Quelle, Schiesser, AEG, Schlecker – alles Unternehmen, die in den letzten Jahren Insolvenz anmelden mussten. Und immer gab es Stimmen, die sagten: »Das kann man doch nicht zulassen! Die müssen doch gerettet werden!« Ich frage mich: Warum? Klar, Quelle ist unbestreitbar ein Stück deutscher Nachkriegs- und Wirtschaftswundergeschichte. Aber am Schluss hat eben keiner mehr bei Quelle gekauft. Wenn es anders gewesen wäre, wären sie nicht in Schieflage geraten. Wenn über ein Unternehmen die Zeit hinweggerollt ist, ohne dass die Führungsetage daran etwas ändern konnte, dann gibt es auch keinen

Grund, an ihm festzuhalten. – Wieder ein Verlust mehr. Doch für jedes Unternehmen, das vom Markt verschwindet, werden fünf neue gegründet.

Entwicklung, Zukunft, ein aktives, tätiges Leben – manche Menschen pfeifen darauf, wenn sie nur am Altbekannten, Gewohnten festhalten dürften. Wenn sie nur in der verlustfreien Zone bleiben könnten. Aber geht das denn?

Verlierer sein

Die Strategie des Nicht-Loslassens ist eigentlich gar keine. Denn es liegt ja gar nicht in deiner Macht, das Vergangene zu bewahren. Da haben andere auch noch ein Wörtchen mitzureden. Und das Schicksal. Ein guter Freund verunglückt tödlich. Nichts auf der Welt bringt ihn wieder zurück. Was willst du denn da noch festhalten? Du musst ohne ihn in die Zukunft gehen, auch wenn der Schmerz dich fast zerreißt.

> **Am Ende wirst du immer alles verloren haben.**

Wer nicht loslassen will, hat nicht verstanden, dass Verluste zum Leben gehören. Selbst wenn du im Leben immer auf der Sonnenseite unterwegs bist, wirst du von Verlusten nicht verschont bleiben. Was du glaubst dein Eigen nennen zu können, geht verloren – ganz gleich, ob es sich um etwas Materielles oder um einen Menschen handelt. Auch wenn es dir vergönnt ist, deinen letzten Atemzug im Kreise deiner Lieben zu tun, wirst du am Ende immer alles verloren haben. Das ist so. Akzeptiere es.

Schon als Kind musst du dich damit abfinden. Deine Mutter wäscht deine Hose, in deren Tasche noch das seltene Pokémon-Sammelbildchen steckte, um das dich alle in deiner Klasse beneidet haben. Du wächst aus deinen Lieblingsturnschuhen heraus. Eines ist sicher: Du wirst jedes Paar, das dir zu klein geworden ist, nie im Leben wieder anziehen können, ohne dir die Zehen zu verstauchen. So geht es dein

Leben lang weiter. Das Auto, das dich seit deinem 19. Lebensjahr treu durch Studium und erste Berufsjahre begleitet hat, wandert unwiderruflich in die Schrottpresse. Du verlierst geliebte Menschen. Auf einmal trennen euch 200 oder 20 000 Kilometer. Oder Zorn und Wut.

Im schlimmsten Fall trennt euch der Tod.

Wenn es daran geht, sich von Dingen, Beziehungen, Lebensabschnitten verabschieden zu müssen, gibt es keine Wahl. Es passiert. Das Einzige, was du tun kannst, ist, den Verlust hinzunehmen. Loszulassen. Abzuschließen.

Wenn das, was dir abhandengekommen ist, dir nichts bedeutet hat, ist das leicht. Manchmal bist du sogar froh, etwas loszuwerden. Du hast dich über Jahre in deinem Job gequält und jetzt hast du Aussicht auf einen neuen? Dann gibt es nichts, was dich noch hält. Es wird dich auch nicht in deinen Grundfesten erschüttern, wenn die selbst getöpferte Vase, die du auf dem Kirchenbasar gewonnen hast, in tausend Scherben zerspringt. Die hättest du schon längst entsorgen sollen!

Wenn dir aber etwas am Herzen liegt, dann ist Loslassen alles andere als einfach. Loslassen müssen ist immer mit Trauer verbunden. Trauer tut weh. Wer trauert, fühlt sich hilflos und einsam, verspürt Wut und Angst. Mit etwas abzuschließen ist also immer auch eine Zeit des Schmerzes. Kann dich irgendetwas davor bewahren, dies durchmachen zu müssen? Nein. Ohne Schmerz kein Loslassen.

Es geht ja auch nicht nur um dich. Alles, was du verlierst, hat eine angemessene Zeit der Traurigkeit verdient. Das ist eine Sache des Respekts. Es liegt ein tiefer Sinn darin, dass wir einen Gestorbenen nicht sang- und klanglos unter die Erde bringen. Nicht Deckel zu und fertig. Wir versammeln uns im Haus des Toten, an seinem Grab, trauern gemeinsam, reden über ihn, erinnern uns an ihn. So wird das Leben des Toten gewürdigt. Eine Beerdigung ohne »Weißt du noch …?« ist keine gute Beerdigung. Der Grund, warum das Ganze Trauer-Feier heißt: Wir feiern die Zäsur, die unser Leben gezeichnet hat. Wenn das hinter uns liegt, können wir uns Neuem zuwenden. Die Geste, ein Schäufelchen Erde auf den Sarg zu werfen, ist ein erstes Zeichen dafür, dass wir irgendwann bereit sein werden, den Schmerz zu begraben.

Erst würdigen. Trauern. Dann loslassen können. So geht das.

Bei großen und bei kleinen Verlusten ist Trauer ein gutes und wirksames Bewältigungsmuster. Aber sie ist nicht die Lösung des Problems. Es fehlt noch etwas, um am Ende auch wirklich loslassen zu können.

Ganz in Schwarz

Ich wohne in Bayern in der Bodenseeregion. Eine Gegend, in der Traditionen zum Alltag der meisten Menschen dazugehören. Zum Beispiel das Trauerjahr. Die Witwe trägt als Zeichen ihrer Trauer Schwarz. Das hat zwei Gründe. Der erste ist klar: Es ist das Zeichen dafür, dass sie eine schlimme Zeit durchmacht. Alle sind rücksichtsvoll mit ihr, bieten Unterstützung an. Es gibt aber noch einen zweiten Grund. Der wird erst sichtbar, wenn das Trauerjahr vorbei ist. Dann werden die schwarzen Klamotten in der Truhe weggeschlossen. Damit ist die Erlaubnis und die Aufforderung gegeben, das Leben wieder aufzunehmen. Jetzt kommen die Blümchenkleider wieder zum Vorschein. So zeigt der Brauch, Trauerkleidung zu tragen, zwei Veränderungen an: Dass einer trauert. Und dass er irgendwann damit durch ist.

Als ihr geliebter Gemahl Prinz Albert starb, war Queen Victoria 42 Jahre alt. Den Rest ihres Lebens lief sie in Schwarz herum. Man sagt, sie trauerte bis zum letzten Tag ihres Lebens um ihre große Liebe. Wenn es so war, tut sie mir leid. Denn Trauer darf kein Dauerzustand sein. Sie muss irgendwann ein Ende haben.

Das bist du schon deinen Mitmenschen schuldig. In der Psychologie gibt es den Begriff der Primärgefühle. Wenn du dir mit einem Hammer auf die Finger haust, verspürst du ein Primärgefühl. Wenn du dir aber nur vorstellst, wie es wäre, dir auf die Finger zu hämmern, ist das ein Sekundärgefühl. Ist eine Trauer frisch und echt, dann leiden wir mit. Kann sich der Trauernde aber gar nicht mehr vorstellen, nicht mehr traurig zu sein, hat sich die Trauer verselbstständigt. Wenn Trauer nicht mehr dazu dient, zurück ins Leben zu kommen, sondern zum Lebensinhalt geworden ist, dann ist sie zum Selbstzweck verkommen. So ein Sekundärgefühl geht der Umwelt meistens auf die Nerven. Dann heißt es: »Ich kann sein Gejammer nicht mehr hören!«

Natürlich wird ein geliebter Mensch, den du verloren hast, für immer ein Teil deines Lebens bleiben. Aber bitte ein Teil deiner Vergangenheit, deiner Geschichte. Nicht ein bestimmender Teil deiner Zukunft. Denn so wäre es, wenn du in dem jetzt viel zu großen Haus wohnen bleibst, in dem du mit ihm oder

> **Mit dem Blick auf das Vergangene sitzt du mit dem Rücken zur Fahrtrichtung.**

ihr glücklich gewesen bist. Aus dem Gefühl heraus, Verrat zu begehen, wenn du das Haus verkaufen und dorthin ziehen würdest, wo es eine bessere Zukunft für dich gibt. Auch wenn dich nun nichts mehr in dieser Gegend hält, bleibst du. Warum baust du dann nicht gleich ein Mausoleum und mauerst dich darin ein?

Trauern, ohne irgendwann loszulassen, ergibt keinen Sinn. Denn je weniger von deiner Vergangenheit du abgeschlossen hast, desto mehr Ballast schleppst du mit dir herum. Wenn du die Verluste, die du erleiden musstest, nicht verwinden kannst, nehmen sie immer mehr Raum in deinen Gedanken ein. Sie lassen dich nicht mehr los. Sie wirken wie ein starkes Gummiband, das mit dem einen Ende in der Vergangenheit befestigt ist. Am anderen Ende hängst du. An diesem Gummiband zappelnd lässt du dein jetziges Leben von längst vergangenen Dingen bestimmen.

Der entscheidende Schritt, der die Trauerphase vom endgültigen Loslassen trennt, ist die Erlaubnis, deine Trauer hinter dir zu lassen. Mit einem Ritual wie dem Trauerjahr als Hilfe wäre das einfach. Aber so funktioniert das heute nicht mehr. Es gibt nur einen, der dir diese Erlaubnis geben kann: Du selbst. Wenn du das verstanden hast, werden dich Verluste zwar immer noch hart treffen. Aber sie sammeln sich nicht wie Steine in deiner Tasche, die dich früher oder später auf den Grund des Meeres ziehen.

Akzeptieren, trauern, abschließen – wenn du das kannst, wird es dir leichter fallen, auch in anderen Lebensbereichen loszulassen.

Zum Beispiel, wenn es um deine eigenen Fehler geht.

Ganz unten

Die Maschine ist im Landeanflug. Die Flugbedingungen sind ideal, die Sicht klar, der stete Wind kommt direkt von vorn. Bernd ist kurz davor, seinen Pilotenschein zu machen. Er ist ein netter Kerl. Und im Cockpit ruhig, verantwortungsvoll, gelassen. Aber heute ist er ganz schön unkonzentriert. Ich habe schon ein paar Mal eingreifen müssen, damit wir nicht in Gefahr geraten. Jetzt drückt Bernd den Steuerknüppel noch weiter nach vorn. Gleich wird das Flugzeug auf der Landebahn aufsetzen. Ich überlege noch, ob ich korrigieren soll, denn so wie Bernd es heute angeht, wird das eine ganz schön harte Landung. Aber ich denke: Lass mal. Das wird ihm eine Lehre sein.

Und da passiert es auch schon: Der Aufprall ist so hart, dass unsere Bandscheiben aufjaulen. Das Flugzeug macht noch mehrere Hopser, bevor es mit quietschenden Reifen, schlingernd und schleudernd am Ende der Landebahn zum Stehen kommt. Ich habe schon lange nicht mehr eine so grottenschlechte Landung erlebt. Ich weiß genau, was jetzt im Flugcafé neben dem Tower los ist, und grinse. Da hängen wie an jedem Sonntagmittag die ganzen Flieger herum und fachsimpeln. Unsere Landung kommt ihnen gerade recht, um die Langeweile zu vertreiben. Sie wird ihnen noch lange Gesprächsstoff bieten.

Bernd schämt sich in Grund und Boden. Sobald die Maschine steht, dreht er sich mit hochrotem Kopf zu mir und sagt: »Ich habe keine Ahnung, wie mir das passieren konnte. Ich höre auf. Ich kann es eben nicht. Ich rühre im Leben keinen Steuerknüppel mehr an.«

Ich kann verstehen, dass er am liebsten gar nicht mehr aus der Maschine aussteigen würde. Das Gefühl kenne ich. Nach so einer misslungenen Aktion wäre man am liebsten unsichtbar. Aber Bernd meint das ernst. Ich hab ihm klargemacht: »Eins ist sicher: Auch wenn du die Landung total verbockt hast, musst du doch wieder zurückfliegen. Oder willst du mit dem Zug heimfahren?«

Mit eigenen Fehlern ist es wie mit Verlusten: Du musst mit ihnen abschließen können. Es hilft nicht, sich verstecken zu wollen. Wenn du nach jedem Fehler, der dir passiert, gleich aufgeben und alles hinwerfen wolltest, dann kämst du irgendwann gar nicht mehr aus deinem Sessel hoch. Du hast einen Fehler gemacht? Face it! Ja, er ist passiert. Du wirst ihn nicht noch einmal machen.

Über die eigenen Fehler kommst du genauso hinweg wie über Verluste: Du trauerst eine angemessene Zeit lang, und irgendwann begräbst du die Geschichte. Dann ist es vorbei.

Es stimmt, manche Fehler sind so tragisch und folgenschwer, dass ihre Konsequenzen dein gesamtes Leben beeinflussen. Wenn du im Jurastudium das Staatsexamen auch beim zweiten Versuch nicht geschafft hast, dann ist es aus. Dann hast du dein gesamtes bisheriges Studium in den Sand gesetzt. Und wenn du beim Skifahren jemanden umgenietet hast, der dann sechs Monate im Krankenhaus und in der Reha verbringen muss, dann wirst du vielleicht ein Leben lang zahlen müssen.

Aber was bringt es denn, wenn du noch Jahre später nachts aufwachst und dich vor Scham oder Schuldgefühlen windest? Wenn du dich bis an dein Lebensende mit Selbstvorwürfen quälst? Im Leben gibt es keinen Reset-Knopf. Es gibt nicht die Karte, die dir sagt: Alles zurück auf Start. Fehler können schlimme Auswirkungen haben. Aber richtig schlimm wird es erst, wenn du über deine Fehler nicht hinwegkommst. Was also tun?

> **Im Leben gibt es keinen Reset-Knopf.**

Das Zauberwort heißt verzeihen.

Haderlumpen

Ich hab mir einmal das Handgelenk gebrochen. Das war in Graz, an dem Tag, an dem ich meine Prüfung zum Linienpiloten bestanden hatte. Ein Grund zu feiern! Wir führten die Sekretärin der Flugschule zum Essen aus. Ich war beschwingt, happy. Als wir vor dem Restaurant ankamen, wollte ich der Sekretärin ganz gentlemanlike die Autotür aufhalten. Doch aus der weltmännischen Geste wurde ein Desaster. Ich rutschte auf einer Eisplatte aus. Das Hinfallen, das Brechen meiner Knochen – all das weiß ich nicht mehr. In dem einen Augenblick war alles noch in Ordnung, im nächsten lag ich im Rinnstein und hatte eine gebrochene Hand. Es tat verdammt weh. Ich war geschockt. Und dann wütend. Warum ich? Es war doch nur ein Augenblick gewesen, in dem ich unaufmerksam war; nicht mehr.

Nach dem ersten Schrecken hatte ich drei Möglichkeiten. Ich entschied mich für folgende Variante: einen kräftigen Fluch loslassen, ein paar Wochen mit Gips rumlaufen und leiden. Und dann mit der Geschichte abschließen.

Ich hätte natürlich auch den Opfer-Modus wählen können. Dann hätte ich die Ursache für meinen Sturz überall gesucht, nur nicht bei mir. Statt zu sagen: »Ich hab halt nicht aufgepasst«, hätte ich es dann so gedreht: Warum haben die Leute von dem Restaurant nicht Salz gestreut? Warum ist das Mädel nicht einfach selbst aus dem Auto gestiegen? Ich hätte dann genauso gut fragen können: Warum gibt es Dunkle Materie im Universum?

Entschuldigungen und Sündenböcke für eigene Fehler zu finden – manche Menschen machen das zu einer Kunstform. Klar, du kannst Fehler leugnen. Oder sie selbstgerecht wegdiskutieren. Wenn du meinst, dir passieren niemals Fehler, dann kannst du ja deine Haftpflichtversicherung kündigen. Doch wenn es immer nur die anderen waren, wirst du nie aus deinen Fehlern lernen können. Schlimm!

Ich finde die dritte Variante sogar noch schlimmer. Dann hadern diejenigen, die einmal einen Fehler gemacht haben, ihr Leben lang mit sich. »Weil ich mir damals vor dem Vorstellungsgespräch unbedingt noch eine Currywurst holen musste und mir natürlich das Hemd vollgekleckert habe, habe ich den Job nicht bekommen. Wenn das nicht gewesen wäre, könnte ich jetzt Abteilungsleiter in dieser Firma sein!« Oder: »Warum habe ich mich nicht mehr um meine Frau gekümmert? Jetzt ist sie weg und ich werde nie wieder glücklich sein können.«

Selbst wenn das nicht nur reines Selbstmitleid ist, sondern echter Kummer über vergossene Milch, hilft dir das Hadern mit der Vergangenheit keinen Schritt weiter. Dann bist du in einer Zeitschleife gefangen, die dich nie wieder loslässt.

Wie also sollst du mit eigenen Fehlern umgehen? Ganz klar: Nichts leugnen oder beschönigen. Und auch nicht die Schuld abwälzen. Sondern zu ihnen stehen. Aus ihnen lernen. Und vor allem: Es irgendwann auch gut sein lassen. Nicht immer wieder hervorkramen und leiden wie ein Hund. Deinen Frieden mit dir machen. Produktiv weitermachen. Hinfallen, aufstehen, Krone richten, weiterlaufen.

> **Hinfallen, aufstehen, Krone richten, weiterlaufen.**

Wenn du das kannst, dann gehört die Welt dir. Sich selbst zu verzeihen ist so wie Verluste zu verschmerzen. Eigentlich ist es das Gleiche. Denn beides bedeutet: Loslassen. Es gut sein lassen. Den Blick nach vorne richten und nicht in der Vergangenheit verhaftet bleiben.

Klingt machbar. Solange es die eigenen Fehler sind …

Gnade!

Am 3. September 2010 haben die Eltern des zehnjährigen Mirco ihren Sohn zum letzten Mal lebend gesehen. Fast ein halbes Jahr verging, bis sie Gewissheit hatten: Ihr Sohn war tot. Ende Januar 2011 führte ein Mann aus dem Nachbarort die Polizei zu dem Waldstück, in dem er die Leiche des Jungen versteckt hatte.

Ein Kind zu verlieren, muss entsetzlich sein. Es auf diese grauenvolle Art zu verlieren, muss die Hölle sein. Viele Eltern würden sich mit dem Gedanken an Rache am Leben halten. Vielleicht träumen sie davon, den Mörder umzubringen, zu zerquetschen, kaputtzumachen. Die Justiz soll gnadenlos zuschlagen, bestrafen und Sühne einfordern. Gut, das kann hilfreich sein. Aber nur in der ersten Zeit.

Denn es geht doch gar nicht um den Verbrecher. Ob es ihm schlechter geht oder nicht, ist überhaupt nicht relevant. Es geht doch um diejenigen, die unter seiner Tat leiden! Ihnen soll es besser gehen.

Mircos Eltern sagen: »Wir legen den Fokus auf das, was wir haben, und nicht auf das, was wir verloren haben. Wir möchten, dass unsere anderen drei Kinder glücklich aufwachsen, trotz des Verlustes. Sie sollen eine ganz normale Kindheit haben.« Und der Stern titelte: »Mircos Eltern trauern – und vergeben dem Täter dennoch.« Vergeben? Wie kann das sein? Was ist in diese Leute gefahren?

Auch wenn es schwerfällt: Ich glaube, Mirkos Eltern haben recht. Die einzige Chance, über die Fehler, die Untaten anderer hinwegzukommen, ist Verzeihen. Was?! Eine jahrelang geschlagene Frau, ein zum Krüppel getretener Mann, ein missbrauchtes Kind sollen sich mit ihren Peinigern versöhnen?

Nein, um Versöhnung geht es nicht. Sich miteinander versöhnen heißt, den anderen in die Arme zu schließen, um mit ihm wieder ein Bierchen trinken gehen zu können. Ich sagte: Verzeihen. Das ist etwas völlig anderes als die Ich-hab-dich-jetzt-wieder-lieb-Versöhnung. Verzeihen hat auch nichts mit einer Schwamm-drüber-Haltung zu tun. Verzeihen ist unendlich viel mehr, als nur zu sagen: »Passt schon!«

Wenn du anderen ihre Fehler verzeihst, dann tust du genau das, was du auch gelernt hast mit eigenen Fehlern zu machen: Loslassen. Abschließen. Derjenige, der dich geschädigt hat, muss physisch gar nicht anwesend sein, wenn du ihm verzeihst. Denn um ihn geht es nicht. Sondern nur um dich. Du verzeihst nicht, damit es dem anderen besser geht. Sondern damit es dir besser geht.

Denn sobald du jemandem verzeihst, hat er keine Macht mehr über deine Gefühle. »Ich vergebe dir« klingt pathetisch. Aber eigentlich bedeutet es: »Du hast keine Macht mehr über mich.« So durchschneidest du das Band aus Hass, Groll und Wut, das dich an die Vergangenheit fesselt.

Natürlich ist dann noch lange nicht alles wieder gut – aber mit dieser Unabhängigkeitserklärung hast du einen ersten Schritt in Richtung »Weiterleben« getan.

Ist das nicht ein bisschen viel verlangt? Wenn es nur die falsche Haustür ist, die der Handwerker eingebaut hat, oder der Baufinanzierer, der dich falsch beraten hat, mag das mit dem Verzeihen und Vergeben ja noch angehen. Aber wie ist es, wenn dir wirklich schweres Unrecht widerfahren ist? Du wurdest misshandelt. Du wurdest von einem betrunkenen Autofahrer angefahren. Wegen Ärztepfusch musstest du Monate im Krankenhaus verbringen. Da kann man doch nicht einfach verzeihen!

Doch. Kannst du. Das musst du sogar, um irgendwann aus dem tiefen Tal des Kummers zu kommen. Es gibt eine Alternative zum Leiden bis ans Ende deiner Tage. Es gibt immer eine. Es fragt sich nur, wann du für diese Alternative bereit bist.

Ich bewundere Mircos Eltern sehr. Sie haben es geschafft, dass der Rest der Familie nicht auch noch zum Opfer der schrecklichen Tat geworden ist. »Es ist egal, ob ich zum Grab komme oder ob ich zuhause bin, der Verlust ist immer da. Er ist mal stärker und mal schwächer«, sagt Mircos Mutter. Doch bei allem Schmerz und allem Kummer richtet die Familie den Blick in die Zukunft und fixiert ihn nicht wie von Medusas Augen angezogen auf die Vergangenheit. Mircos Zimmer ist nicht zu einer Gedenkstätte geworden, es gehört nun einer seiner Schwestern.

Die Vergangenheit ist vergangen. Deshalb heißt sie so. Zeit kennt nur eine Richtung. Was passé ist, ist unwiederbringlich dahin. Es würde nichts nutzen, sich die Welt anders zu träumen. Und weil die Vergangenheit in die Gegenwart hineinreicht, gilt auch: Was ist, ist. Auch daran kannst du nichts ändern. Denn die Weichen für die Gegenwart wurden bereits in der Vergangenheit gestellt. Was du aber beeinflussen kannst, ist die Art und Weise, wie du mit der Gegenwart umgehst.

Der österreichische Philosoph und Psychologe Victor Frankl sagte einmal: »Ich kann die Rahmenbedingungen nicht beeinflussen, nicht ändern. Aber die Bewertung der Rahmenbedingungen.« Für einen, der Jahre im Konzentrationslager verbringen musste, ist das ein starker Satz.

Noch einmal: An der Vergangenheit und an der Gegenwart kannst du nicht schrauben. Nur an der Zukunft kannst du etwas ändern. Indem du jetzt etwas tust. Jetzt, in diesem Moment kannst du Fehler machen, sie verleugnen oder verzeihen; du kannst dich von Liane zu Liane schwingen – oder dich krampfhaft an ihnen festkrallen.

Deine Entscheidung.

KAPITEL 8

Schub: Was voranbringt

»Fließendes Wasser fault nicht, die Türangeln rosten nicht;
das kommt von der Bewegung.« LÜ BUWEI

Ferdinand Adolf Heinrich August von Zeppelin war 25 Jahre alt, als er zum ersten Mal in seinem Leben in einem Ballon fuhr. Das war 1863 und er tat es nicht aus Spaß, sondern als militärischer Beobachter im amerikanischen Sezessionskrieg. Der Einsatz von Ballonen zur Ausspähung der feindlichen Linien beeindruckte ihn tief. Diese bemannten Ballone hatten allerdings eine große Schwäche: Sie ließen sich nicht lenken und waren von der Windrichtung vollkommen abhängig. Nicht selten kam es vor, dass solche Ballone hinter die feindlichen Linien abdrifteten und abgeschossen wurden.

Zurück in Deutschland ließ ihn die Idee eines lenkbaren Luftschiffes nicht mehr los. Viel Zeit, Energie und Geld setzte der leidenschaftliche Ingenieur daran, dass seine Vision Wirklichkeit würde. Empfindliche Rückschläge musste der »Narr vom Bodensee« überwinden, bis sich seine Lenk-Luftschiffe durchgesetzt hatten: Von 1908 bis zum Ausbruch des Ersten Weltkrieges fuhren fast 35 000 Passagiere mit diesem Transportmittel. 1914 waren 22 Zeppeline im Einsatz. Die Luftschiffe mit der Zigarrenform wurden im folgenden Vierteljahrhundert zu Ikonen der modernen Technik, standen für den Aufbruch, den Erfindergeist und die Weltoffenheit einer neuen Zeit. Erst mit der Katastrophe der LZ 129 »Hindenburg« am 6. Mai 1937 ging die große Ära der Zeppeline in Flammen auf.

> Ideen für »Schraubenflieger«, »Schlagflügelapparate« und »Luftschiffe mit Ruderflügeln« gibt es zu Dutzenden.

Dennoch: Eine Erfolgsgeschichte. Doch Zeppelin war ja nicht der Einzige gewesen, der die Ballone manövrierfähig machen wollte. In den technikbegeisterten Zeiten Ende des 19. Jahrhunderts hatten unzählige Menschen Ideen für Flugapparate aller Art. Nur die wenigsten von ihnen schafften es bis zur Patentreife; trotzdem sind im Archiv des Otto-Lilienthal-Museums in Anklam über sechshundert Patente aufgelistet. »Luftschiffe mit Lenkvorrichtung« gibt es da gleich im Dutzend. Dazu noch jede Menge »Schraubenflieger«, »Schlagflügelapparate«, »Drachenflieger« und vieles mehr. Sogar ein Namensvetter von mir ist mit dabei: Einen »Flugapparat mit bei Beugestellung der Arme bewegten Flächen« hat er erfunden. Doch jener Herr Brandl hat sich mit seiner Idee nicht durchsetzen können – genauso wenig wie die allermeisten der Patenthalter. Zeppelin aber hat Luftfahrtgeschichte geschrieben. Er hat das, was als Idee funktionierte, in die Realität umgesetzt.

Wie hat er das gemacht? Es war sicher nicht so, dass er an einem Tag eine Idee gehabt hatte, am nächsten seinen Zeppelin baute und am übernächsten Tag ihm alle zujubelten und er sich in seinem Erfolg sonnen konnte. Nein, der Weg war viel länger und beschwerlicher. Erst einmal musste er Geldgeber finden und sie überzeugen – ein mühsames Geschäft. Für den Bau seines ersten Luftschiffes brauchte er 1 Million Mark an Kapital. Kaiser Wilhelm II. hatte gerade mal 6000 Mark Zuschuss übrig – dafür aber als »Bonus« das Urteil, Ferdinand von Zeppelin sei einer der »Dümmsten aller Süddeutschen«. Auf offener Straße wurde er verlacht. Zuspruch und Motivation sehen anders aus. Dann suchte er Lieferanten für die Zeppelinhülle, den Motor und tausend andere Dinge. Dazu kam, dass er noch eine Montagehalle brauchte, in der die 128 Meter lange »Zigarre« zusammengebaut werden und von wo aus sie starten konnte. Bis er alles beisammen hatte, vergingen Jahre. Eine Herkules-Aufgabe.

Aber er ist den Weg gegangen. Schritt für Schritt.

Urknalltheorie

»Eine Reise von tausend Meilen beginnt mit dem ersten Schritt.« Diesen Spruch hast du schon tausendmal gehört. Und doch ist er wahr. Selbst die besten Ideen, die größten Vorhaben brauchen eine allerallererste Bewegung, die sie in die Tat umsetzt. Das, was sich zuerst nur im Kopf abspielt, muss irgendwann in die Realität gebracht werden. Nur träumen und visionieren hilft nichts. Irgendwann muss es einen Zeitpunkt geben, zu dem aus der Idee die Tat wird. Genau das ist der erste Schritt.

Zum Beispiel die deutsch-französische Partnerschaft. Die begann ja nicht damit, dass Adenauer und de Gaulle im Januar 1963 einträchtig zusammen an einem Tisch saßen und den Freundschaftsvertrag unterschrieben. Das war ganz sicher nicht der erste Schritt. Im Gegenteil: Die Situation war geprägt von tiefem Misstrauen und Vorbehalten. Aber es gab eben auch ein Ziel. Davor lag die Terminabsprache, wann die beiden Staatsmänner zusammenkommen würden. Noch davor lag das Aushandeln der Paragrafen in diesem Vertrag. Und so weiter. Du kannst dir diesen Prozess rückwärts denken, bis du an die eigentliche Initialzündung kommst. Ganz am Anfang stand vielleicht, dass Adenauer, der die Idee eines Abkommens zwischen Deutschland und Frankreich schon lange im Kopf hatte, zum Telefon griff, um seinen Staatssekretär Globke anzurufen und ihm sein Vorhaben mitzuteilen.

So wie du ein Wollknäuel aufwickeln kannst, bis du an den Anfang des Fadens gekommen bist, kannst du jedes Geschehen bis zum allerersten Schritt zurückverfolgen. Genauso machen es die Wissenschaftler mit dem Urknall. Sie gehen davon aus, dass er irgendwann einmal vor etwa 13,7 Milliarden Jahren stattgefunden hat. Astronomen und Physiker rund um den Globus forschen darüber, wie es zum großen Knall kommen konnte. Sie tasten sich am Zeitstrahl zurück in die Vergangenheit und kommen dem eigentlichen Ereignis immer näher. Anfangs ging es noch darum, nachzuvollziehen, was in den ersten 300 000 Jahren nach dem Big Bang geschah. Im Vergleich zu den 13,7 Milliarden Jahren, die seit dem Urknall vergangen sind, ist das ein Fliegenschiss. Dann kam man auf ein paar hundert Jahre heran.

Mittlerweile berechnen sie, was in den ersten 10^{-33} Sekunden (das sind 0,000.000.000.000.000.000.000.000.000.000.001 Sekunden) der Welt geschah. Und immer noch gibt es Rätsel auf, was *davor* war. Was war wirklich der Beginn?

Keine Sorge, du musst nicht das Weltall neu erfinden. Es geht um dein Leben, nicht um die Milchstraße. Bleiben wir im alltagstauglichen Bereich: Was muss passieren, damit eine Idee, ein Vorhaben, ein Plan wirklich in die Tat umgesetzt wird? Denn das ist es ja, was »der erste Schritt« bedeutet.

Natürlich musst du als Erstes eine Idee haben. Du musst wissen, wo die Reise für dich hingehen soll. Schauen wir uns noch einmal deine Idee oder dein Vorhaben an. Sie sind nichts anderes als positive Zukunftsvisionen. Das heißt: Du stellst dir etwas vor, das dein Leben schöner oder besser machen wird, als es in der Gegenwart ist. Denn niemand auf der Welt handelt ja in dem Wunsch, es hinterher schlechter zu haben. Selbst wenn einer sich scheinbar verschlechtert, zum Beispiel, indem er ein großes Auto gegen ein kleineres eintauscht, wird dieser Tausch für ihn unterm Strich einen positiven Effekt haben. Die Spritkosten sinken, er kann leichter in seine Garage einparken oder was auch immer.

> **Was für den einen lang erstrebte Glückseligkeit ist, ist für den anderen der blanke Horror.**

Die Bewertung dessen, was eine Verbesserung ist, hängt von jedem Einzelnen ab und kann sehr unterschiedlich ausfallen. Heiraten, Haus bauen, Kinder bekommen – was für den einen lang erstrebte Glückseligkeit ist, ist für den anderen der blanke Horror. Das Fiese ist, dass uns gar nicht so hundertprozentig bewusst ist, was wir wirklich als gut empfinden oder wovor wir Angst haben. Und dann spielt dir dein Unterbewusstsein einen Streich.

Was du persönlich für gut für dich hältst, bestimmt also darüber, welche Ideen du hast. Damit du mit deiner Idee Erfolg hast, musst du dir noch im Vorfeld, also bevor du sie in die Tat umsetzt, gut überlegen, auf was genau du dich da einlassen willst. Zwei Sicherheitschecks gibt es, die du unbedingt durchführen solltest.

Check Nummer eins: Denke darüber nach, was das Erreichen deines Ziels tatsächlich für dich bedeuten wird. Hört sich selbstverständlich an, aber gerade in dieser Phase, bevor der erste Schritt überhaupt gemacht ist, passieren oft schon die ersten schweren Fehler.

Was dabei herauskommt, wenn einer einfach losläuft, ohne seine Zukunftsvision genügend auszuleuchten, habe ich am eigenen Leibe erfahren. Ich wollte große Flugzeuge fliegen. Aber ich habe nicht darüber nachgedacht, wie das ist, wenn ich den Pilotenschein tatsächlich in der Tasche habe. Jahrelang habe ich mich darauf konzentriert, wie es ist, wenn ich Linienpilot *werde*. Leider hatte ich mir gar keine Vorstellung davon gemacht, wie es ist, Linienpilot zu *sein*. Der Effekt war, dass ich mich zwar wie ein Schneekönig gefreut habe, als ich endlich die Pilotenlizenz in der Tasche hatte, drei Monate später den Beruf aber wieder aufgegeben habe, weil die Aussicht auf die nächsten dreißig Jahre mich zu Tode langweilte.

Dass deine Zukunft besser aussehen wird, wenn du deinen Plan in die Tat umgesetzt hast, ist nur eine der Voraussetzungen, die er erfüllen muss. Sie reicht aber nicht aus. Denn dann würdest du ja vielleicht auf den Gedanken kommen, als Cliff Diver dein Geld zu verdienen. Von Red Bull gesponsort würdest du um die Welt reisen. Australien, Hawaii, Azoren, Osterinseln, … Toll! Du kletterst in Acapulco auf den 26 Meter hohen La-Quebrada-Felsen oder auf die 28 Meter hohe Falkensteinwand in St. Gilgen in Österreich und springst vor den Augen der Zuschauer mit 90 Stundenkilometern ins Wasser. Mit einem Werbevertrag wirst du reich und berühmt. – Dumm nur, wenn du gar nicht schwimmen kannst.

Jede Entscheidung ist mit einem Risiko verbunden, mit einem Preis, den du zahlen musst. Du musst abschätzen: Steht der Preis in angemessenem Verhältnis zum potenziellen Gewinn oder nicht? Was nutzt es dir, wenn die Zukunft noch so erstrebenswert ist, der Weg dahin aber viel zu risikoreich ist?

Gut, dass in deinem Gehirn eine Notbremse eingebaut ist, die dich daran hindert, solche Ideen in die Tat umzusetzen: Vor den größten Dummheiten hält dich dein Unterbewusstsein ganz von allein zurück. Es schadet aber nichts, sich bewusst mit einer Kosten-Nutzen-Analyse oder einer Risikoabschätzung zu befassen. Ich bin sicher, dass Graf Zeppelin ganz gut die Risiken abschätzen konnte, die er einging. Er wusste, dass ihm der finanzielle Ruin drohte, Schwierigkeiten mit der Familie, der totale Misserfolg. Aber das ist es ihm wert gewesen.

Neben den Bedingungen, dass deine Idee dich auch wirklich an einen besseren Ort bringt und dass ihre Durchführung keine zu großen Risiken birgt, gibt es noch eine weitere Frage, die sich vor dem ersten Schritt stellt: Glaubst du, dass dein Plan auch tatsächlich durchführbar ist?

Brot und Wein

Die Lage im Kongo ist zum Heulen. Das Land ist immens reich an Bodenschätzen, und trotzdem sind seine Einwohner die ärmsten der Welt. Im Human Development Index der Vereinten Nationen aus dem Jahr 2011 liegt die Demokratische Republik Kongo auf dem letzten Platz. Darunter geht nichts mehr. Über 70 Prozent der Kongolesen leben in absoluter Armut, vier von fünf sind unterernährt, und nur ein Viertel der Kinder geht zur Schule.

Es haben sich schon viele die Zähne daran ausgebissen, die Lage für die Kongolesen zu bessern. Politische und kirchliche Organisationen, Wirtschaftsförderer und so weiter. All ihre Bemühungen wirken wie ein Tropfen auf dem heißen Stein. Denn gegen die Verhältnisse in diesem Land ist bisher noch niemand angekommen. Niemand hat die Dinge nachhaltig ändern können. Diejenigen, die aus dem Unglück der Bevölkerung ihren Wohlstand ziehen, sitzen seit 500 Jahren am längeren Hebel. Also: Ist eine Besserung möglich. Glaubst du das?

Wenn ja, dann kannst du aktiv werden. Spenden, hinfahren und helfen – was du willst. Wenn du aber sagst: »Da ist sowieso Hopfen und Malz verloren« und »von jedem Euro, den ich spende, wandern 100 Cent in die Tasche von irgendeinem Aasgeier«, dann hat es keinen Sinn für dich, dich zu engagieren.

Ich glaube natürlich nicht, dass es prinzipiell aussichtslos ist, Konflikte und Missstände in Krisengebieten lösen zu wollen. Es gibt schließlich genug Beispiele für Auseinandersetzungen, die beigelegt wurden. Nordirland war vor nicht allzu langer Zeit noch ein mörderisches Pflaster. Aber die Kontrahenten sind müde geworden. Ende Juli 2007 beendete die britische Armee nach 38 Jahren ihren Einsatz in Nordirland und die paramilitärischen Organisationen – Katholiken wie Protestanten – erklärten den Gewaltverzicht. Klar, manchmal spinnen auch heute noch ein paar Unbelehrbare herum und versuchen, die wachsende Anzahl der Friedfertigen zu provozieren. Doch Belfast war schon lange nicht mehr in den Schlagzeilen.

> **Ein paar Unbelehrbare spinnen auch heute noch herum.**

Auch Deutschland und Frankreich bieten so ein Beispiel. Beide Nationen sind heute die großen Player in Europa, sorgen für wirtschaftliche Stabilität und tragen die europäische Gemeinschaft auf den Schultern. Mitterrand und Kohl, Merkel und Sarkozy haben Freundschaften auf politischer Ebene gepflegt, jede größere Gemeinde oder Stadt in Deutschland ist stolz auf eine französische Partnergemeinde. Lindau am Bodensee pflegt beispielsweise zu Chelles östlich von Paris eine geschätzte Partnerschaft. Und all das, obwohl die Geschichtsbücher voll sind von Kriegen, obwohl allein die Nennung des Namens Verdun einem heute noch Grausen bereitet. Ja, Konflikte sind lösbar. Und es braucht Menschen, die daran glauben.

Diejenigen, die nicht aufhören wollten, daran zu erinnern, dass die Teilung Deutschlands sowohl in der Verfassung der DDR als auch im Grundgesetz der Bundesrepublik als Provisorium gedacht war, wurden ausgelacht. Leute wie Axel Springer, Franz Josef Strauß, Theo Waigel, Helmut Kohl haben dennoch weiter an die Machbarkeit einer Wiedervereinigung geglaubt. Auf einmal war die Mauer weg.

Wenn du nicht an die Machbarkeit glaubst, wird es nie einen ersten Schritt geben. Wie sollst du ihn auch machen, wenn du dir nicht vorstellen kannst, wie es geht!

Meistens fehlt es nur an Durchsetzungswillen. An der Erkenntnis, dass man selbst es ist, der das Heft in der Hand hat. Wer sich nur als Opfer der Umstände sieht, kommt nicht auf die Idee, dass er die Dinge ändern kann. Meiner Erfahrung nach geht es zum Beispiel vielen Mitgliedern der Bäckerinnung so.

> Wenn ich Schrott haben will, dann nehme ich den für 13 Cent und nicht den für 17 Cent.

Die Bäcker sind ein schwer gebeutelter Berufsstand. Um kostengünstiger produzieren zu können, greifen sie auf vorgefertigte Teiglinge aus Polen oder der Ukraine zurück. Die werden aus der Tiefkühlkammer geholt, in den Ofen gesteckt und voilà – da ist es, das Sonntagsbrötchen. Oder es kommen nur noch Fertigbackmischungen mit Zutaten von Boehringer Ingelheim in die Backstube. Die werden mit Wasser angerührt – dann hat der Bäcker wenigstens noch einen Teig in den Händen. Kostengünstiger ist das, aber mit den Preisen der Billig-Ketten kann unser Bäcker deswegen noch lange nicht mithalten. Aber warum wundert sich so ein Bäcker dann darüber, dass seine Kunden beim Discounter kaufen? Ist doch alles derselbe Schrott. Wenn einer Schrott haben will, dann nimmt er den für 13 Cent und nicht den für 17 Cent. Und die, die handwerklich gefertigte Brötchen für 42 Cent das Stück kaufen, kommen sowieso nicht mehr. »Was soll ich denn machen?«, jammert dann der Teigling-Bäcker.

Es gibt ja auch noch andere Möglichkeiten. Es gibt immer eine Alternative. Eins ist klar: In einer Preisschlacht kann kein Bäcker gegen einen Discounter gewinnen. Also müssen die Bäcker das bieten, was der Discounter nicht kann: Handwerk zum Beispiel. Bäckereien wie die Fidelis-Bäckerei im Allgäuer Wangen machen es vor. Hier wird nur handwerklich gebacken. Das ist zwar aufwendiger, als Packungen von Bäko aufzureißen, aber es lohnt sich. Plötzlich hast du Brötchen in der Tüte, die du eben nicht genauso in Hamburg, München oder

Castrop-Rauxel kriegst. Und beim Fidelis-Bäck stehen die Kunden Schlange vor der Tür. Ich weiß das, denn ich stehe da auch oft an.

Die deutschen Winzer sind den Bäckern da schon 15 Jahre voraus. Noch in den Achtzigern haben sie kaum etwas anderes als Plörre hergestellt. Damals war deutscher Wein noch der Inbegriff des Massenweins. Riesling edelsüß, manchmal mit ein bisschen Extra-Süße aus der Fabrik aufgemotzt, beherrschte die Szene. Die Großabnehmer der Winzer waren Aldi und Tengelmann. Es gab ein paar gute Gewächse, aber das waren die Geheimtipps, an die du kaum herangekommen bist. 1985 fegte dann der Glykol-Skandal über die deutsche und österreichische Weinlandschaft hinweg. Als österreichische Weinpanscher aus Angst vor Beschlagnahmen ihren Wein in die Kanalisation schütteten, brachen die Kläranlagen zusammen. Das war der Tiefpunkt.

Dann war da auf einmal eine ganz neue Winzergeneration. Die hatten die Idee von richtig guten Weinen aus Deutschland. Sie besannen sich auf das handwerkliche Können und die gewachsenen Traditionen. So wie es schon hundert Jahre zuvor einmal war, als deutsche Rieslinge die teuersten Weißweine der Welt waren. Diese neuen Winzer waren überzeugt davon, dass es möglich ist, auf ihren Böden auch etwas ganz anderes als »Liebfrauenmilch« und »Rüsselheimer Schädelspalter« zu produzieren. Natürlich gibt es auch heute noch anonyme Massenabfüllungen. Aber parallel dazu hat sich eine Weinszene herausgebildet, die auf intensive Pflege im Weinberg und ausgefeilte Kellertechnik setzt. Der größere Aufwand und die geringeren Erträge werden durch die höheren Preise, die sich am Markt erzielen lassen, aufgefangen. Aber eben auch durch sensationellen Geschmack.

Was hatte die Umkehr in der deutschen Weinlandschaft gebracht? Es war der Leidensdruck. Um eine Idee wahr werden zu lassen, braucht es neben dem Glauben an die Machbarkeit auch ein starkes Wollen – oder eben einen starken Leidensdruck.

Wenn einer nicht will, dann ist der Leidensdruck noch nicht groß genug. Messis in vermüllten Wohnungen haben zu wenig Leidensdruck. Die finden das zwar sicher nicht gemütlich, aber unumgänglich, jeden Joghurtbecher aufzubewahren. Wenn Mütter ihren 35-jährigen Söhnen immer noch die Hemden bügeln, ist da schlicht zu wenig Leidensdruck, um endlich mal zu sagen: »Steh gefälligst auf deinen eigenen Füßen!« Leider ist das oft selbst bei Mobbing so. Die Gemobbten leiden wie verrückt, manche lassen sich jahrelang durch mieseste Niederträchtigkeiten quälen. Aber warum auch immer, irgendetwas lässt nicht zu, dass der Leidensdruck so groß wird, dass sie dem Mobber eins auf die Nase geben, sich an eine der zuständigen Sozialstellen wenden oder sich zumindest auf die Suche nach etwas Neuem machen. Sie alle machen nicht den ersten Schritt, der sie aus einer unerträglichen Gegenwart in Richtung einer besseren Zukunft bringen würde.

Ich habe bereits von Kodak erzählt. Die haben die erste Digitalkamera als Prototypen vor allen anderen Konkurrenten in den Händen gehalten. Warum haben die dieses Ding nicht gebaut? Offensichtlich war auch hier kein ausreichender Leidensdruck da. Kodak war mit seinen Kleinbildkameras, Diafilmen und Videokassetten Spitze am Markt. Als sie merkten, dass sie untergehen, war es viel zu spät. Der Digitalkamera-Zug war abgefahren.

Das Gegenstück zur Kodak-Geschichte ist der italienische Autobauer Fiat. Anfängliche Erfolge machten Fiat zum größten europäischen Automobilhersteller. Doch dann mussten sie ein jahrelanges Dahinsiechen durchleiden. Mit ihrem Slogan der Siebzigerjahre »Fiat – jede Größe, jede Leistung, von 18 bis 180 PS« stolperten sie von einer Krise in die nächste. Der Versuch, mit dem Fiat Chroma in der Oberklasse Fuß zu fassen, scheiterte kläglich. Die Kompaktwagen Bravo und Brava waren Ladenhüter. Endlich besann sich Fiat auf seine Stärke als Kleinwagen-Spezialist: Mit der Neueinführung des Fiat 500 und der Wiederbelebung der Panda-Modellreihe schafften sie den Turnaround. Indem sie sich auf ihre Stärken besannen, kehrten sie zu ihrer alten Kompetenz zurück. Hier war der Leidensdruck groß genug gewesen, um endlich in die Gänge zu kommen.

Wie sieht es mit deinem Wollen und deinem Leidensdruck aus? Gar nicht so einfach, sich darüber klar zu werden.

Paint the pain

Menschen halten viel aus. Sie leben in unerträglichen Beziehungen oder auch an Orten, wo niemand sein will. Wie ist es möglich, dass jemand in einer aussterbenden Gegend wohnen bleibt, in der es zwar billigen Wohnraum, aber keine Jobs gibt? Der Letzte macht das Licht aus. Doch anstatt die Koffer zu packen und woanders neu anzufangen, bleibt er dort, wo er ist. Lebendig begraben. Lieber von der Hand in den Mund leben, als ins Unbekannte aufzubrechen. Um den Leidensdruck gering zu halten, werden Menschen zu wahren Lebenskünstlern.

> **Lebendig begraben.**

Egal ob dein Motiv Leidensdruck oder ein unbändiges Wollen ist – es kommt immer dann zum Vorschein, wenn sich deine Gegenwart und die Zukunft, so wie du sie gerne hättest, deutlich voneinander unterscheiden. Um diesen Unterschied zu visualisieren, gibt es eine altbewährte Methode. Als Erstes machst du dir Notizen über dein jetziges Leben. Mit der folgenden Tabelle ist das einfach. Sie listet verschiedene Lebensbereiche auf, die du auf das eventuelle Missverhältnis zwischen Wunsch und Realität abklopfen solltest. Weil es keine allgemeingültigen Prioritäten gibt, habe ich die Themen hier alphabetisch aufgeführt – für den einen ist eben der Kontostand das Allerwichtigste, für den anderen Beruf oder Freizeit.

Arbeitszeiten
Beruf
Freizeit
Hobbys
Kinder
Klamotten
Kontostand
Partnerschaft
Tagesablauf
Urlaub
Wohnsituation
Freundeskreis

Für jeden einzelnen Punkt auf dieser Liste beantwortest du dir die Frage: Wie ist der *Ist*-Zustand? Mach dir bewusst: Ist es okay oder katastrophal? Um vier Uhr aufstehen, damit du um halb sechs am Flughafen bist – und das dreimal in der Woche: Ist das dein perfekter Tagesbeginn? Übst du deinen Beruf mit Leidenschaft, Stolz und Motivation aus? Geht es dir wie den Arbeitern bei Porsche, die richtig Lust auf ihr Produkt haben? You must love what you do. Sonst ist das nix.

Natürlich wirst du nie erreichen, dass es in jedem einzelnen dieser Lebensbereiche für dich perfekt läuft. Es *muss* ja auch nicht perfekt sein. Aber es muss so sein, dass du damit leben kannst. Wirklich leben, und nicht scheintot herumlaufen.

Jetzt kommt Schritt zwei: Du stellst dir vor, es würde in zehn oder zwanzig Jahren noch genau so aussehen. Du bist zwanzig Jahre älter. Aber sonst ist alles gleich geblieben. Du wohnst im selben Haus. Hast denselben Job, denselben Tagesablauf. Nichts hat sich geändert. Wie fühlt sich das an für dich?

Meiner Erfahrung nach reagieren Menschen auf dieses Gedankenspiel absolut radikal: Entweder sagen sie: »Das wäre schön!« Oder sie brechen in blanke Panik aus. Eine »Na ja, passt schon«-Reaktion gibt es nicht.

Auch Unternehmenslenker können diesen Test machen – für ihr Unternehmen. Egal ob Ich-AG oder Welt-Konzern. Da sind dann natürlich andere Themenfelder, die abgeklopft werden: Arbeitsbedingungen, Einkauf und Verkauf, finanzielle Bilanz, Technologie, Rendite, Eigenkapital, Nachhaltigkeit usw. Was heute in Ordnung ist, wäre das in zwanzig Jahren genug? Wenn nicht, werden sie handeln müssen. Von alleine geht das nicht.

Ich hätte es gerne, wenn auch Bundesländer diesen Selbstversuch wagten: Die Berliner zum Beispiel sind unheimlich stolz auf ihren Laissez-faire-Nonkonformismus. Doch finanziell sieht es seit Jahrzehnten immer klamm aus – schon aus Tradition. Denken die Berliner nun: »Kann alles so bleiben, wir kommen ja ganz gut zurecht«? Ich hoffe nicht, dass es ihnen egal ist, ob sie auch noch in zwanzig Jahren Top-1-Empfänger des Länderfinanzausgleichs sind. Oder ist das etwa ihr Selbstverständnis? Sind sie wirklich zufrieden damit, mit Jahr für Jahr sinkendem Kassenstand Schlusslicht zu sein? Erst der Leidensdruck (die Geber-Länder zahlen nicht mehr) oder das Wollen (wir haben keine Lust mehr, das Problemkind zu sein) – oder beides zusammen – wird sie zum Handeln zwingen. Noch aber sind sie top darin, ihren Leidensdruck zu kaschieren. Mit Glanz und Glitter, mit »tollen« Projekten und mit idiotischen Selbstbeweihräucherungen wie »arm, aber sexy«.

> **Noch sind sie top darin, ihren Leidensdruck zu kaschieren.**

Was du bis hierher gelesen hast, bezieht sich auf das, was in deinem Kopf stattfindet. Du hast eine Idee, machst den Risiko- und den Realitäts-Check. Du findest auch, dass dein Ziel durchaus erreichbar ist. Und du hast die Motivation, ins Handeln zu kommen – entweder aus freiem Willen oder durch nicht mehr erträglichen Leidensdruck. Damit ist für deine Idee der Boden bereitet, aus der Gedankenwelt in die Realität zu kommen. Für dich heißt das: endlich den ersten Schritt zu machen.

Eins, zwei, drei im Trippelschritt

In einem Seminar erzählte mir Ollie von seiner Vision: Er wollte einmal in seinem Leben mit seiner Traumfrau Samantha Fox zu Abend essen. Du musst das nicht verstehen, aber von ihm war das nicht nur so dahingesagt, keine Kleine-Jungens-Laune. Sondern wirklich und tatsächlich sein Lebenstraum. War das eine Schnapsidee? Nein. Alles passte. Ihm wäre es wirklich besser gegangen, wenn er sein Ziel erreicht hätte. Es lag auch bestimmt kein großes Risiko darin, mit Samantha an einem Tisch zu sitzen, jedenfalls nicht, solange ihr Leibwächter nichts dagegen hatte. Prinzipiell machbar war es auch – oder was ist so Besonderes daran, wenn zwei Menschen gemeinsam zu Abend essen? Und Ollies Wille, seinen Traum wahr werden zu lassen, war sehr, sehr stark.

Ich fragte also Ollie: »Wie willst du das machen?« Er zuckte nur mit den Achseln. Viel Fantasie hatte er nicht.

Ich fragte weiter: »Was steht zwischen dir und deinem Ziel? Was musst du machen, um dorthin zu kommen?«

Es zeigte sich, dass Geld für ihn nicht das Problem war. Er hätte sich sofort in ein Flugzeug nach Los Angeles setzen und dort für zwei, drei Wochen ein Hotel nehmen können. Dann berieten wir, wie er mit Frau Fox ins Gespräch kommen könnte. Das war schon viel kniffeliger. Aber lösbar. Allerdings fiel uns in diesem Moment auf, dass wir ein großes Problem übersehen hatten: Ollie konnte kein Englisch. Es hätte es ihm also gar nichts genutzt, mit seiner Traumfrau gemeinsam am Tisch zu sitzen. Er hätte dagesessen wie ein Karpfen und nicht mit ihr sprechen können. Alles wäre umsonst gewesen.

Also zurück auf Anfang: erst einmal Englisch lernen. Was muss jemand tun, der eine Sprache lernen will? Er muss in Erfahrung bringen, wo und mit wem er das macht. Ollie war vierzig, für Schule war es also schon zu spät. Bei ihm um die Ecke hatte aber die Volkshochschule eine Niederlassung. Die bieten Kurse für Anfänger an. Also musste er sich informieren, wann diese Kurse anfangen.

Aus der Frage: »Wirst du aus deinem Sessel aufstehen, dich ins Auto setzen und zum Flughafen fahren, dich längere Zeit in Los Angeles aufhalten, um herauszufinden, wie man mit einem Star in Kontakt kommt, Zeit, Geld und Geduld investieren, bis sich ein Gespräch mit jemandem ergibt, der mit Sicherheit viel Mühe darauf verwendet, eben *nicht* von jemandem wie dir angequatscht zu werden?« ist auf einmal eine ganz andere geworden: »Wirst du aus deinem Sessel aufstehen und das VHS-Programm bestellen?«

Ollies erster Schritt zu einem Date mit Samantha Fox ist also gewesen: zum Telefon oder zum Laptop zu greifen und sich ein VHS-Programm zuschicken zu lassen. So ein Schritt überfordert niemanden. Skeptiker werden jetzt sagen: Ollies erster Schritt hat ihn noch lange nicht an sein Ziel gebracht. Stimmt. Aber gar kein Schritt erst recht nicht.

Ich weiß nicht, ob Samantha und Ollie sich je kennen gelernt haben, aber ich würde sagen: So wie ich Ollie kenne, hat er das bestimmt geschafft!

Indem du ein großes Vorhaben in kleine Tätigkeitsblöcke herunterbrichst, machst du es dir leicht, ins Handeln zu kommen. Wenn du das nicht tust, schreckst du vor dem ungeheuren Berg an Aufgaben zurück und machst lieber gar nichts. Dann bleibt der Traum für immer eine Vision.

Wenn auf deinem Schreibtisch seit Tagen ein Fachbuch liegt, das du unbedingt lesen musst, das aber furchtbar langweilig ist und es dir schon beim Gedanken daran Tränen der Müdigkeit in die Augen treibt – dann gibt es zwei Möglichkeiten: Du schiebst es immer weiter vor dir her. Oder du nimmst dir vor, jeden Tag nur sechs Seiten zu lesen. Sechs Seiten, das schaffst du.

> **Jeden Tag sechs Seiten – das schaffst du.**

Du kannst jede Tätigkeit auf 15-Minuten-Arbeitsblöcke herunterbrechen. Die Entscheidung ist also nicht, ab heute jeden Tag zwei Stunden joggen zu gehen. Fang lieber mit 15 Minuten alle drei Tage an. 15 Minuten – so lange sitzen manche auf dem Klo. Eine Viertelstunde muss drin sein. Aber die ziehst du dann auch wirklich durch. Dann gibt es keine Entschuldigung mehr. Weder Schnee und Eis noch dringende andere Termine noch Lustlosigkeit. Die Zeit aufstocken kannst du später immer noch. Wenn du aber nicht bereit bist, die sechs Seiten zu lesen, die 15 Minuten zu joggen oder den Englischkurs zu buchen, dann streiche das Ziel von deiner Agenda. Hör auf, dir etwas vorzumachen.

Oder stell dir vor, du isst jeden Tag eine halbe Tafel Schokolade. Für dich ist das reine Nervennahrung. Aber du willst abnehmen. Dann nimm dir nicht vor, nie wieder zur Schokolade zu greifen. Dann ist die Gefahr eines Rückfalls zu groß. Entscheide dich, nur noch jeden zweiten Tag Schokolade zu essen. Mit der Gewissheit, dass du morgen ja wieder zugreifen darfst, ist das machbar. So sparst du im Monat siebeneinhalb Tafeln Schokolade. Das sind über 4000 Kalorien, die du im Monat nicht zu dir nimmst. 50 000 Kalorien im Jahr. Rein rechnerisch sind das 6,5 Kilo Fett, die du dann weniger mit dir herumschleppen würdest.

Auch die Winzer in Deutschland haben nicht über Nacht ihre Weinberge abgeholzt und neue Rebsorten angepflanzt. Warum auch? Sie haben einen Weinberg nach dem anderen umgestellt. Erst mal einen, dann haben sie geschaut, ob sie Erfolg haben. Dann die nächsten.

Der Trick beim Losgehen ist also: Für den ersten Schritt eine Schrittlänge wählen, die dich nicht davon abhält, überhaupt loszulaufen. Ob ein Meter zwanzig oder drei Zentimeter Schrittlänge – Hauptsache, dein erster Schritt bringt dich deinem Ziel näher. Und darum geht es doch, oder? Im Trippelschritt erleichterst du dir also die Entscheidung, dich auf den Weg zu machen. Die Erfahrung lehrt, dass der zweite Schritt schon viel einfacher ist als der erste. Und ab dem dritten geht es fast schon wie von selbst.

Manchmal kommst du auf dem eingeschlagenen Weg aber auch an Weggabelungen. Jetzt geht es nicht mehr um die Entscheidung, ob du dich auf den Weg machst oder nicht. Sondern um die Entscheidung: links oder rechts?

Ein bisschen schwanger

Fliegen kann jeder. Aber Starten und Landen nicht. Das sind die kritischen Momente eines Fluges. Hier müssen jede Menge Entscheidungen getroffen werden. Wenn du erst einmal in der Luft bist, geht das Fliegen fast von alleine. Du darfst nur keine abrupten Steuerbewegungen machen. Das ist alles. In der kurzen Zeit des Starts geht es dagegen in einem Flugzeug vergleichsweise hektisch zu.

Stell dir vor, du bist Pilot eines Passagierflugzeugs. Nach der Startfreigabe durch den Tower drückst du das Steuerhorn nach vorne und gibst Gas. Durch die Beschleunigung werden alle Insassen in ihren

Sitz gedrückt. Deine Maschine wird schneller und schneller. Irgendwann auf der Startbahn meldet dir dein Copilot, der den Geschwindigkeitsmesser im Auge hat: »V1«. Das ist die »critical engine failure recognition speed« oder auch »takeoff decision speed«. Sie ist vom Flugzeugtyp abhängig, aber auch von der Länge der Startbahn und ein paar anderen Parametern. V1 ist die Geschwindigkeit, bis zu der du entscheiden kannst, ob du wirklich abheben oder den Start abbrechen willst. Unterhalb von V1 kannst du noch bremsen, ohne dass es dich in die Büsche haut. Sobald du von deinem Copilot das »V1« gehört hast, geht das nicht mehr. Der Rest der Startbahn reicht nicht mehr, um sicher zum Stehen zu kommen. Du musst starten.

Was wir in diesem Kapitel gesehen haben: Du beginnst die Reise zu einem Ziel mit dem ersten Schritt. Diesen ersten Schritt zu machen, ist deine Entscheidung. Um die Entscheidung durchziehen zu können, wählst du deinen ersten Schritt möglichst klein. Wenn du ihn geschafft hast, bist du auf dem Weg und es wird immer einfacher für dich, die nächsten Schritte zu gehen.

Wenn du aber an eine Weggabelung kommst, geht es in der Mitte nicht weiter. Sobald du an so eine Abzweigung kommst, musst du eine noch radikalere Art von Entscheidung treffen. Es heißt nun nicht mehr: Fange ich an oder nicht?, sondern: Links oder rechts?

Wenn du in einem Flugzeug sitzt und es unterhalb der V1 ein Problem gibt, dann musst du in Zehntelsekunden entscheiden, ob du weitermachst oder den Start abbrichst. Du kannst nicht sagen: »Ich roll noch ein bisschen weiter und entscheide dann.«

Das ist der Grund, warum diese Entscheidungen so radikal sind. Einen ersten Schritt kannst du jederzeit aufschieben. Ich möchte dir natürlich nicht raten, mit wichtigen Entscheidungen zu warten. Besser ist heute als morgen. Aber du hast die Möglichkeit. Außerdem steht es dir frei, die Schrittlänge selbst zu bestimmen.

Wenn es aber um Weggabelungen geht, dann ist plötzlich kein Dimmer mehr am Lichtschalter. Da gibt es nur noch: An oder aus? Steuerknüppel hoch oder runter? Dazwischen gibt es nichts. Und wenn du dich einmal entschieden hast, dann gibt es kein Zurück mehr. Solche Entscheidungen sind nicht teilbar. Erst recht nicht in kleine Trippelschritte.

> **Manche Entscheidungen kennen kein Kleingedrucktes.**

Du kannst nicht ein bisschen heiraten. Du stehst vor dem Altar oder beim Standesbeamten und sagst »Ja« oder du sagst »Nein«. Dazwischen gibt es nichts. Du kannst einen Menschen hinhalten, du kannst ihn betrügen. Wenn es aber zum Schwur kommt, kannst du nicht antworten: »Ja, aber mit Sternchen.« Entscheidungen wie diese kennen kein Kleingedrucktes.

Genauso wenig kannst du ein bisschen ein Haus kaufen. Du kannst jahrelang um die Häuser herumstreichen, deinen Makler mit immer neuen Besichtigungsterminen wahnsinnig machen. Aber wenn du beim Notar sitzt, geht es nur noch darum: Unterschreibst du den Kaufvertrag oder nicht?

Ein bisschen Kinder haben; dich ein bisschen operieren lassen; gleichzeitig in Braunschweig und in Aachen leben. All das kannst du nicht. Vielleicht meinst du, man könne ja schließlich auch pendeln. Stimmt. Das kannst du. Aber dann lebst du weder in Aachen noch in Braunschweig.

Bei den wirklich wichtigen Wahlen kannst du dich nicht deiner Stimme enthalten. Wenn du alle vier Jahre deine Stimme zur Bundestagswahl abgibst, wirst du auf dem Stimmzettel kein Kästchen für deine Stimmenthaltung finden. Diese Möglichkeit ist schlichtweg nicht vorgesehen. Wenn der Bundestag den Bundespräsidenten wählt, gibt es zwar die Möglichkeit einer Enthaltung. Weil aber mindestens 50 Prozent der Abgeordneten für den neuen Bundespräsidenten stimmen müssen, würde sie sich wie eine Gegenstimme auswirken. Auch bei einer Abstimmung im Bundesrat werden die enthaltenen Stimmen als Nein gewertet.

Früher hieß es: Wenn es zum Schwur kommt, musst du Farbe bekennen. Wie richtig das ist. Dann gibt es kein Lavieren mehr und kein »Ach ich überleg mir das morgen noch mal genauer«.

Vor Jahren war ich ein starker Raucher. Drei Päckchen Rote Gauloises am Tag. Wenn ich drankam, gerne auch die »Merit«, die es nur in Italien gibt. Meiner Partnerin hat's gestunken. Manchmal kam sie mit einem Buch an, das sie aus meterweise Ratgeberliteratur ausgesucht hatte. Dauernd sah ich Angebote auf der Rückseite von Fernsehzeitschriften, Inserate in der Tageszeitung. Mir war klar, dass das alles pillepalle ist. Denn Aufhören mit dem Rauchen ist so eine Weggabelungs-Entscheidung. Und die kann mir keiner abnehmen.

Ich hörte auf. Von jetzt auf gleich. Ich zelebrierte die letzte Zigarette. Und das war's dann.

Feuerball

V1 markiert den Point of no Return. Oberhalb dieser Geschwindigkeit musst du hoch, ob du willst oder nicht. Auch wenn ein Vogelschwarm in deine Triebwerke fliegt oder eines von ihnen in Flammen aufgeht.

Als Nächstes ruft dein Copilot dir »Rotate« zu, das heißt, die Geschwindigkeit VR ist erreicht. Nun ziehst du die Nase deines Flugzeugs ein wenig in die Höhe, damit das Bugrad abhebt. Sekunden später, wenn das Bugrad schon in der Luft ist, das Flugzeug aber noch am Boden rollt, erreichst du V2. Das ist die »takeoff safety speed«. So schnell musst du werden, um auch mit einem ausgefallenen Triebwerk starten zu können, ohne dass die Luftströmung abreißt. Wenn eines deiner Triebwerke aussetzt und du V1 schon überschritten, V2 aber noch nicht erreicht hast, dann hast du verdammt schlechte Karten. Das ist sehr selten, kommt aber vor. Zum Beispiel am 25. Juli 2000.

Damals fuhr eine Concorde der Air France, Flug 4590, beim Start vom Pariser Flughafen Charles de Gaulle über einen 45 Zentimeter langen Streifen aus Titan, den die zuvor gestartete DC-10 verloren

> **Der Metallstreifen schlitzte den Reifen des linken Fahrwerks auf.**

hatte. Das auf der Startbahn liegende Metall schlitzte einen der Reifen des linken Fahrwerks auf. Reifenteile, die gegen eines der Triebwerke fetzten, bewirkten, dass es Feuer fing. Zu diesem Zeitpunkt hatte die Maschine V1 bereits überschritten. Ein Startabbruch war nicht mehr möglich. Die Maschine musste abheben. Sonst wäre sie mit einem brennenden Tank in den Acker gerumpelt. Man braucht keine Vorstellungskraft, was dann passiert. Der Pilot zog also die Maschine in die Luft. Ein aussichtsloses Unterfangen. Das linke Triebwerkspaar entwickelte keinen Schub mehr und das Flugzeug legte sich asymmetrisch in die Luft. Damit sich eine Concorde in der Luft hält, wären 220 Knoten nötig gewesen. Die Concorde schaffte es an diesem Tag nur auf 205 Knoten. Das Einfahren des Fahrwerks hätte noch einmal mehr Geschwindigkeit gebracht. Aber es ließ sich nicht mehr einfahren. Zur Notlandung im zehn Kilometer entfernten Le Bourget kam es nicht mehr. Denn die Concorde erreichte niemals V2. Und die Insassen der Maschine nicht ihr Ziel New York. Alle 109 Menschen an Bord sowie vier Personen an der Absturzstelle in einem Pariser Vorort kamen ums Leben.

Es ist nicht einfach, die richtige Entscheidung an einer Weggabelung zu treffen. Vor allem nicht, wenn dir der Zeitdruck und das Risiko einer falschen Entscheidung im Nacken sitzt. Chesley B. Sullenberger, der als Pilot den Airbus mit zerstörten Triebwerken im Hudson River vor der Skyline Manhattans landete und allen 150 Passagieren und den fünf Besatzungsmitgliedern des US-Airways-Fluges 1549 das Leben rettete, hat es geschafft. Der Pilot der Concorde nicht.

Du kannst dich also nicht gut genug auf solche Fälle vorbereiten.

KAPITEL 9

Zahltag: Was du dir nicht schenken kannst

»Der Zufall trifft nur einen unvorbereiteten Geist.« LOUIS PASTEUR

Schon beim Start hatte es Schwierigkeiten gegeben – deine Sicht war durch Nebel stark eingeschränkt. Dazu kam noch eine vereiste Startbahn. Trotzdem musstest du deine Maschine starten. Ein Flugzeug in die Luft zu bekommen braucht immer volle Konzentration, aber unter diesen Bedingungen geht die Pulsfrequenz gleich noch ein paar Punkte nach oben. Kurz bevor du genug Geschwindigkeit hattest, um die Nase deines Flugzeugs hochzuziehen, fiel plötzlich eine Kontrollleuchte aus. Doch du hast richtig reagiert: Diese Leuchte war von untergeordneter Bedeutung, also hast du den Start durchgezogen. Sobald du deine Reise-Flughöhe erreicht hättest, würde genug Zeit sein, sich um diese Leuchte zu kümmern.

Aber es wird nicht ruhiger. Auch in den folgenden zwei Stunden hast du kaum eine ruhige Minute. Du kämpfst mit vereisten Tragflächen, musst mit dem dauernden Wechsel der Funkfrequenz zwischen den Bodenstationen klarkommen, mit Fluglotsen, deren Englisch nur schwer zu verstehen ist, Informationen austauschen. Dann die Meldung aus der Kabine, dass einer der Passagiere betrunken ist. Und die ganze Zeit auch Probleme mit einem Triebwerk. Obwohl es noch nie so stressig war wie heute, hast du dich durch nichts aus der Ruhe bringen lassen. Alles im Griff. Noch eineinhalb Stunden. Du freust dich schon auf ein kühles Bier nach der Landung.

Dann auf einmal der Ausfall der Höhenruder-Hydraulik. Schock! Mechanisch versuchst du alles, was du in deiner Ausbildung gelernt hast, um die Kontrolle über das Ruder wieder zu bekommen. Nichts funktioniert. Das heißt, dass du dein Flugzeug zwar noch über Quer- und Seitenruder lenken kannst. Aber du kannst nicht mehr über die Höhenruder die Flughöhe bestimmen. Wie kannst du da landen?

Hastiger Austausch mit der Bodenstation. Die Checks bestätigen, dass die Hydraulik nicht aktiviert werden kann. Du entscheidest, den nächsten Flughafen anzufliegen. Die Höhe kannst du jetzt nur noch über die Triebwerke steuern. Mehr Leistung, der Flieger steigt, weniger Leistung, der Flieger sinkt. Theoretisch sollte das klappen. Praktisch schwitzt du Blut und Wasser. Vor allem, weil du das noch nie gemacht hast.

Der Flughafen leitet alle anderen Flugzeuge um. Du hast freie Bahn. Aber du kommst mit der Steuerung nicht zurecht. Das Flugzeug fliegt sich wie ein Schwamm. Das linke Triebwerk bringt viel mehr Leistung als das rechte. Dadurch hängt das Flugzeug schief. Du versuchst auszugleichen, machst es nur noch schlimmer. Deine Bewegungen werden immer hektischer. Plötzlich merkst du, dass du viel zu langsam geworden bist. Die Luftströmung droht abzureißen. Du versuchst noch, das über die Trimmung auszugleichen, aber es ist zu spät. Der Flieger kippt über die rechte Seite weg, kommt ins Trudeln. Der Boden rast auf dich zu.

> **Du schreist:**
> **»Bullshit! Das war Bullshit!«**

Plötzlich ist die Cockpitscheibe knallrot. Das heißt: Das war's. Touchdown. Unkontrolliert. In der Realität wärst du jetzt tot.

Du reißt die Hände hoch und schreist: »Bullshit! Das war Bullshit!« Die Tür hinter dir öffnet sich und dein Simulator-Instructor schaut rein. Er ist von deiner Reaktion völlig unbeeindruckt. Zu oft hat er so etwas schon erlebt. Nüchtern sagt er: »Ihr nächster Termin ist morgen früh um vier Uhr.«

Als ob

Vier Stunden dauert so ein Flug im Simulator. Hier trainieren Piloten Extremfälle. Hier stellen sie ihre Fähigkeit, auch in schwierigsten Situationen kühlen Kopf zu bewahren und richtig zu handeln, unter Beweis. Im Simulator geht es nicht nur um technisches Können, sondern auch um die Fähigkeit, strukturiert Entscheidungen treffen. Schönwetter-Piloten gibt es viele, die Zahl derjenigen, die in zeitkritischen und komplexen Situationen ruhig Blut bewahren, ist deutlich geringer.

Ein Flugsimulator ist keine Playstation. Da kannst du nicht zwischendurch auf die Pause-Taste drücken und dir einen Kaffee holen. Hier kommst du regelmäßig an deine Grenzen. Du weißt, jedes Mal sind massenweise Gemeinheiten einprogrammiert, und deshalb gehst du schon mit Puls 130 in den Test. Das Schlimmste ist, wenn nichts passiert. Denn das heißt normalerweise, du hast irgendetwas übersehen und gleich fliegt dir alles um die Ohren. Auch wenn du noch so sehr erwartest, dass irgendetwas passiert, es macht dich jedes Mal fertig. Du ackerst und schwitzt und kämpfst. Und trotzdem siehst du manchmal nur noch rot.

Piloten werden systematisch aus- und fortgebildet, auch wenn sie längst ihre Fluglizenz haben, um auf jeden denkbaren Ernstfall vorbereitet zu sein. Jede Belastungssituation, in die sie geraten könnten, wird trainiert. Für all diese Fälle und noch viel mehr gibt es Vorgaben, wie du reagieren solltest. Gut, wenn du weißt, was zu tun ist, wenn dann wirklich einmal ein Triebwerk ausfällt oder ein Passagier verrücktspielt.

Gute Vorbereitung ist die halbe Miete. Deshalb werden auch beim Militär ständig alle denkbaren Szenarien durchgespielt. Nicht nur im Kalten Krieg lagen die Pläne fertig in den Schubladen. Auch heute ist für den Ernstfall vorgesorgt: Wenn China dies tut, reagieren wir mit Plan A. Wenn die Nordkoreaner jenes tun, dann tritt Plan B in Kraft. Und so weiter. Wenn erst einmal der Ernstfall eingetreten ist, ist keine Zeit mehr, sich über mögliche Strategien auszutauschen.

Wie reagieren wir, wenn ein Großbrand unsere Produktionsstätte in Schutt und Asche legt? Was können wir tun, wenn eine stark ansteckende Infektionskrankheit unsere Belegschaft arbeitsunfähig macht? Auch jede Organisation und jede Körperschaft muss ihrer Verantwortung gerecht werden, indem sie sich fragt: Wie können wir verhindern, dass ein Stromausfall das ganze Krankenhaus lahmlegt? Wie werden wir reagieren, wenn ein Zusammenbruch unserer Computersysteme alle Daten über die Rentenansprüche unserer Beitragszahler löscht? Allein die Konfrontation mit solchen Szenarien wirft so manchen Entscheider in Unternehmen aus der Bahn.

Bei den Politikern sieht es noch schlimmer aus. Natürlich wird auch hier vorausgedacht. Gelegentlich. Was passiert, wenn die Generation der Erben plötzlich keine Lust mehr hat, zu arbeiten? Wie schaffen wir es, in einer weltweiten Krisensituation die Versorgung der Bevölkerung mit Lebensmitteln aufrechtzuerhalten? Und dann gibt es Szenarien wie die Euro-Krise. Ist es wirklich nicht vorhersehbar, dass Schulden irgendwann zurückgezahlt werden müssen? Ist es wirklich überraschend, wenn ein Kernkraftwerk von einem Tsunami überrollt wird, wenn das Kraftwerk direkt an der Küste liegt und die Küste nur wenige hundert Kilometer von einer tektonischen Verwerfung entfernt ist? Ich weiß nicht, wann man in der Schule lernt, dass Erdbeben und tektonische Verwerfungen irgendwie zusammenhängen, aber es ist sicher lange vor dem Abitur …

Ein bisschen übertrieben? Kriegsspiele für unterbeschäftigte Manager und Generäle? Ich denke nicht. Ich würde gerne wissen, ob sich die großen deutschen Energieunternehmen vor 2010 jemals die Frage gestellt haben, was sie wohl tun können, wenn die Regierung sie über Nacht zwingt, aus der Atomkraft auszusteigen. Oder ob der Spezialglashersteller Schott sich schon vor ein paar Jahren ausgemalt hat, wie man reagiert, wenn die Chinesen kristalline Photovoltaik-Produkte zum halben Preis auf den Markt werfen. Ich wäre nicht überrascht, wenn sie es getan hätten. Denn das Unternehmen hat sich Anfang 2013 sehr gefasst und sehr strukturiert aus der Photovoltaik zurückziehen können, obwohl sie eine der umsatzstärksten Sparten war.

Es ist nicht nur müßige Spielerei, sondern sehr professionell, sich Horrorszenarien aller Art auszudenken. Was sich die Leute davon versprechen, liegt auf der Hand: Wenn all diese Situationen schon längst durchdacht sind, steht man nicht wie der Ochs vor dem Berg, wenn plötzlich der Ernstfall eintritt. Im besten Fall hat man rechtzeitig Vorsorge treffen können. Oder Strategien entwickelt, die das Ereignis weniger gefährlich machen.

> **Wenn du gut bist, denkst du dir Horrorszenarien aus.**

Auch die meisten kleineren Unternehmen sind nicht viel vorausschauender. Sicher machen sie Zukunftspläne, aber ihre Welt ist ohne Störfälle. Welcher Dachdecker hat sich ernsthaft Gedanken darum gemacht, was er tun wird, wenn sein wichtigster Mitarbeiter abgeworben wird? Oder wenn seine Montagehalle abbrennt? Klar, er hat eine Versicherung. Aber was *tut* er? Wie kommt er mit seinen Kunden, mit seinen Lieferanten ins Gespräch? Was machen seine Mitarbeiter, bis die Arbeit wieder aufgenommen werden kann? Wie wird er neu bauen? Und wo? Tausend Fragen. Wenn er mit ihrer Beantwortung erst dann anfängt, wenn die Asche noch warm ist, verliert er viel Zeit und trifft aus Zeitnot wahrscheinlich die falschen Entscheidungen.

Ich habe einmal einen Workshop mit Gastronomen gemacht. Mit Großgastronomen, die teilweise mehrere Millionen in ihre Betriebe investiert haben, nicht mit dem Besitzer von Bodos Dröhnstube an der Ecke. Egal, wen du fragst, was die größten Bedrohungsszenarien für Gastronomen sein könnten – eine Aussage kommt sofort: Selbst gastronomische Laien kommen auf Anhieb darauf, dass eine Lebensmittelvergiftung zum Beispiel durch Salmonellen ein ziemlich schwer zu verkraftender Schlag wäre. Es sieht vermutlich wirklich dumm aus, wenn plötzlich direkt vor dem neuen In-Restaurant hundert Leute mit einer Salmonellenvergiftung, na du weißt schon …

Und jetzt rate mal, wie viele der Gastronomen auf dem Seminar auch nur ansatzweise einen Notfallplan für so etwas in der Tasche hatten. Wer macht was? Wer muss informiert werden? Welche Ärzte kann ich rufen? Was sage ich der Presse, die sicher bald auftaucht, und wer steht vor den Kameras und Mikrofonen? Auch hier: Fragen, Fragen, Fragen.

Und was machen all die Generäle, Politiker, Unternehmer, wenn sie nach Hause kommen? Bereiten sie sich vielleicht wenigstens im persönlichen Umfeld auf mögliche Super-GAUs vor? Nein, das tun sie nicht. Denn da gibt es etwas, das uns davon abhält, uns beizeiten Gedanken um unsere persönliche Zukunft zu machen. Selbst wenn wir professionell Vorsorge treffen können, wenn es um unsere Verantwortung einem Land oder einem Unternehmen gegenüber geht, sind wir blauäugig, wenn wir in unsere eigene Zukunft blicken.

Rosa Brillen

Sonntag. Ein warmer Sommerabend. Die Vögel singen in den Bäumen. Die Luft ist samtig weich. Obwohl es erst sechs Uhr ist, wird es noch ein paar Stunden hell sein. Ein Abend zum Niederknien.

Ich fahre in meinem Porsche durch mein Viertel, vorbei an den Gärten, in denen sich nach der sommerlichen Hitze des Tages die Familien sammeln, um den Grill anzuwerfen. Hinter allen Zäunen und Hecken Lachen und Rufen. Als ich vorbeifahre, schauen die meisten Männer kurz hoch. Ich lebe auf dem Land. Manche Autos werden hier allein an ihrem Motorengeräusch schon von Weitem erkannt. Ich fürchte, meines gehört dazu. Und ich weiß, dass in manchen Gesichtern jetzt mühsam kaschierter Neid zu sehen ist. »Da fährt er wieder, der Brandl. So gut wie der möchte ich es auch einmal haben«, sagen sie und stochern noch ein bisschen heftiger als zuvor in der Grillkohle herum.

Ich kenne die Menschen in meiner Gegend. Ich habe oft genug mit ihnen geredet und weiß, wie sie ticken. Zwei, drei Kinder, das Haus noch abzubezahlen, da liegt ein Sportwagen nicht in ihrer Reichweite. Wenn ich mit meinem Porsche vorbeirausche, tut ihnen das weh. Sie sehen nur die Zeichen eines Erfolges, haben aber keine Ahnung, was dieser Erfolg mich kostet. Würde mir ja an ihrer Stelle nicht anders gehen.

Was sie nicht auf dem Schirm haben, ist: Ich fahre nicht an einem lauen Sommerabend spazieren, sondern zum Flughafen. Mit der letzten Maschine nach Hamburg. Um 20.30 Uhr im Hotel einchecken. Ein Hotel kann so teuer und gut sein, wie es will, bei 150 Hotelübernachtungen im Jahr gehen einem auch schöne Hotels auf den Keks. Noch

> **Bei 150 Hotelübernachtungen im Jahr gehen einem auch schöne Hotels auf den Keks.**

eine Stunde den nächsten Tag vorbereiten. Schlafen. Um acht beim Kunden auf der Matte stehen, Vortrag vorbereiten. Um neun Seminar. Bis fünf oder sechs. Mit der 21-Uhr-Maschine weiter nach Stuttgart.

Sosehr ich meinen Beruf liebe – ich würde jetzt tausendmal lieber mit ein paar Freunden im Garten sitzen, einen kühlen Wein im beschlagenen Glas, auf dem Grillrost ein paar Steaks. Meinetwegen auch mit einem Corsa in der Garage. Wär mir egal.

So wie meine Nachbarn nicht wissen, wie es bei mir in Wirklichkeit aussieht, habe ich nicht viel Ahnung von ihrem Leben. Ich weiß ja gar nicht, was wirklich hinter den Kulissen los ist. Wer sagt mir denn, dass von den drei Kumpels, die den Fernseher auf die Terrasse gestellt haben, um sich ein Fußballspiel anzuschauen, nicht der eine kurz vor der Privatinsolvenz steht, der zweite Stress mit seiner Geliebten hat und der dritte verzweifelt nach einem Weg sucht, den seiner Frau versprochenen Urlaub auch wirklich von seiner Zeit abzuknapsen.

Von außen sehe ich den Anschein eines glücklichen Familienlebens. Ich wünsche ihnen, dass er der Realität entspricht. Aber sehr wahrscheinlich ist das nicht. Trotzdem hadere ich mit meinem Leben, wenn ich sie im Garten sitzen sehe, während ich keine Freizeit habe. Genauso wie sie auf mich neidisch sind, weil ich in einem schönen Auto sitze. Beide Seiten sehen nur das Schöne.

Merkwürdig, oder?

Auch wenn es um uns selbst geht, sind wir Meister im Schönreden. Es widerspricht zwar der gängigen Erfahrung, aber unser Blick ist immer nur auf die schönen Seiten im Leben gerichtet. Es wird viel gejammert, das stimmt. Aber trotzdem ist es so: Was uns nicht in den Kram passt, blenden wir aus. Stoßen wir auf etwas Unschönes, kommt sofort ein ganzes Bündel an Vermeidungs- und Verdrängungsstrategien zum Tragen.

Schon in der Schule war es so: Um die Fächer, in denen du am schlechtesten warst, hast du dich am wenigsten gekümmert. Es hat einfach keinen Spaß gemacht. Das war nicht attraktiv. An deine Eins in Englisch hast du dauernd gedacht. Darauf warst du stolz und du hast jedem davon erzählt, ob der das hören wollte oder nicht. Aber niemandem hast du auf die Nase gebunden, dass du in Latein kein Bein auf den Boden bekommst. Du hast dir gesagt: »Was soll's! Eine schlechte Note kann ruhig auf dem Zeugnis mit dabei sein. Niemand muss alles können.« Die Strategie: eine Mischung aus Ausblenden und Sich-Zufriedengeben.

Eine weitere Strategie, sich sein Leben schön zu machen: Vertagen. Warum gibt es so wenige Organspender? Es ist einfach unangenehm, darüber nachzudenken. Jede Umfrage ergibt, dass etwa die Hälfte bis zwei Drittel der Deutschen keine Bedenken haben, nach ihrem Tod Organe zu spenden. Warum haben dann nur 17 Prozent einen Spender-Ausweis in der Tasche? »Ach, ich kümmere mich morgen darum.«

> **Eine Kröte wird nicht schöner, wenn du ein besticktes Kissen drauflegst.**

Du kannst Negatives natürlich auch leugnen. So tun, als ob nichts wäre. Wenn einer 25 Kilo Übergewicht hat, kann es passieren, dass er dir allen Ernstes sagt: »Wieso? Ich bin doch nur ein bisschen stämmig.« Oder die Eltern, die über ihr Kind, das sie schon ein paar Mal vom Revier abholen mussten, weil es beim Klauen erwischt worden war, sagen: »Ach, das gibt sich schon wieder. Da ist doch gar nichts dabei!«

Das Problem ist nur: Eine Kröte wird nicht schöner, wenn du ein besticktes Kissen drauflegst.

All dies Vermeiden, Verleugnen, Aufschieben führt zu einer »Alles ist gut«-Einstellung. Mit ihr führst du ein sanftes Leben. Mit einem »Mir wird schon nichts passieren« verbringst du deine Tage auf sehr bequeme Weise. Vielleicht magst du das ja genau so haben.

So zu leben kann lange Zeit gut gehen. Aber wenn dir dann wirklich einmal der eine oder andere GAU ins Haus steht – und glaub mir, der wird kommen –, dann haut es dir den Boden unter den Füßen weg.

Muskelschwund

Gunter Gabriel hat überall gesungen: vor ausverkauftem Haus und vor dem Baumarkt. Im Fernsehen zur besten Sendezeit und im Kaufhaus neben der Dessous-Abteilung. Es gab eine Zeit, da war Gunter Gabriel erledigt. Fertig. Damals sang er für ein bisschen Bares auch in den Wohnzimmern seiner letzten Fans.

In den Siebzigern war er noch ziemlich weit oben gewesen. Mit Hits wie »Hey Boss, ich brauch mehr Geld« bediente er ein Publikum, für das Trucker der Inbegriff der Männlichkeit waren. Er hatte jede Menge Bewunderer und er verdiente viel Geld.

Das Geld war noch schneller weg als die Fans. In den Achtzigern hörte er auf die falschen Freunde und investierte in eines der damals beliebten Steuerspar-Bauherrenmodelle. Er verlor alles. Aus 10 Millionen Mark war ein Berg Schulden geworden.

Seine damalige Frau gab ihm fünf Mark Taschengeld pro Tag. Das war demütigend. Irgendwann hatte sie keine Lust mehr, ihn mit durchzuziehen, und sagte zu ihm: »Geh ans Fließband. Deine Karriere ist zu Ende, kapier das endlich!« Gabriel soff mehr als je zuvor. Prügelte. Lebte zehn Jahre in einem Wohnwagen. Eine Prostituierte nahm sich seiner an, managte ihn, sodass er wieder bessere Verträge bekam. Stück für Stück hat er sich aus dem Dreck herausgearbeitet. Alles war für ihn besser als Hartz IV. Er hat durchgehalten.

Das ist wahr: All die Trucker-Lieder sind nicht von einem Bürschchen gesungen worden, das beim ersten Wind, der ihm ins Gesicht bläst, einknickt und nach seiner Mama ruft. Gunter Gabriel hat gezeigt, dass er etwas ertragen kann. Dass er nicht nur austeilen, sondern auch einstecken kann. Und auch wieder aufstehen.

Resilienz nennt man so etwas neuerdings. Gemeint ist die Fähigkeit, weiterzumachen. Das Tolle daran: Wenn du einmal ganz unten warst und es geschafft hast, dich wieder aufzurappeln, dann weißt du, dass du immer wieder aus der Klemme herauskommen kannst. Egal, was kommt. So ein Gefühl ist das Beste, was dir passieren kann. Kein Geld der Welt kann das kaufen. Um das zu haben, musst du mal richtig unten gewesen sein.

Die Chancen für uns, diese Fähigkeit zu erlangen, stehen schlecht. Schon als Kind wirst du gepampert. Alle Fährnisse des Lebens werden von dir ferngehalten. Mit der S-Bahn zum Geigenunterricht? Kommt nicht in Frage. Mama fährt dich. Stress mit dem Lehrer oder mit den Mitschülern? Die Eltern gehen zum Schuldirektor und regeln das. Taschengeld schon am Dienstag verbraucht? Die Oma hilft aus und steckt was extra zu.

Wenn du immer auf Händen getragen wurdest, kannst du dir gar nicht vorstellen, dass du auch mal hinfallen kannst. Aber so viel ist klar: Du wirst in deinem Leben stolpern. Nicht nur einmal. Weil du Fehler machst oder weil das Schicksal es nicht gut mit dir meint. Das passiert eben. Zum Schock über den Sturz kommt noch etwas: Weil du nie Schmerz kennen gelernt hast, tut es doppelt weh, wenn du dein Knie aufschürfst.

Weil uns immer suggeriert wird, dass alles easy sein muss, haben wir verlernt, die anstrengende Seite des Lebens zu sehen. Wir glauben, auch ohne Belastung durchs Leben gehen zu können. Ohne zu agieren. So wird es uns verkauft. Und so verkaufen wir es uns selbst. Auf dem Weg des geringsten Widerstandes soll es für uns rote Rosen regnen. Wir meinen, wir hätten das verdient. Aber womit denn? Glück als Geburtsrecht?

Wir glauben, mit der richtigen Einstellung würde uns schon alles in den Schoß fallen. Ohne einen Handschlag dafür zu tun. Weil sie so gut zu dieser Lebensauffassung passen, sind ja auch die Erfolgsgurus so beliebt. Du lässt dir von ihnen ein wenig an deinem Selbstbewusstsein herumbasteln, und schon wird aus dir ein Top-Verkäufer, der Spitzensportler oder die perfekte Ehefrau. Aber das funktioniert so nicht. Ich selbst bin der lebende Beweis dafür.

Auch ich habe mich eine Zeit lang als Top-Versicherungsmann gesehen. Ich habe richtig viele Bücher über Erfolg verheißendes Selbstmanagement gelesen, über Power-Mind-Boosting und wie ich durch gezieltes Hirnwellen-Training meine Kreativität, Effektivität und Attraktivität um das Zehnfache steigern könnte.

> **Auch ich wollte »die Schatzkammer meines Unterbewusstseins anzapfen«.**

Ich hatte bündelweise Zielcollagen in der Schublade und vor lauter Post-its am Spiegel konnte ich kaum noch mein Gesicht erkennen. Limitierende Glaubenssätze stellten für mich kein Problem mehr dar und das Buch *Denken Sie sich reich* von Joseph Murphy hatte ich schon 23-mal gelesen. »Die Antworten auf alle diese Fragen finden Sie in dem vorliegenden Buch, das Ihnen den Schlüssel zu den grenzenlosen Reichtümern unseres Universums und der Fülle der Welt, in der wir leben, liefert. ... Wenn Sie die wunderbaren Gesetze des Denkens und Glaubens richtig anwenden, dann können Sie sofort Ergebnisse erzielen und ungeahnte Reichtümer in Ihr Leben bringen.« Ja, so etwas schmeckte mir! Ich wollte einer von den Erleuchteten sein, ich wollte »die Schatzkammer meines Unterbewusstseins anzapfen«. Die Kataloge mit den 75-Fuß-Yachten lagen schon auf meinem Nachttisch.

Meine Einstellung war echt geil damals. Ich war mental mehr als bereit für den Erfolg, doch der wollte sich einfach nicht einstellen. Die Schuld dafür, dass ich nicht aus dem Quark kam, suchte ich bei mir. Wenigstens mit dieser Schlussfolgerung hatte ich recht! Ich hab eine Weile gebraucht, bis ich kapiert hatte, was ich falsch machte.

Das Problem war, dass ich morgens um neun noch im Bett lag.

99 Lufballons

Ich will mich jetzt nicht über eine ganze Branche lustig machen: Klare Zielvorstellungen sind wichtig. Das ist wahr. Wenn du nicht an deinen Erfolg glaubst, dann wird auch nichts daraus. Es ist also nicht falsch, was da in den meisten Motivationsratgebern so steht. Aber es ist nur die halbe Wahrheit.

Aus der schönsten Zielvorstellung kann keine Realität werden, wenn du nicht auch aktiv wirst. Nur weil du dir eine tolle Yacht in allen Einzelheiten vorstellst – doppelte Ruderblätter und ausziehbarer Bugspriet –, schipperst du noch lange nicht auf ihr im nächsten Urlaub herum. Von allein stellt dir niemand ein Boot vor die Tür. Allein mit Meditieren trainierst du keinen Marathon. Und mit der bloßen Vorstellung von einer perfekten Landung ist noch kein Flugzeug sicher auf dem Boden angekommen. Wenn auf das Denken keine Taten folgen, kannst du das Denken gleich vergessen.

Autosuggestion allein ist sogar eher schädlich. 2009 untersuchte Joanne Woodward von der Universität im kanadischen Waterloo, wie sich Selbstmanipulation auf das Selbstbewusstsein ihrer Probanden auswirkte. Ihre Testpersonen wurden per Klingelzeichen aufgefordert, während sie Aufgaben lösten, sich den Satz »Ich bin eine liebenswerte Person« vorzusagen. Viermal pro Minute klingelte es. Auf Probanden, die über ein eher geringes Selbstbewusstsein verfügten, wirkte sich diese Versuchsanordnung messbar aus – und zwar negativ! Ihr Optimismus ging in den Keller, ihre Motivation knickte ein.

Der Grund dafür: Gerade diejenigen, die an sich zweifeln und sich zum Beispiel nicht als besonders liebenswürdig wahrnehmen, spüren die Diskrepanz zwischen ihrer Selbsteinschätzung und dem, was sie sich einreden sollen, genau. Ihr Fokus liegt plötzlich genau auf dem von ihnen empfundenen Mangel. Fazit: Gerade diejenigen, die ein Aufpeppen ihrer Selbstwahrnehmung am nötigsten hätten, profitieren am wenigsten von den pauschalen Tschakka-Rufen.

Wer sein Heil einzig und allein in der Positiv-denken-Welt sucht, läuft nicht nur Gefahr, sich noch mehr herunterzuziehen, auch ein ausgewachsener Realitätsverlust steht zu befürchten. Colin Goldner, Leiter beim Forum Kritische Psychologie e.V., kritisiert den Zwang zum positiven Denken, da auf diese Weise Denk- und Wahrnehmungsdefizite entstehen. »Wir sind alle so toll!« ist eben einfach nicht wahr. Der »psycho- und sozialdarwinistische Machbarkeitswahn« ist ihm ein Graus.

Es nutzt dir nichts, wenn du dich in einem »Positiv-Denken«-Panzer für die Wechselfälle des Lebens gerüstet glaubst. »Wird schon werden« hat noch niemandem genutzt, wenn es hart auf hart kommt. Mit reinem Positive Thinking hast du, wenn die Welt um dich herum in Trümmer fällt, nichts, aber auch gar nichts in der Hand, um dich der Situation zu stellen. Wenn du selbstsicher und erhobenen Hauptes dein Leben führen und auch den übelsten Schicksalsschlägen mutig entgegentreten willst, musst du den Umgang mit schlimmen Situationen erst einmal lernen.

> **Positives Denken kann dich runterziehen.**

Heißt das etwa, dass du dir jetzt für jede vorstellbare Katastrophe im Leben und jeden drohenden Schicksalsschlag ein Szenario vorstellen und dir einen Plan in die Schublade legen sollst? Nein. Natürlich nicht.

Nur für die zwanzig schlimmsten. Das reicht.

Chair-Flying

Spiel doch mal durch, was alles passieren könnte. Was würdest du tun, wenn du morgen deinen Job verlierst? Manche brauchen Wochen und Monate, bis sie sich aus der Schockstarre gelöst haben und wieder fähig sind, ihre erste Bewerbung zu schreiben. Mit einer grob vorformulierten Bewerbung in der Schublade machst du das am nächsten Montag.

Schöner Nebeneffekt: Wenn du dir Gedanken über eine mögliche Arbeitslosigkeit gemacht hast, werden dir vielleicht die Augen aufgehen, dass du ohne deinen Job keine paar Monate überstehen würdest. Du hast zum Beispiel kein Geld flüssig, um die Miete weiter zu bezahlen. Dann ist Zeit zu handeln! Denn wenn du keine paar Monate überbrücken kannst, dann kannst du auch nicht frei über eine Kündigung von deiner Seite aus entscheiden. Dann bist du ein Sklave.

Überlege auch, was passiert, wenn du krank wirst. Ich rede natürlich nicht von einer kleinen Grippe, sondern von wuchtigeren Schlägen. Trotzdem: Die meisten schweren Krankheiten sind nach drei oder vier Monaten überstanden. Hast du die Luft dafür? Hast du genug Reserven?

Welche Krankheiten oder Verletzungen können dich aus der Kurve tragen, auch wenn sie gar nicht so schrecklich daherkommen? Wenn jemand eine Stimmbandfistel hat, muss er eben ein paar Monate still sein. Normalerweise wäre das kein großes Problem. Aber für einen Opernsänger wäre das katastrophal. Er muss seine Engagements absagen, ist vielleicht schnell ganz aus dem Geschäft. Es gibt ja genug Nachwuchstalente, die sich über eine Chance freuen. Auch ich könnte in so einem Fall nicht mehr als Speaker arbeiten. Dagegen wäre für mich ein gebrochener Finger Peanuts. Für einen Berufsmusiker könnte er das Aus bedeuten. Ausschließen kannst du solche Fälle nicht, aber du kannst dich fragen: »Was wäre, wenn?«

Wenn du einen Kunden verlierst, brauchst du sechs Wochen oder sechs Monate, um die Lücke wieder zu schließen? Was genau kannst du in dieser Zeit tun?

Gegen manche Dinge auf deiner Top-20-Liste kannst du Versicherungen abschließen. Gegen andere nicht. Ich habe noch von keiner Versicherung gehört, die dich gegen den Fall absichert, dass dich dein Lebenspartner verlässt und die Hälfte der Firma fordert. In bar.

Wenn du deine Liste schreibst, dann solltest du auch die Eintrittswahrscheinlichkeit berücksichtigen. Noch vor einiger Zeit hätte ich gesagt: Kümmer dich nicht darum, was du tun solltest, wenn ein Meteor die Erde trifft. Diese Einschätzung hat sich seit dem Februar 2013 geändert. Damals verglühte nämlich über dem sibirischen Tscheljabinsk ein kleiner Meteorit. Die Druckwelle zerstörte allerdings Gebäude und Fenster im weiten Umkreis. Das Ganze ging noch erstaunlich glimpflich aus; obwohl 1500 Menschen sich wegen Splitterverletzungen behandeln lassen mussten, ist doch keiner gestorben. Alle 100 Jahre passiert so etwas.

> Alle 100 Jahre passiert so etwas.

Wenn du willst, kannst du also ruhig den Einschlag eines Himmelskörpers auf deine Liste nehmen: Wenn das Ding ein paar Kilometer neben dir einschlägt, was würdest du in den zehn Sekunden tun, die zwischen dem Lichtblitz und dem Eintreffen der Druckwelle vergeht? Noch schnell ein paar Fenster aufreißen, damit sie nicht durch die Druckwelle zerstört werden? Dich in Sicherheit vor umherfliegenden Trümmern bringen? Wenn deine Fenster kaputt gehen, sofort zum Glaser rennen und ihn beknien, dich zuerst dranzunehmen? Nach Bruchstücken suchen, um sie zu verkaufen? – Deine Wahl. Okay. Ein Meteor ist trotzdem unwahrscheinlich. Aber was ist damit:

Dein Kind erkrankt schwer.
Du hast einen Unfall und liegst sieben Monate im Krankenhaus.
Dein Konkurrent aus China stellt dasselbe Produkt für den halben Preis her.
Dein Laptop mit sensiblen Daten wird geklaut. Du hast keine Sicherheitskopie.
Dein Haus brennt ab.
Du sitzt am Steuer deines Jets und alle deine Triebwerke fallen aus.

Auf manches auf deiner Liste hast du Einfluss, auf anderes nicht. Dann ist es sowieso egal, oder?

Vom Eis befreit

Als ich noch Fluglehrer war, habe ich manchmal mitten in der Flugstunde den Motor ausgeschaltet. Also nicht wirklich ausgeschaltet, aber zumindest auf Leerlauf genommen. Glaub mir, wenn du noch nicht sehr viel Erfahrung hast, fühlt sich das genauso an, als wenn der Motor steht. Wenn das Brummen des Propellers plötzlich aussetzt, ist das für die Flugschüler das Schlimmste, was passieren kann. Sie sind überrascht, geschockt, im ersten Augenblick völlig handlungsunfähig.

Am Boden haben wir das vorher immer wieder durchgesprochen. Hundertmal. Wenn der Motor ausfällt, liegt das in den meisten Fällen daran, dass er keinen Sprit mehr bekommt. Flugzeuge haben mehrere Tanks. Bei kleineren Flugzeugen ist normalerweise einer im rechten und einer im linken Flügel. Höchstwahrscheinlich hast du einfach vergessen, die Tanks umzuschalten. Und dein Motor versucht jetzt krampfhaft etwas zu holen, wo nichts zu holen ist. Schaltest du auf den anderen Tank, läuft der Motor binnen Sekunden wieder. Du glaubst gar nicht, wie beruhigend Fluglärm manchmal sein kann. Manchmal ist es aber auch der Vergaser. In der Luft ist es sehr kalt und der Vergaser vereist. Vereister Vergaser – kein Sprit. Dafür gibt es die Vergaservorwärmung. Wenn du die einschaltest, ist der Vergaser ruck, zuck wieder eisfrei und dein Motor läuft.

In 98 Prozent der Fälle.

Manchmal ist es nicht so einfach. Im schlimmsten Fall musst du eben ohne Motorkraft landen. Dann wird aus deinem Motorflugzeug ein Segelflieger. Jetzt brauchst du zwei Dinge: einen Platz zum Notlanden und jemanden, der weiß, dass du ein Problem hast und die entsprechenden Maßnahmen einleitet. Für den zweiten Teil gibt es ein einfaches Gerät: den Transponder. Der Transponder sendet einen vierstelligen Zahlencode, den jeder Lotse auf seinem Schirm sehen kann. Für alle möglichen Fälle gibt es eine Kennziffer. In deinem Fall ist das die Kennziffer für eine Notlage: 7700. Dann gibt es auch noch die 7500 für Entführung und die 7600 für Funkausfall. Das kann man sich übrigens ganz leicht merken:

»seven five«: Man with a knife. »seven seven«: Pray to heaven. Und »seven six«: I hör nix.

Diesen Code stellst du ein und jetzt musst du runter. Jedes Flugzeug hat einen bestimmten Gleitwinkel, in dem es zu Boden segeln kann. Fällt der Motor aus, musst du dir also einen Platz suchen, wo du landen kannst. Eine Wiese, möglichst ohne Zäune, Gräben und Hochspannungsleitungen, eine wenig befahrene Straße … Spätestens wenn die Kühe schon ganz schön groß geworden sind, musst du das Steuer in die Hand nehmen.

Im Notfall kommt es darauf an, dass du nur ein paar Sekunden brauchst, um dich von dem Schock zu erholen und ins Handeln zu kommen. Deine mentalen Pläne, die Szenarien, die du im Vorfeld durchdacht hast, helfen dir über die Schockstarre hinweg. Sie bringen das Eis, das dein Herz und dein Hirn zum Erstarren gebracht hat, zum Schmelzen.

Und wenn du diese bestimmte Situation, in der du nun steckst, gar nicht vorhergesehen hast? Dann war doch alles Planen umsonst. Oder? Nein, deine Mühe war nicht vergebens. Denn mit den zwanzig Szenarien trainierst du ja nicht für einen bestimmten Ernstfall. Sondern für jeden.

> **Du trainierst nicht für einen bestimmten Ernstfall. Sondern für jeden.**

Wie das?

Eigentlich geht es gar nicht darum, dich auf die zwanzig Horrorszenarien vorzubereiten. Meistens kommt es sowieso anders, als du es dir in deinen Vorstellungen ausmalst. Es geht darum, dass du die Sicherheit gewinnst, dass du in schwierigen Situationen Entscheidungen treffen *kannst*. Dass du nicht durch ein einschneidendes Ereignis aus der Bahn geworfen wirst, weil du glaubtest: »Mir passiert nichts. Die Welt meint es gut mit mir.«

Der eigentliche Sinn und Zweck der Übung ist: Wenn du zwanzig ausgearbeitete Pläne in der Schublade hast, dann hast du auch die Befähigung, die einundzwanzigste Herausforderung zu meistern.

Woran lag es, dass Sullenberger es schaffte, seine Maschine auf dem Hudson notzuwassern, ohne dass auch nur ein Einziger sein Leben verlor? Es gibt eine Menge Bausteine. Einer davon ist Glück. Die Sicht war gut, er war mit seiner Maschine schon hoch genug gekommen, dass er viel mehr Handlungsspielraum hatte als der unglückliche Pilot der Air-France-Concorde. Seine Crew war hervorragend. Sein Copilot war auf Kapitäns-Niveau; wenn der unerfahren gewesen und nicht wie sein Kapitän die Nerven behalten hätte, wäre es wohl anders ausgegangen. Beide haben keine Zeit damit verschwendet zu fragen, wie hoch ihre Chancen sind. Sondern sie haben sie genutzt. Beide haben auch nicht gesagt: »Warum ich? Das ist so ungerecht!« oder »Wer ist daran schuld?« Alles Dinge, die man später klären kann. Dank ihrer enormen Erfahrung haben sie sich aufs Wesentliche konzentrieren können. Sie haben gehandelt, nicht gelabert.

Das konnten sie nur deshalb tun, weil sie gut trainiert waren. Weil sie tausendmal geübt haben, in einer Notsituation Entscheidungen zu treffen. Sie hatten die mentale Befähigung, nicht zu jammern, sondern zu handeln. Das wussten sie. Sie hatten das Selbstbewusstsein, noch im Angesicht der Katastrophe zu handeln.

Diese Selbstsicherheit ist es, die dich im Ernstfall befähigt, die richtige Entscheidung zu treffen.

Sonnenaufgang

Als am 25. September 1983 gegen 0.15 Uhr im Gefechtsführungszentrum der Sowjets das Computersystem meldete, dass die Amerikaner »mit maximaler Wahrscheinlichkeit« eine Rakete gestartet hatten, war das Prozedere klar. Der operativ Diensthabende, Stanislaw Petrow, hatte sofort und ohne Verzögerung den Gegenschlag einzuleiten.

Petrow war wie alle anderen in der Zentrale gut geschult. »Für uns war klar: Wenn die Amerikaner uns zuerst angreifen, würden sie länger zu leben haben als wir, aber eben nur zwanzig bis dreißig Minuten«, sagte er dreißig Jahre nach den Ereignissen in einem Interview mit der Frankfurter Allgemeinen Zeitung. »Wir hatten das oft geprobt, aber nun war es ernst«, erinnert er sich.

Die jüngeren Offiziere, die darauf trainiert waren, die eigenen Raketen scharf zu machen, blickten fragend auf ihn. Sie warteten auf Petrows Entscheidung. Der Plan sah ganz klar vor, wie er nun zu handeln hätte. Doch Petrow zögerte.

Da meldete der Computer in schneller Folge weitere Raketenstarts: Nummer zwei. Drei. Vier. Und da war die Fünfte. Offensichtlich waren fünf amerikanische Raketen auf ihrem Weg, um auf russischem Boden maximale Zerstörung anzurichten. Doch Petrow entschied: »Dies ist ein falscher Alarm!«

Stell dir das vor!

Obwohl es kaum einen Zweifel daran geben konnte, dass Amerika den Krieg begonnen hatte, stufte Petrow den Vorfall als Fehlalarm ein. Das Satellitensystem Kosmos 1382 meldete Raketenstarts, und das sollte alles nur ein Fake sein? Warum zweifelte der diensthabende Leiter der Satellitenüberwachung?

Rein kopfmäßig war die Sache klar: Drücken, den Gegenschlag einleiten.

Aber Stanislaw Petrow hatte dagegen seinem Gefühl vertraut und auch in der denkbar existenziellsten Situation seinen klaren und vernünftigen Blick bewahrt. Und eine Art rationalen Strohhalm ergriffen: Er hatte gesehen, dass die amerikanische Raketenbasis, von der aus die Raketen gestartet sein sollten, zur Zeit des Alarms exakt auf der Tag-Nacht-Grenze lag. Dort ging also gerade die Sonne auf. Dazu waren nur ein paar wenige Raketenstarts gemeldet worden – warum sollten die Amerikaner Russland nur halbherzig angreifen wollen?

Zufall? Nach 17 langen Minuten dann die erlösende Nachricht der Radaranlagen, dass keine Raketen in der Luft waren.

> **Petrow hatte recht. Und rettete 100 Millionen Menschen das Leben.**

Petrow hatte recht gehabt. Und er hatte 100 Millionen Menschen das Leben gerettet. Mindestens.

Erst nach über drei Monaten fanden die Russen den Fehler: Die aufgehende Sonne war durch die Erdoberfläche so stark gebrochen worden, dass das gespiegelte Licht vom Satellitensystem in der Erdumlaufbahn als Raketenstarts interpretiert worden war. Extrem unwahrscheinlich. Aber so ist es gewesen.

Wenn du deiner selbst sicher bist, hast du im Ernstfall einen freien Kopf. Dann versinkst du nicht in blindem Aktionismus oder Hysterie. Dann brauchst du keinen Plan F, um ins Handeln zu kommen. Sondern du hast genügend Kapazitäten frei, deiner Intuition, deiner Erfahrung zu vertrauen.

Der Sinn ist also nicht, entscheiden zu lernen. Sondern eine Persönlichkeit zu werden, die entscheidet.

Ich sage: Wenn du das erreicht hast, dann bist du wahrhaft groß.

KAPITEL 10

In echt: Was wäre, wenn es klappt?

»Im Leben gibt es etwas Schlimmeres als keinen Erfolg zu haben:
Das ist, nichts unternommen zu haben.« FRANKLIN D. ROOSEVELT

Du sitzt auf einen Absacker in einer Bar. Der Tag ist gut gelaufen, morgen früh geht es zurück nach Hause. Der Wein ist gut, die Musik noch besser. Du bist in guter Stimmung, fühlst dich rundum wohl.

Ein paar Hocker weiter sitzt eine tolle Frau in einem korallenroten Kleid über ihrem Gin Fizz. Lässig, selbstbewusst. Genau dein Typ. Wartet sie auf jemanden? Wäre toll, wenn du es sein könntest. Aber an so eine Traumfrau würdest du dich normalerweise nie rantrauen. Außerdem ist es noch nie dein Ding gewesen, Mädels in Bars anzusprechen. Doch du bist beschwingt. Dich sticht der Hafer.

Ihr nehmt Blickkontakt auf. Du lächelst sie an. Mist! Sie schaut nur gelangweilt zur anderen Seite. Aber so lässt du dich nicht abspeisen! Jetzt ist dein Jagdtrieb geweckt. Du verwickelst den Barkeeper in ein Geplänkel über Weinsorten und deren beste Jahrgänge. Der Barkeeper nimmt deinen spielerischen Ton auf und steigt mit ein paar Bemerkungen über den Unterschied zwischen Wein- und Biertrinkern ein. Er hat natürlich gemerkt, dass du bei der Frau Eindruck schinden willst, und lässt dich einen Elfmeter nach dem anderen schießen. Er versteht sein Handwerk.

Euer witziger Schlagabtausch ist gerade laut genug, dass der einsame Gin Fizz mitbekommen kann, wie klug und schlagfertig du bist. Es funktioniert. Sie hört zu. Das merkst du daran, dass sie sich kaum das Lachen verkneifen kann, wenn dir eine besonders witzige Bemerkung gelungen ist. Du bist in Topform, du genießt es, die Fäden in der Hand zu halten.

> *Endlich! Ihr erstes Lächeln, das dir gilt. Es läuft super!*
> *Die Frau lässt dich gar nicht mehr aus den Augen. Du bist in Hochstimmung. Also doch ein toller Hecht!*
> *Auf einmal steht die Frau im roten Kleid auf, nimmt ihren Drink und kommt auf dich zu.*
> *Und du? Panik erfasst dich. Du denkst nur noch: »Oh Sch… !«*
> *Und jetzt?*

Die gläserne Wand

Jeder Entschluss, den du triffst, ist an eine bestimmte Erwartung geknüpft. Sonst hätte er keinen Sinn. Eine Entscheidung hat Konsequenzen, sie bringt dich ins Handeln. Und wenn du handelst, willst du damit auch etwas erreichen. Ich rede jetzt nicht von so einfachen Entscheidungen wie der Auswahl des Films, den du am Abend im Fernsehen anschaust. Die Lieblingspizza beim Italiener ist schnell bestellt. Und auch die Abwägung, ob du Buche oder Tanne als Brennholz für deinen Kaminofen nimmst, ist nicht gerade von lebensbestimmender Bedeutung. Keine große Sache.

> **Jeder will ein Schneekönig sein.**

Ich meine die Entscheidungen, die weitreichendere Auswirkungen haben. Die sind von einem ganz anderen Kaliber. Sie sollen etwas verändern, dich im Leben voranbringen. Das kann die Entscheidung für einen neuen Job sein, für einen Karrieresprung, den Umzug in eine andere Stadt. Manchmal klappt es. Und manchmal geht es daneben. Wenn der Erfolg ausbleibt, dann bist du frustriert. Aber wenn du es geschafft hast, wenn du einen besseren Job, ein tolleres Haus, ein höheres Gehalt hast, freust du dich wie ein Schneekönig. Und alles ist wunderbar.

Ist das wirklich so?

Es gibt da etwas, das dich kurz vor Erreichen deines Ziels noch aus den Schuhen hauen kann. Wenn du schon jubelst: »Ich hab's geschafft!«, kommt etwas quer hereingeschossen, kickt dich aus deiner Bahn und lässt dich benommen am Wegesrand zurück. Das sind keine Neider oder andere Zeitgenossen, die dir deinen Erfolg im letzten Augenblick aus den Händen reißen. Auch keine Konkurrenten, die dich noch auf der Ziellinie überholen.

Nein, das bist du selbst.

Du ackerst dich ab, um dein Ziel zu erreichen, überwindest Hindernisse und weichst Stolpersteinen aus. Und dann, wenn du die Frucht nur noch vom Baum pflücken musst, passiert es: Du zuckst zurück! Du greifst nicht zu. Vielleicht kommst du ins Grübeln: »Will ich das wirklich? Sollte nicht doch lieber alles so bleiben, wie es ist? Ist das wirklich die richtige Entscheidung für mich?« Und dann ist auf einmal die Chance vertan. Du hast es im letzten Augenblick vermasselt.

Beispiele dafür, den eigenen Erfolg zu sabotieren, wenn er schon in Griffweite liegt, gibt es viele.

Der Student, der die Abschlussprüfung immer wieder hinausschiebt. Oder sich im letzten Moment doch noch gegen das Auslandssemester entscheidet – auch wenn das Stipendium schon bewilligt war.

Der kreativ Begabte, der seit seiner Schulzeit an seiner Mappe für die Aufnahmeprüfung in der Designschule gearbeitet hat und sich nicht dazu durchringen kann, sie einzureichen.

Der Manager, der sich von seiner Klitsche in der Provinz bei einem Weltkonzern beworben hat, den Arbeitsvertrag nur noch unterschreiben muss. Und dann doch absagt.

Der Bräutigam, der jahrelang seine Lebensgefährtin bekniet hat, ihn zu heiraten. Und einen Tag vor der Hochzeit alles abbläst.

Komisch, dass im letzten Moment regelmäßig etwas passiert, was alles in einem neuen Licht erscheinen lässt.

Es ist interessant, die Geschehnisse um das Projekt Stuttgart 21 auch einmal in diesem Licht zu sehen. Das Gezerre um die Finanzierung, die Wut der Bürger über die grausliche Informationspolitik – vieles hat dazu beigetragen, dass dieses 1994 erstmals der Öffentlichkeit vorgestellte Großbauprojekt immer wieder in Frage gestellt wurde. Kaum zu bezweifeln ist allerdings, dass das Projekt die verschlafene Landeshauptstadt Stuttgart zu einem Verkehrsknotenpunkt von europäischer Bedeutung machen würde. Und dass der Quadratkilometer Stadtfläche, der durch den Abbau der oberirdischen Gleisflächen in bester Innenstadtlage frei werden würde, gewaltigen städtebaulichen Impulsen Raum geben könnte. Ich frage mich, ob nicht hier die Angst vor dem Erfolg einer der Gründe dafür ist, dass der unterirdische Durchgangsbahnhof wohl erst am Sankt-Nimmerleinstag fertig gestellt sein wird.

> **Die Angst vor dem Erfolg ist so groß wie die vor dem Scheitern.**

Es gibt eben nicht nur die Angst vor dem Scheitern. Die Angst vor dem Erfolg ist mindestens genauso groß. Irgendetwas in dir will gar nicht, dass du dein selbst gestecktes Ziel erreichst. Dass die Entscheidung, die du getroffen hast, zu einem guten Ende kommt. Es torpediert auf den letzten Metern dein Vorankommen. Auf einmal tauchen in deinem Kopf jede Menge Fragen auf. »Bin ich der Sache überhaupt gewachsen?« »Darf ich das überhaupt?« »Ist das wirklich eine gute Idee?«

Das ist doch verrückt, oder? Das ist so, als würde ein Marathonläufer, der monatelang für den Lauf in New York trainiert hat, wenige Meter vor dem Ziel stoppen und sagen: »Puh, ich weiß gar nicht, ob ich dem Jubel im Ziel gewachsen bin. Das geht mir hier alles zu schnell.«

Dieses Erfolg vermeidende Verhalten ist so verbreitet, dass es dafür einen Namen gibt: Methatesiophobie. Normalerweise wird damit »Erfolgsangst« ausgedrückt. Aber Methatesis heißt im Griechischen

»Umstellung«. Die Methatesiophobie ist also eigentlich die Angst vor Veränderungen. Ich finde, das trifft den Kern der Sache besser. Denn es ist nicht der Erfolg, den die Menschen fürchten, sondern die Veränderung, die der Erfolg zwangsläufig mit sich bringt. Und da Veränderungen bei den meisten Menschen eben Angst oder Unsicherheit auslösen, spüren sie eine Hemmung, den Sack zuzumachen, den letzten konsequenten Schritt auch zu gehen.

Welche Veränderungen sind das? Was passiert denn, wenn jemand Erfolg hat? Bleiben wir einmal beim Beispiel berufliche Weiterentwicklung. Mit jedem Karrieresprung musst du eine neue Rolle einnehmen. Du trägst mehr Verantwortung als zuvor. Der Leistungsdruck wird größer. Es wird erwartet, dass du auch an Wochenenden verfügbar bist. Auf einmal wird um dich herum nur noch Englisch gesprochen. Und in Jeans und Polohemd kannst du dich am Arbeitsplatz nicht mehr sehen lassen.

Auch dein soziales Leben wird durchgerüttelt, wenn es mit dir steil bergauf geht. Wirst du noch genug Zeit für die Familie haben? Genug Zeit für dich selbst? Wenn du auf einmal der Vorgesetzte deiner Kumpel bist, hockt ihr euch dann noch zusammen vor den Fernseher und schaut UEFA-Pokal-Spiele an?

Manchmal ist mit einem Karrieresprung ein gewaltiger Gehaltssprung verbunden. Das bringt dich ins Grübeln: Du ahnst, dass dein jetziges soziales Umfeld es nicht auf Dauer aushalten wird, wenn du ein Auto fährst, das dreimal so teuer ist wie das deiner Freunde und Bekannten. Und du selbst hättest wohl irgendwann auch etwas dagegen, dir im Stadion immer noch auf den Stehplätzen der Nordkurve die Zehen abzufrieren, wenn du doch auch gemütlich in der VIP-Lounge leckere Häppchen zu dir nehmen könntest.

Soziale Angst – das ist nicht nur die Angst vor dem Abstieg. Das ist auch die Angst vor dem Aufstieg. Es ist die Angst vor der sozialen Ablehnung, die dich fragen lässt: Die Freunde könnten verloren gehen, das Familienleben wird ein anderes sein. Ist es wirklich das, was ich will?

Du siehst: Die Angst vor dem Erfolg ist eigentlich ein ganzes Bündel an Ängsten: Angst vor Unbekanntem, vor Verantwortung, vor sozialer Ablehnung. Damit musst du erst einmal fertig werden.

Die einschneidendste Wirkung des Erfolgs aber ist: Es gibt kein Zurück mehr.

Gemma hoam

Im Fall eines Wahlsieges der CDU im Jahr 2005 sollte der damalige bayrische Ministerpräsident Edmund Stoiber als Wirtschafts- und Finanzminister nach Berlin gehen. Ein Sprung von der Landes- auf die Bundesebene als »Super-Minister« für zwei eigens für ihn zusammengelegte Ministerien. Die beiden drängendsten Probleme der damaligen Zeit – den Schuldenberg und die Arbeitslosigkeit – sollte er lösen. Ein gigantischer Erfolg für den Politiker! Bundeskanzler zu werden wäre der nächste logische Schritt gewesen.

Die Wahl wurde gewonnen, Stoiber nach Berlin gerufen. Doch er hielt es dort nicht lange aus. Schnell merkte er, dass es einen riesigen Unterschied macht, im eigenen Bundesland König zu sein oder ein der Bundeskanzlerin untergeordneter Minister. Stoiber wurde klar, dass er weitab von München Angela Merkel nicht gewachsen war. Und auch Eheprobleme machten ihm große Sorgen. Jahre später sagte er einmal: »Auf Angela Merkel war kein Verlass. Und meine Ehe war nach vierzig Jahren in Gefahr.«

Am 18. Oktober 2005 fand die konstituierende Sitzung des 16. Deutschen Bundestages statt. Am 1. November, noch bevor er als Minister vereidigt worden war, teilte Stoiber mit, dass er nach Bayern zurückkehren wolle. Knappe zwei Wochen hatte er es in Berlin ausgehalten.

Geradezu fluchtartig verließ er die Hauptstadt und kehrte nach München zurück. Der Preis für seinen Machtverzicht war hoch. Schon sein Parteifreund Theo Waigel hatte Stoibers Rückzug scharf kritisiert: »Wenn Edmund Stoiber glaubt, in München dort weitermachen zu können, wo er aufgehört hat, dann täuscht er sich.« Die Stimmen aus Opposition und Presse waren hämisch bis ehrabschneidend. Guido Westerwelles »Leichtmatrose« war da noch relativ maßvoll. Der Spiegel nannte ihn einen »Selbstzerstörer« und »Hasenfuß der deutschen Politik«.

Stoiber erholte sich von seinem Ausflug nach Berlin nie mehr. 2007 trat er als Ministerpräsident und als Vorsitzender der CSU zurück.

Wenn du Erfolg hast und du dich anschickst, dein gewohntes Umfeld zu verlassen, dann geht es nicht mehr auf derselben Höhenlinie weiter. Dann geht es nur bergauf – oder bergab. Du ziehst es durch. Oder du versuchst, im letzten Moment und mit eingezogenem Schwanz doch lieber wieder zum alten Leben zurückzukehren. Aber das alte Leben, das gibt es dann nicht mehr.

Es ist wie der Sprung vom Fünfmeterturm. Sobald du die Kante überschritten hast, gibt es kein Zurück mehr für dich. Wenn du den Vertrag unterschrieben hast, gilt er. Wenn du vor dem Standesbeamten »Ja« gesagt hast, dann kannst du nicht wieder zurück. »Ich hab's ja nicht so gemeint« ist dann keine Option mehr. Das Leben kennt keine Reiserücktrittsversicherung. Deshalb ist die Angst vor dem Erfolg auch die Angst vor der Festlegung.

Selbst in der Politik gilt das. Wahlversprechen können vergessen werden. Das weiß jeder. Wenn aber rechtlich bindende Zusagen gemacht werden, gibt es auch hier keinen Weg zurück. Das Kinderförderungsgesetz (KiföG) aus dem Jahr 2008 sichert ab dem 1. August 2013 jedem Kind in Deutschland zwischen seinem ersten und dritten Geburtstag einen rechtlichen Anspruch auf einen Betreuungsplatz zu. Unterzeichnet ist das Gesetz vom Bundespräsidenten Horst Köhler, der Bundeskanzlerin Angela Merkel, der Bundesfamilienministerin Ursula von der Leyen und dem Bundesfinanzminister Peer Steinbrück.

Fünf Jahre hatten die Behörden Zeit, die Voraussetzungen für dieses Gesetz zu schaffen. Doch die Bemühungen reichten nicht aus.

In den vier Jahren bis Anfang 2013 wurden statt der berechneten 405 000 Kita-Plätze nur etwa 200 000 geschaffen. Weniger als die Hälfte! Scheinbar völlig überrascht stellte man fest, dass in den wenigen verbleibenden Monaten die noch fehlenden 205 000 Betreuungsplätze nicht aus dem Boden gestampft werden konnten. Im Artikel 1 dieses Gesetzes heißt es: »Ab 2013 soll für diejenigen Eltern, die ihre Kinder von ein bis drei Jahren nicht in Einrichtungen betreuen lassen wollen oder können, eine monatliche Zahlung eingeführt werden.« Bundesfamilienministerin Kristina Schröder sagte Ende Februar 2012 in einer Talkrunde mit Günther Jauch, dass sie mit einer Klagewelle der Eltern rechnet, die bei der Vergabe der Plätze leer ausgehen werden.

> **Das heißt nichts anderes als: »Ach, lieber doch nicht.«**

Erfolg verpflichtet. Deshalb ist die Versuchung so groß, sich doch noch alle Optionen offenzuhalten, indem man erst gar nicht über die Ziellinie geht. Doch wie gesagt: Ein Zurück gibt es nicht. Es ist wie beim Segeln vor dem Wind: Du kannst deine Richtung ändern, aber nicht geradewegs zurücksegeln. Solange du die Möglichkeit hast, die Konsequenzen deines Handelns abzuwägen und deine Fahrtrichtung um ein paar Grad den Gegebenheiten anzupassen, solltest du sie auch nutzen. Aber geh nicht irgendwelchen Glaubenssätzen auf den Leim. »Ich bleibe nun doch hier. Ich tue es nur für dich, Schatz!« soll nur dabei helfen, den Rückzieher vor sich selbst zu rechtfertigen. Im Grunde heißt das nichts anderes als: »Ach, lieber doch nicht.«

Lass dich nicht von deinen Ängsten klein machen. Du hattest einen guten Grund, warum du in der Vergangenheit eine bestimmte Entscheidung getroffen hast. Irgendwo habe ich einen interessanten Satz gehört, besser noch: eine interessante Frage. Diese Frage ist so etwas wie der finale Hebel, wenn es um Entscheidungen geht: »Was würdest du tun, wenn du keine Angst hättest?« Klingt zunächst vielleicht etwas pathetisch, trifft den Kern der Sache aber sehr gut. Wenn du bei ruhiger Überlegung siehst, dass immer noch vieles dafür spricht, den Weg zu Ende zu gehen, dann unternimm selbstbewusst den letzten

Schritt. Wenn dich das »kein Zurück« schreckt; es gibt immer noch einen Weg, der dir offensteht: Voran. Nach dem Erfolg ist vor dem Erfolg – der nächste Entwicklungsschritt wartet ja schon auf dich!

Du siehst: Viele unbewusst ablaufende Vorgänge arbeiten in dir. Manche auch gegen dich. Wenn du diese Hürde genommen hast, wartet schon die nächste auf dich. Denn nicht nur kurz *vor* dem Erreichen deines Ziels hast du eine Durststrecke zu überwinden. Auch der Erfolg selbst kann dich in ein schwarzes Loch stürzen.

Paradise lost

»In dieser Welt gibt es nur zwei Tragödien«, sagte einmal Oscar Wilde. »Die eine ist, nicht zu bekommen, was man sich wünscht, und die andere ist, es zu bekommen.« Und er fügte noch hinzu: »Das Zweite ist viel schlimmer.«

Seit zehn Jahren hast du dich auf die Rente gefreut – und dann langweilst du dich zu Tode. Oder: Du hast jahrelang an einem Haus gebaut. Einen Architekten beauftragt, mit ihm zusammen geplant und wieder verworfen. Bis das perfekte Konzept stand. In der Bauphase hast du dich mit den Handwerkern herumgestritten. Nerven und Haare gelassen. Und auf einmal ist es fertig. Nichts ist mehr zu tun. Du müsstest nur noch genießen. Die Bang&Olufsen-Anlage wartet auf dich. Doch du sitzt in deinem Schöner-Wohnen-Wohnzimmer, aber weißt nicht, was du jetzt mit dir anfangen sollst.

So wie eine Entscheidung eine Veränderung nach sich zieht, ändert auch das Erreichen eines Ziels alles. Die Erkenntnis, dass nun nichts bleibt, wie es war, lähmt dich und verhindert, dass du deinen wohlverdienten Erfolg genießen kannst.

In ein Loch zu fallen, wenn man auf dem Gipfel angekommen ist – das ging mir auch so. Ich wollte auf den ganz großen Bühnen sprechen. 1000 Zuhörer im Publikum. Das kam mir vor wie der Olymp. Das musste das höchste der Gefühle sein, dachte ich – bevor ich dort angekommen war. Am Anfang stand das noch weit in den Sternen, der Plan, einmal vor mehr als 1000 Menschen zu sprechen, war eher aus Übermut geboren. Aber dann merkte ich, dass es machbar war. Ich arbeitete hart an mir. Meine Vision half mir, meine Kräfte zu bündeln, ein Strategie zu entwickeln und diese dann Schritt für Schritt umzusetzen.

Und dann war es so weit. Ich schmiss eine große Party; wir feierten wie die Verrückten. Am nächsten Morgen wachte ich auf und fühlte mich deprimiert. Das Gummiband, das mich über Jahre gezogen hatte, hing auf einmal schlaff herunter. Ich hatte es tatsächlich geschafft. Es waren sogar ein ganzes Stück mehr als 1000 Leute im Publikum. Und jetzt? War das der Olymp? Die Erde hatte nicht gebebt und die Engel hatten nicht gesungen. »War's das schon?« Was würde mich in Zukunft antreiben? 2000 oder 3000 Zuhörer? Irgendwie hatte das lange nicht mehr die Kraft. Aber vielleicht sind die 1000 ja genug. Sollte es dann wirklich genauso bleiben, wie es nun war?

Mächtige Kräfte ziehen dich zurück.

Die Angst vor der Veränderung lauert also kurz vor und kurz nach dem Erfolg. Ein Teil deiner Persönlichkeit wird immer danach schreien, dass du alles aufgibst und dich zurück in die Kuschelzone begibst. Mächtige Kräfte ziehen dich dahin zurück. Die Vergangenheit, die du gerade verlässt, hat größere Anziehungskraft als jeder Neodym-Magnet. So zu tun, als hättest du all diese Gefühle nicht, geht natürlich auch. Aber besser als diese Augen-zu-und-durch-Ignoranz ist es, wenn du begreifst, was da gerade in dir vorgeht. Sich seiner Ängste bewusst zu sein, ist ein wesentlicher Schritt, um sie zu überwinden.

Wovor fürchtet man sich überhaupt? Als mich damals das schwarze Loch fast überwältigte, ging ich zum Gegenangriff über. Ich zog Bilanz. Ganz nüchtern. Ich fragte mich: Was hatte es mir gebracht, mein 1000-Zuhörer-Ziel erreicht zu haben? Ich war einer der erfolgreichsten Trainer geworden. Dazu kamen jetzt immer mehr Vorträge vor immer größerem Publikum. Ich hatte extrem viel Arbeit und extrem wenig Freiräume. Wollte ich das wirklich? Auch die Angst vor Veränderung war immer noch da. Würde es jetzt noch härter werden? Um ein verlässliches Bild der Situation zu bekommen, machte ich einen Vorher-nachher-Abgleich. Ich erinnerte mich daran, wie es am Anfang meiner Laufbahn gewesen war. Ganz schön, aber oft auch frustrierend. Die Akquise schlauchte. Und wenn ich dem Programm entnahm, dass kurz nach oder vor mir irgendein Heiopei über »Mit Kristallen zum besseren Ich« referierte, dann tat das weh. Als bekannterer Speaker war das alles kein Thema mehr für mich. Allerdings hatte es auch seinen Preis. Schon allein, dass mein Terminkalender auf Monate im Voraus ausgebucht ist, schränkt heute meine Bewegungsfreiheit ein. Auf der anderen Seite ermöglich mir dieser Erfolg auch sehr viel. Ich bin finanziell weitgehend frei, kann mir aussuchen, ob ich ein Engagement annehme oder nicht. Na ja, und die Veranstaltungen, auf denen ich spreche, finden in der Regel auch nicht an den unattraktivsten Plätzen dieser Welt statt.

Wenn dich also die große Frage nach dem Warum überfällt, dann überlasse dich nicht irrationalen Angst-Gefühlen, sondern überlege dir ganz rational das Pro und das Contra deiner neuen Situation. Wie wäre es, wenn du der geblieben wärst, der du warst? Und wie ist es nun, nach dem Erfolg? Je klarer das Bild wird, desto mehr lösen sich diffuse Sorgen auf. Akzeptiere, dass sich dein Leben tatsächlich ändert, wenn der Konjunktiv von hätte-wäre-wenn endlich Realität wird.

Vergiss nicht, dass es einen Grund hatte, warum du diese Entscheidung getroffen hast. Dass jede Entscheidung gleichzeitig auch die Chance in sich trägt, dich ein Stück weiterzuentwickeln. Dich zu ändern. Mit jeder Entscheidung machst du mehr von dir selbst wahr. Du wirst immer mehr derjenige, der du eigentlich bist. Denn eins ist klar: Mit jeder Entscheidung erreichst du, dass nicht andere über dich entscheiden. Mit jeder Entscheidung wirst du mehr und mehr zum Kapitän deines Lebens.

Du siehst also: Viele Ängste und Sorgen sind mit dem Erreichen eines Erfolgs verbunden. Neben der Angst vor der Veränderung und all ihren Facetten gibt es noch eine weitere Unsicherheit, in die du dich mit jeder Entscheidung begibst: Nicht nur du selbst stellst ja deine Entscheidungen in Frage. Auch die anderen tun das.

Was da passiert, lässt sich sehr gut am Beispiel der Schweinegrippe durchdeklinieren, die die Welt im Jahr 2009 in Atem hielt.

La gripe porcina

In Mexiko nahm alles seinen Anfang. Die Hälfte der Einwohner der Arbeitersiedlung »La Gloria« litt gleichzeitig an schwerem Husten und Durchfall. Zwei Kinder waren schon gestorben. Am 5. April 2009 gingen die Menschen auf die Straße, weil sie die benachbarten gigantischen Schweinemastbetriebe für die grassierende Krankheit verantwortlich machten.

Auf den ersten Blick hätten es die Symptome einer ganz normalen Influenza-Epidemie sein können, so wie sie jedes Jahr und überall auf der Welt grassiert. Was aber merkwürdig war: Bei manchen Patienten traten besonders schwere Symptome auf, zum Beispiel eine Lungenentzündung. Und diese Kranken gehörten nicht zu den bekannten Risikogruppen wie Alte, durch andere Krankheiten Geschwächte, sondern es waren meist junge Menschen und Erwachsene im besten Alter.

Der Erreger dieser »Schweinegrippe« wurde als ein Influenza-A-Virus des Typs H1N1 identifiziert. Weil er sich als äußerst ansteckend erwies, gab das mexikanische Gesundheitsministerium die Empfehlung aus, die Schulen zu schließen, und verteilte Schutzmasken an die Bevölkerung. Doch der Erreger breitete sich trotzdem in rasendem Tempo aus. Am 21. April meldeten die USA die ersten beiden Fälle. Am 24. April waren es acht Patienten. Eine Woche später waren hunderte Schulen geschlossen und Gouverneur Schwarzenegger hatte den Notstand über den Staat Kalifornien verhängt. Zu diesem Zeitpunkt war das Virus bereits über den Atlantik gekommen und auch in Deutschland traten die ersten Fälle auf.

Die Weltgesundheitsbehörde WHO war in höchstem Alarmzustand: Nach der Spanischen Grippe von 1918/19, der Asiatischen Grippe von 1957 (ein H2N2-Virus) und der Hongkong-Grippe von 1968 (ein H3N2-Virus) hatte sie schon längst eine neue Pandemie erwartet. Nun war sie da. Die Frage war nur noch, ob die Welt wie 1957 und 1968 mit ein bis zwei Millionen Toten vergleichbar glimpflich davon kommen würde. Oder ob es wie 1918/19 sein würde, als ein Drittel der damaligen Erdbevölkerung von dem Virus befallen war und es 50 Millionen Todesopfer gegeben hatte. Die schlechte Nachricht: Auch damals war es ein Influenza-A-Virus des Typs H1N1 gewesen. Und die ersten Nachrichten aus Mexiko sprachen dafür, dass die Sterblichkeitsrate so groß war, wie die Ausbreitungsgeschwindigkeit schnell.

> **Eine neue Pandemie war längst erwartet worden. Nun war sie da.**

Es war klar, dass nicht rechtzeitig für alle Menschen Impfstoff produziert werden konnte. Drei bis sechs Monate dauert die Herstellung. Wie ernst die Lage eingeschätzt wurde, zeigt die Empfehlung der WHO an die Länder der Welt, mit oberster Priorität das medizinische Personal zu impfen, um ein Zusammenbrechen des Gesundheitssystems zu verhindern.

Noch im Frühjahr 2009 hatten die Bundesländer entschieden, bei GlaxoSmithKline insgesamt 50 Millionen Impfdosen zu bestellen. Später wurde diese Zahl auf 34 Millionen heruntergehandelt. Im Sommer 2009 war das Kuddelmuddel dann perfekt: Teilweise brach Hysterie aus, weil offensichtlich nicht genug Impfdosen für alle vorhanden sein würden. Gleichzeitig gelangten die ersten Meldungen an die Öffentlichkeit, dass die Pandemie wohl doch nicht so gefährlich war, wie zuerst angenommen. Nun wurde von Fachleuten und Nicht-Fachleuten vor den starken Nebenwirkungen der Impfmittel gewarnt.

In Deutschland lief die Impfaktion im Oktober 2009 an. Österreich folgte zwei Wochen später. Dann die Schweiz. Überall war die Nachfrage nur schleppend. Denn es hatte sich in der Zwischenzeit tatsächlich gezeigt, dass die Grippe längst nicht so gefährlich war wie befürchtet. Viele Krankheitsfälle in Mexiko, die glimpflich abliefen, waren gar nicht als Fälle von »Schweinegrippe« eingestuft worden, sondern meist nur die, die mit schweren Symptomen in den Krankenhäusern behandelt werden mussten. Deshalb war das Verhältnis von den an dieser Krankheit Gestorbenen zu den Erkrankten insgesamt viel zu hoch eingeschätzt worden.

Glück gehabt! Der Winter 2009/10 verlief im Vergleich zu den Erwartungen des Frühjahrs undramatisch. Im Sommer 2010 war die Schweinegrippe durch mindestens 214 Staaten der Erde gezogen und hatte doch »nur« 18 446 nachgewiesene Todesfälle verursacht. Alexander Kekulé, Mitglied der Schutzkommission beim Bundesminister des Innern und Direktor des Instituts für Biologische Sicherheitsforschung in Halle, hatte es so ausgedrückt: »Man hatte sich auf einen gefährlichen Tiger vorbereitet – doch aus dem Urwald kam nur ein Kätzchen.« Im August 2010 war alles vorbei.

Nicht alles. Denn jetzt kamen die Kritiker aus ihren Löchern. Nun meldeten sich jene zu Wort, die es schon immer besser gewusst hatten.

Das große Nachkarten

Von den 34 Millionen Impfdosen in Deutschland waren nur etwas über fünf Millionen verbraucht worden. Der Rest musste vernichtet werden – das Serum war nur bis Ende 2011 haltbar. 196 Paletten Impfstoff wurden in einem Magdeburger Müllheizkraftwerk verbrannt. Die Bundesländer hatten einen Verlust von 239 Millionen Euro zu tragen. Plus 14 000 Euro für die Verbrennung. Das Geheule war groß.

Der Spiegel schrieb im März 2010: »Die Schweinegrippe ist gekommen und gegangen – ohne Millionen Tote zu hinterlassen. Pharmakonzerne haben Milliarden auf Kosten der Steuerzahler verdient, Mediziner, Politiker und Medien stehen blamiert da.« Und der Stern titulierte Ende 2011 den Schweinegrippe-Impfstoff Pandemrix als einen der größten Flops in der deutschen Gesundheitsgeschichte. Ich frage mich: Worüber beschweren die sich? Dass es nicht mehr Tote gab?

Niemand hat im Frühjahr 2009, als die Impfmittel bestellt wurden, vorhersagen können, ob sich die Katastrophe von 1918 wiederholen würde. Hätte die Politik die Hände in den Schoß gelegt und gesagt: »Wird schon gut gehen«, was wäre dann für ein Sturm der Empörung losgebrochen! Egal ob sie 500, 50 000 oder 50 Millionen Impfdosen bestellt hätten, es hätte immer Stimmen gegeben, die gebrüllt hätten: »zu wenig!« oder »zu viel!« – eine Wahl zwischen Pest und Cholera. Beides mies. Pest: »Warum haben die denn nicht schon längst bestellt? Man weiß doch, wie lange es dauert, bis das Impfmittel zur Verfügung steht!« Cholera: »Die haben doch viel zu übereilt bestellt. Man hätte erst warten müssen, bis klar war, wie gefährlich die Seuche wirklich ist!«

Wer entscheidet, muss sich anschließend der Kritik stellen. Kann man es allen recht machen? Nein. Irgendjemand hat immer etwas einzuwenden. So ist das eben mit Entscheidungen. Jeder, der sie trifft, muss das aushalten.

Daran herumzukritteln, ob eine Entscheidung gut oder schlecht gewesen ist, ist nur müßiges Gerede. Denn es gibt bei Entscheidungen kein Richtig und kein Falsch. Jeder, der entscheidet, tut dies immer in der Annahme, das Richtige zu tun. Oder denkst du, irgendjemand würde jemals eine Entscheidung treffen, von der er glaubt, sie sei falsch? Niemals! Es gibt keine schlechten Entscheidungen. Nur welche, die sich im Nachhinein als schlecht herausstellen.

> **Es gibt bei Entscheidungen kein Richtig und kein Falsch.**

Dass du eine Hose kaufst, die dir zu eng ist, kommt vor. Aber du hast das gewiss nicht getan, weil du dir dachtest: »Hey, super. Diese Hose ist zu eng. Die kaufe ich mir!« Sondern weil du deinen Bauch eingezogen hast und dir vorgemacht hast: »Schön, die passt doch wunderbar und ein bisschen abnehmen wollte ich sowieso!« In dem Moment, in dem du die Entscheidung getroffen hast, hieltest du sie noch für eine gute Idee. Erst im Nachhinein weißt du, dass du die Hose besser nicht gekauft hättest.

Man macht sich etwas vor. Es sind nicht alle Fakten bekannt. Man geht von falschen Voraussetzungen aus. Und so weiter. Das passiert. Genau dies ist der Grund, warum es so wichtig ist, aus den Fehlern der Vergangenheit zu lernen und es beim nächsten Mal besser zu machen. Zum Beispiel, indem man bestimmten Faktoren, die man beim letzten Mal nicht in der Rechnung drinhatte, mehr Gewicht gibt. So wird man denselben Fehler nicht noch einmal machen.

Wichtig ist, dass nicht derjenige gekreuzigt wird, der eine Entscheidung getroffen hat, von der man später weiß, dass sie nicht die beste war. Sondern dass der Fehler selbst identifiziert und wenn möglich eliminiert wird. Das Problem, wenn nur der »Schuldige«, nicht aber der Fehler gesucht wird: Niemand wird mehr Fehler zugeben. Wenn derjenige, der sich zu seinem Fehler bekennt, Nachteile zu erwarten hat, wird niemand mehr diese Verantwortung übernehmen wollen. Wo es keine Fehler geben darf, gibt es auch keinen erfolgreichen Umgang mit Fehlern. Die Folge: Es wird vertuscht, verheimlicht, schöngeredet, dass sich die Balken biegen.

Ich habe noch kein Unternehmen gehört, das zugibt: »Wir haben riesige Probleme mit der Einführung unseres neuen Modells.« Wenn etwas schiefgelaufen ist, suchen immer noch viele Vorgesetzte nach einem Schuldigen, den sie in die Wüste schicken können. Sie nennen es nur anders: Ursachenforschung. Oder Problemanalyse. Sie spielen Feuerwehr, verhindern aber keine Brände. Ganz nach der Devise:

   1. Schritt: *Switch on the Guilt-Finder-Radar.*
   2. Schritt: *Find a guilty person – make 100 % sure it's not you.*
   3. Schritt: *Fire the guilty person.*
   4. Schritt: *Hire a new guilty person.*

Toyota fährt offensichtlich die entgegengesetzte Strategie. Das Unternehmen macht jedes noch so kleine Problem öffentlich und nimmt in Kauf, dass die Zahl der Rückrufe bei Toyota vergleichsweise hoch ist. Das tut weh. 2010 zum Beispiel rief Toyota weltweit mehr als acht Millionen Autos wegen klemmender Gaspedale und rutschender Fußmatten in die Werkstätten. Der Vorwurf, dass sich durchgetretene Gaspedale festhängten, wurde allerdings bald widerlegt: Es hatte sich ausnahmslos um Fahrerfehler gehandelt. Meist hatten die Fahrer nur das Gas- mit dem Bremspedal verwechselt. Nur in einem einzigen Fall hatte eine verklemmte Fußmatte zu einem schweren Unfall geführt.

Toyota hat verstanden, dass man mit Fehlern erfolgreich umgehen kann. Mit seiner unnachgiebigen Art der Fehlerbehandlung lässt das Unternehmen seine Kunden wissen: »Scheint die Sicherheit unserer Kunden gefährdet, führen wir kompromisslos Qualitätssicherungsmaßnahmen durch.« Die Botschaft ist: »Gerade *weil* wir acht Millionen Autos wegen eines einzigen Falles zurückgerufen haben, sind wir die sichersten Autobauer der Welt.«

Haarrisse

Auch in der Fliegerei kann man es sich nicht leisten, über gemachte Fehler hinwegzusehen. Wenn zum Beispiel ein Flugzeug bei der Landung extrem hart aufsetzt und nur der Hauch der Vermutung besteht, es könnte etwas beschädigt sein, muss der Pilot dies seiner Airline und der Luftfahrtbehörde melden. Schon wegen des lästigen Papierkrams hat kein einziger Pilot Lust dazu. Die Versuchung, so zu tun, als ob alles im grünen Bereich abgelaufen wäre, ist groß. Trotzdem drückt sich kein verantwortungsbewusster Pilot jemals darum, die Formulare auszufüllen. Warum? Mogeln wäre tödlich.

Jede harte Landung hat Folgen für das Flugzeug. Die auftretenden Kräfte zerren an den Verbindungen und können dabei im Material feinste Haarrisse verursachen. Das ist wie bei einem Glas, das du versehentlich umstößt. Glück gehabt! Heil geblieben. Wenn du das Glas aber in einem Polariskop prüfst, würdest du merken, dass sein Span-

> **Beim nächsten kleinen Zwischenfall wird es zerbrechen.**

nungsbild Unregelmäßigkeiten aufweist. Das Glas ist verspannt. Beim nächsten kleinen Zwischenfall wird es zerbrechen.

Jeder Start, jede Landung zwingt dem Material eines Flugzeugs ungeheure Kräfte auf. Es zieht und zerrt an Rumpf und Flügeln. Die Tanks in Rumpf und Flügeln fassen zum Beispiel beim Airbus 380 bis zu 320 000 Liter. Voll betankt biegen sich seine Flügel unter der Last bis zu vier Meter durch. Und die Flügel sind nicht aus Gummi! Sondern es ist Metall, das umso schneller ermüdet, je mehr es Belastungen ausgesetzt wird. Deshalb ist für jeden Flugzeugtyp, für jedes einzelne Bauteil eines Flugzeugs genau festgelegt, wann diese zu warten oder gegebenenfalls auszutauschen sind.

Für den C-Check kommt ein Flugzeug zum Beispiel alle 15 bis 18 Monate in den Hangar. Die Maschine wird teilweise auseinandergenommen. Nur so kommen die Ingenieure und Techniker auch an sonst nicht zugängliche Stellen. So ein C-Check ist schon allein deshalb sehr teuer, weil er ein bis zwei Wochen dauert. Das bedeutet nicht nur hohe Arbeitskosten, sondern auch Ausfallzeit, in der das Flugzeug keinen Gewinn einbringt.

Mit jeder harten Landung verkürzt sich dieses Wartungsintervall. In ganz harten Fällen muss das Flugzeug sogar gleich in die Werft. Deshalb ist jede missglückte Landung immens teuer. Aber nur wenn diese Fehler in die Berechnung des nächsten fälligen Sicherheits-Checks eingerechnet werden, ist die lebensnotwendige Sicherheit des Flugzeugs gewährleistet. Und deshalb wird der Pilot, der seine Maschine unsauber aufgesetzt hat, den Vorfall melden. Die Vorschrift besteht nicht, um ihn zu demütigen. Sondern um die notwendige Konsequenz daraus zu ziehen und die Sicherheit für alle nachfolgenden Passagiere und Crews zu garantieren.

Es gibt also keinen Grund für Angst vor schlechten Entscheidungen. Noch einmal: Es gibt keine schlechten Entscheidungen. Es gibt nur den schlechten Umgang mit den Konsequenzen einer Entscheidung.

Es kommt darauf an, ob du bereit bist, dich den Fehlern, die du – wie jeder andere auch – mit Sicherheit machen wirst, zu stellen, aus ihnen zu lernen und sie in deinen nächsten Entscheidungen zu berücksichtigen.

Die Frage deines Lebens ist nicht, ob du gute oder schlechte Entscheidungen triffst. Die Frage ist, ob du *überhaupt* eine Entscheidung triffst.

KAPITEL 11

Hudson River: Alles im Fluss

»Der Edle ist ruhig und gelassen, der Gemeine ist immer in Sorgen und Aufregung.« KONFUZIUS

»Hoffentlich sind wir bald in der Luft. Ich habe Hunger.«
»Mann, ich habe kaum mehr Akku. Sobald wir gelandet sind, muss ich eine Steckdose finden.«
»Soll ich meine Payback-Punkte einlösen? Bratpfanne? Oder Badetuch?«
»Hole ich mir das Galaxy oder doch das iPhone?«
»Ich hasse es, Mitarbeiter feuern zu müssen!«
»Ich muss unbedingt eine Mathenachhilfe für Greg organisieren.«
»Hoffentlich hat der Videorekorder gestern ›Sex and the City‹ aufgenommen.«
»Wenn ich den Job nicht bekomme, werden wir das Haus verlieren.«
»Ob der Nachbar für mich wie besprochen das Heizöl mitbestellt hat?«
»Hoffentlich wird die Autoreparatur nicht zu teuer.«
»Was das soll, dieses Handyausschalten. Das merkt doch kein Mensch.«
»Ob mein Patenkind sich über das Geschenk freut?«
»Die General-Motors-Aktien muss ich schnell abstoßen.«
»Ich weiß nicht, ob das alles noch Zukunft hat. Ich sollte John den Laufpass geben.«
»Ob sich der tiefe Kratzer im Parkett reparieren lässt?«
»Mist, ich hab mein Buch zu Hause gelassen!«
»Wenn nicht bald das Geld kommt, bin ich geliefert.«
»Jetzt habe ich auch noch vergessen, für heute Abend den Tisch zu bestellen.«

»Wo sind die verdammten Unterlagen?«
»Diese blöde Strumpfhose kratzt wie verrückt!«

Zwanzig Sorgen. Zwanzig Menschen. Und nur zwanzig Minuten später stehen alle auf den Tragflächen des Airbus A320. Mitten im eiskalten Hudson.

Detailgetreu

Die Passagiere, die mit Flug 1549 unterwegs waren, hatten beim Einstieg in das Flugzeug ganz andere Probleme als kurze Zeit später, als sie sich mitten im Hudson River wiederfanden und darauf hofften, dass die New Yorker Fähren sie von dem sinkenden Flugzeug aufsammelten. Was ihnen kurz vorher noch dramatisch und wichtig vorkam, schnurrte in wenigen Augenblicken auf Nanopartikel-Größe zusammen – nachdem der Schwarm Wildgänse direkt in die Turbinen geflogen war.

Du steckst in einer schwierigen Situation? Ein Schicksalsschlag, ein Ereignis, das wie ein Meteor in dein Land einschlägt, nur noch eine Kraterlandschaft hinterlässt, zeigt dir, wie unwichtig das sein kann, worum deine Gedanken kreisen. Ich glaube nicht, dass Eltern, die sich energisch um die richtige Mülltrennung streiten – »Oh Mann! Stell dich doch nicht so an, wenn ich die Aludeckel mal in den Restmüll werfe!« – noch an Recycling denken, wenn sie erfahren, dass ihr Kind auf dem Schulweg vom Auto angefahren wurde.

Welche Bedeutung hat das eigentlich, was wir uns da so jeden Tag zusammendenken? Die Problemchen, die wir wälzen, zeigen, wie verstrickt wir in unsere Alltagssorgen sind. Das meiste ist tägliches Klein-Klein. Nur ganz wenig von dem, womit wir uns beschäftigen, hat wirkliche Bedeutung für uns und unser zukünftiges Leben.

Genauso ist es mit deinen Entscheidungen. Du grübelst tage- und wochenlang herum, ob dein neues Auto 180 oder 220 PS haben soll. Oder ob du das übers Internet gekaufte blau-weiß gestreifte Hemd zurückschicken sollst oder nicht. Gibt es da wirklich nichts Wichtigeres?

> **Es gibt auch die Entscheidungs-Junkies.**

Es gibt aber nicht nur diejenigen, die sich kaum zu einer Entscheidung durchringen können. Die vor dem Supermarktregal mit den Milchprodukten total überfordert sind. Es gibt auch diejenigen, die dauernd bestimmen wollen, wie es um sie herum auszusehen hat, die alles im Griff haben müssen, um sich wohlzufühlen. Entscheidungs-Junkies eben.

Wenn alles perfekt sein soll, muss jeder Entschluss sitzen. Dann hat es auf einmal Bedeutung, sorgsam die Farbe und Größe der Sofakissen zu wählen und ob sie von Tchibo oder vom örtlichen Wohnraumgestalter kommen sollen.

Halt! Was ist das jetzt? Erst redet der Brandl 200 Seiten lang davon, wie lebenswichtig es ist, Entscheidungen zu treffen, und jetzt ist es auf einmal lächerlich, sich über Streifen- oder Karo-Optik Gedanken zu machen? Nein. So meine ich das nicht. Ich will es nicht leugnen: Ein hässliches, unpassendes Sofakissen kann einem sensiblen Menschen Magenkrämpfe bereiten. Als Oscar Wilde völlig verarmt im Pariser Hôtel d'Alsace im Sterben lag, schaute er auf die grauenhaft gemusterte Tapete des Zimmers und sagte: »Entweder geht diese scheußliche Tapete – oder ich.« Das waren seine letzten Worte.

Das passende Sofakissen auszuwählen ist immerhin ein Zeichen für einen Gestaltungswillen, der so vielen Menschen fehlt. Worum es mir hier geht, ist die Relation, die Verhältnismäßigkeit.

Wenn sich vor hundert Jahren jemand entschieden hatte, auszuwandern, war das eine Entscheidung ganz besonderer Tragweite. Sack und Pack auf den Buckel genommen, alles andere zu Geld gemacht. Freunde und Verwandte auf Nimmerwiedersehen hinter sich gelassen – und das hieß wirklich auf Nimmerwiedersehen. Alles in die Waagschale geworfen, alles riskiert. Wer in der Neuen Welt nicht Fuß fassen konnte, war geliefert. – Wenn du heute auswanderst und es nicht schaffst, in Spanien oder auf Bali heimisch zu werden, dann setzt du dich in den nächsten Flieger und bist nach drei Monaten eben wieder zurück in deinem Freundeskreis.

Das Problem ist: Wenn du nur noch mit Entscheidungen kleinster Größenordnung beschäftigt bist, dann geht dir der Blick auf die größeren Zusammenhänge verloren. Dann vergisst du über all den Joghurt- und Farbe-der-Duftkerzen-Entscheidungen, an die wirklich wichtigen Dinge im Leben zu denken. Dann sind deine Kanäle zugemüllt.

Hast du schon einmal einer Maus bei der Futtersuche zugeschaut? Auf dem Boden dahinwieselnd sucht sie nach Bröseln und Krumen. Geschäftig. Immer unterwegs. Hektisch. Da! Ein Weizenkorn. Hin! Fressen. Schnüffeln. Weiter. Die Knopfaugen immer nur auf das nächste Körnchen gerichtet. Welche Eigenschaften fallen dir zu diesem Bild ein? Überlegene Stärke? Besonnenes Handeln? Oder doch nur hektisches Herumlaufen?

> **Überlegene Stärke oder hektisches Herumlaufen?**

Diese Hektik, in die wir uns mit dem Alltags-Klein-Klein jeden Tag bringen, wird durch eine weitere Einstellung verstärkt: unsere Ich-will-alles-und-zwar-sofort-Mentalität.

Aber dalli

China ist riesig. Aber es verfügt über erstaunlich wenig Rohstoffe. Steinkohle, das Aluminium-Erz Bauxit und Seltene Erden – viel mehr ist für die Chinesen innerhalb der Grenzen nicht zu holen. Eisenerz, Kupfer, andere Metalle und vor allem Öl, all das muss die chinesische Wirtschaft in gigantischen Mengen importieren. Keine gute Ausgangslage für das bevölkerungsreichste Land der Welt.

Gerade deshalb sind die Chinesen seit Jahrzehnten auf der ganzen Welt unterwegs: Sie kaufen sich in Unternehmen ein, wenn irgend möglich übernehmen sie sie auch. Allein in Kanada hat Peking 8 Milliarden Dollar in die Ausbeutung der dortigen Ölsand-Vorkommen gepumpt. Ein Viertel der kasachischen Ölförderung wird von China kontrolliert. Sie investieren enorme Summen in die Infrastruktur von Entwicklungs- und Schwellenländern. Allein im Jahr 2010 bauten sie in Nigeria vier Ölraffinerien.

Mittlerweile haben die Chinesen sich in alle Rohstoffmärkte eingekauft und in den rohstofffreien Ländern positioniert. So haben sie sich den Zugang zu den Bodenschätzen der Welt sichern können. Und wenn es einmal nicht richtig klappt mit der Einkaufstour, dann spielen sie ihren Trumpf aus: Mit einem Anteil von über 90 Prozent dominieren sie den Markt der Seltenen Erden, ohne die kein Handy und kein Flachbildschirm gebaut werden kann. Dann heißt es: »Gib du mir dein Öl, dann bekommst du von mir Lithium und Molybdän.«

Ein einzelnes Joint Venture mit Kasachstan, Ecuador oder Birma ändert das Kräfteverhältnis im globalen Markt der Rohstoffe nicht. Nur das emsige, strategisch ausgeklügelte Vorgehen der Chinesen über viele Jahre hinweg hat den gewünschten Effekt gebracht: den Platz an den Rohstoff-Töpfen der Welt. Die gigantischen Entwicklungssprünge der letzten Jahre wären nicht möglich gewesen, wenn nicht beizeiten für den Rohstoff-Hunger vorgesorgt worden wäre. Auch in Zukunft wird das Reich der Mitte nichts zu befürchten haben: Werden die Ressourcen knapp, ist China gewiss nicht unter den Ländern, die als Erstes im Wettlauf um die Rohstoffe abgehängt werden.

Etwas von langer Hand vorbereiten, einen langen Atem zeigen, Zeit und Geld investieren, auch wenn sich der Erfolg erst in Jahren oder sogar Jahrzehnten zeigen wird – nur wenige können das. Kaum einer hat die Geduld für eine Investition, die sich erst in ferner Zukunft auszahlen wird. Wir Menschen sind leider nicht so gebaut.

Dazu sind wir noch viel zu nah an unseren Vorfahren dran. Die mussten sich mit akuten, tagesaktuellen Dingen herumschlagen: etwas zum Essen finden – und nicht gefressen werden. In die Zukunft zu denken, heute auf etwas zu verzichten oder in etwas zu investieren, um es im nächsten Jahr doppelt zurückzubekommen, wäre purer Luxus gewesen. Wer wusste denn schon, ob er in einem Jahr überhaupt noch lebt? Ein Kühlschrank zum Füllen ist in unserer biologischen Ausstattung nun mal nicht vorgesehen.

Was dem Menschen mehr liegt: Jetzt entscheiden und im nächsten Moment die Wirkung genießen. So ist das bei Kindern auch heute noch: Wenn man an einem Hebelchen dreht, dann muss da auch sofort ein Kaugummi aus dem Automaten kommen.

Aber so funktioniert das nicht im Leben.

Heute haben die Menschen, die nicht auf Belohnung warten können, viele Nachteile. Die Extremfälle unter ihnen machen ihre Umgebung mit ihrer Ungeduld und hektischen Betriebsamkeit ganz rappelig. Zum Dank werden sie mit dem Stempel ADHS versehen und mit Ritalin ruhig gestellt. Ihnen wie allen anderen, die zwar ihren Aktivitätslevel etwas mehr im Griff haben, aber ansonsten genauso wenig warten können, geht ein wichtiger Steuermechanismus für ihr Leben verloren.

Den meisten Menschen kommt es nicht in den Sinn, wirklich in die eigene Ausbildung zu investieren. Monate- und jahrelang abends ackern, statt *Germany's next Top-Modell* zu schauen? Noch Bücher wälzen, wenn man auch mit den Kumpels einen trinken gehen

> **Es wird nicht investiert, sondern alles sofort verbraten.**

könnte? Nicht mit ihnen! Es wird nicht investiert. Sondern konsumiert. Für einen, der nicht abwarten kann, sind vorausschauendes Planen und Vorsorge Fremdwörter. Diese Ungeduld bewirkt aber nicht nur, dass sich die Betroffenen alles andere als vernünftig in die Zukunft entwickeln können, sie macht diese Zukunft auch kaputt.

Wer nicht warten kann, zieht am Gras, damit es schneller wächst. So jemand schafft es nicht, dem Pflänzchen die Zeit zuzugestehen, die es braucht, um einfach zu wachsen. Damit macht er heute das unmöglich, was in der Zukunft hätte stattfinden können. Was er nicht auf dem Schirm hat: Zwischen Entscheidung und Wirkung gibt es noch eine Zeitspanne. Eine Zeitspanne der Entwicklungen. Das ist der Unterschied zwischen enger Ballführung und einem weiten Pass über das gesamte Spielfeld. Mit dem einen hast du die perfekte Ballkontrolle, bleibst aber im Klein-Klein stecken. Mit dem anderen kannst du elegant weite Räume erschließen.

Wenn du Entscheidungen treffen willst, die über Sofakissen-Niveau hinausgehen, musst du abwarten können. Du musst bereit sein, die Dinge auch mal laufen zu lassen. Du musst es aushalten, nicht zu wissen, wie sich deine Entscheidung am Ende auswirken wird.

Wenn du heute entscheidest, deinen Sohn auf eine teure Privatschule zu schicken, dann dauert es seine Zeit, bis ihr beide wisst, ob es eine gute Entscheidung war. Meldest du ihn gleich nach drei Tagen wieder ab, weil er von einem Lehrer unfair behandelt wurde, wird er nie zeigen können, dass er mit unangenehmen Situationen zurechtkommt. Und dass er sich durchsetzen und Freunde finden kann. Ob sich deine Investition in die Bildung deines Sohnes finanziell gelohnt hat, wird sich sogar erst in zehn Jahren zeigen. Dann, wenn dein Sohn auf eigenen Füßen steht und – hoffentlich – von seiner guten Ausbildung profitiert.

Genauso läuft es, wenn du dich selbstständig machst. Dann liegt meistens eine lange Durststrecke vor dir, bis du dir in deiner Branche einen Namen gemacht hast und nachts ruhig schlafen kannst. Und wenn du dich heute von deinem langjährigen Partner trennst, bist du morgen noch lange kein cooler Single.

Auch in der Wirtschaft gilt das. Hier ist den Akteuren natürlich längst klar: Ohne Investition läuft gar nichts. Trotzdem behält regelmäßig die Ungeduld der Entscheidungsträger die Oberhand. Jedes Projekt, das keine Zeit für Entwicklungen vorsieht, sondern im Hauruck-Verfahren durchgezogen werden soll, ist praktisch schon zum Scheitern verurteilt. Oft sind es die Geldgeber und Aktionäre, die mit ihrer Ungeduld die langfristige Entwicklung stören. Ein Unternehmen, das in die Entwicklung von Elektroautos investiert, wird mit Sicherheit nicht schon in dem Quartal, in dem die Entscheidung fällt, Gewinne aus der neuen Produktsparte einfahren. Erst muss jede Menge Geld in Forschung und Entwicklung gepumpt werden. Und das ohne die Gewissheit, dass es sich am Ende auszahlt. So manche langfristig angelegte Strategie musste wieder fallen gelassen werden, weil den Anlegern ihre Dividende zu niedrig wurde.

Ungeduldigen, im kurzfristigen Denken verhafteten Menschen ist jede Minute, in der nichts passiert, zu viel. Ich frage mich: Was machen sie mit all ihrer Zeit?

Blick aus dem Hotelfenster

»Frühstücksauswahl mehr als dürftig. Keine Abwechslung. Geschmacklich auch nichts Besonderes.«
»Das Buffet war um 21 Uhr nur noch lauwarm.«
»Ein freundlicher Empfang, alles bestens vorbereitet, von der ersten Minute an Urlaub pur.«

Sobald die Urlauber wieder zu Hause sind, setzen sie sich an ihren Laptop und tippen auf HolidayCheck ihre Bewertungen in das Eingabefeld. Ihrem strengen Auge ist nichts entgangen. Staubbollen unterm Kingsize-Bett? Krach aus dem Nachbarzimmer? In der Rückschau bleibt nichts unkommentiert. Die Nachbereitung des Urlaubs dauert gefühlt so lange wie der Urlaub selbst.

> **Staubbollen unterm Kingsize-Bett.**

Klar – da sind nachvollziehbare Gründe für dieses Verhalten am Werk. Menschen wollen gesehen werden. Ihren Senf dazugeben. Auch uneigennützige Motive sind dabei: anderen dabei helfen, ein gutes Hotel zu finden.

Aber ich frage mich: Ist das wirklich sinnvoll? Du planst wie verrückt deinen Urlaub. Minutiös wird verglichen: Bei diesem Hotel bekommen wir aber noch eine halbe Flasche Wein aufs Zimmer gestellt. Und bei dem anderen wäre es ein Früchtekorb. Vor dem Abflug wird schon das Abendessen bestellt. Und im Urlaub selbst siehst du mehr durch dein Kameraobjektiv als mit freiem Auge auf deine Umgebung. Wie traurig ist das denn?

Die Nachbereitung wird genauso aufwendig durchgezogen. Das zum Urlaub gehörende Fotobuch zu gestalten dauert ein Wochenende. Wenigstens kann der Besucher die Schnappschüsse – »Maja in der Moschee« und »Ich am Strand« – heute in zügigem Tempo selber durchblättern; früher saß man stundenlang im Dunkeln und musste einen Dia-Kasten nach dem anderen über sich ergehen lassen.

Alles gut und schön. Nur frage ich mich: Warum treiben die Leute denn nur beim Urlaub so einen enormen Aufwand? Warum beschäftigen sie sich noch nicht einmal halb so intensiv mit ihrem Leben? Denn so sieht es doch aus: Wer setzt sich schon hin und überlegt sich, wie das vergangene Jahr gelaufen ist. Was besser laufen sollte. Kaum jemand wägt ab: Was haben wir uns vorgenommen, was haben wir erreicht? Warum ist manches anders gekommen, als man es sich gedacht hat? Auch kein Ausblick in die Zukunft findet statt: Was will ich im nächsten Jahr erreichen? Was soll nicht wieder vorkommen? Wie soll es weitergehen? Und was erwarte ich noch vom Leben?

Keine Planung, keine Rückschau. Für das Wichtigste bleibt über all dem nichtigen Gewurstel keine Zeit. Aber: Wenn du nur noch durch die Programme zappst, hast du am Ende nichts gesehen.

Zeit hat einen Wert. Sie ist nicht beliebig vermehrbar. Irgendwann fällt der Hammer, und dann solltest du deine Zeit nicht verplempert haben. Überlege, was du mit deiner begrenzten Zeit anfängst. »Weitläufiges Areal, großzügige und gepflegte Anlage mit ausreichend Nischen. Sehr gepflegter Zustand, tipptopp sauber« – ist so eine Bewertung auf einem Reiseportal wirklich alles, was von dir übrig bleiben soll?

Aber es ist doch kein Drama, sich ein paar Minuten an das Ausfüllen eines Fragebogens zu setzen, der die Erlebnisse des letzten Urlaubs abfragt! Ist das so? Es gibt so vieles, womit du deine Zeit vergeudest! Du sitzt mindestens eine halbe Stunde daran, für deine Hotel-Bewertungen lustig-launige Formulierungen oder den Kommentatorenton eines Korrespondenten aus einem Kriegsgebiet zu finden. Angenommen, du fährst in deinem Leben noch sechzig Mal in Urlaub – willst du wirklich dreißig Stunden damit verbringen, ein Schlaumeier zu sein? Das ist mehr als eine halbe Woche Arbeit. Sechzig Wochenenden, um verwackelte Erinnerungen in Fotoalben zu konservieren – ist es dir das wert?

Eine Studie, die die Zeitschriftenreihe *Geo Wissen* 2005 veröffentlichte, und ein Spot der Welthungerhilfe zu ihrem 50-jährigen Bestehen bringen es auf den Punkt: Du wäschst und bügelst 9 Monate deines Lebens, putzt 16 Monate deine Wohnung. Zweieinhalb Jahre verbringst du im Auto, allein im Jahr 2011 standest du 36 Stunden im Stau. Dazu kommen 12 Jahre Fernsehen, 2 Jahre am Telefon. 170 Tage vor dem Spiegel – und noch einmal 170 Tage, die du an roten Ampeln wartest.

Willst du das wirklich genau so haben? Oder darf's auch ein bisschen weniger sein? Natürlich gehören Nichtigkeiten zum Leben dazu. Auch wenn es sich vielleicht für dich lohnt, das lästige Hemdenbügeln an einen Dienstleister abzugeben – nicht alles kannst du delegieren. Genauso wenig kannst du in jeder Stunde deines Lebens Weltbewegendes schaffen oder die Weichen für deine Zukunft stellen.

> **Darf's auch ein bisschen weniger sein?**

Du musst es schaffen, ein ausgewogenes Verhältnis zu erreichen zwischen den Sofakissen-Alltagsentscheidungen und den wegweisenden Entscheidungen, die Auswirkungen auf dein zukünftiges Leben haben.

Es kommt darauf an, das richtige Maß zu finden.

Lost in Space

Im Flieger gibt es die MEL, die Minimum Equipment List. Sie zählt auf, was im Flugzeug alles vorhanden und funktionstüchtig sein muss, bevor du abheben darfst. Auf dieser Liste stehen zum Beispiel drei Geschwindigkeitsmesser. Warum drei? Reicht denn nicht einer? Im Normalfall schon. Aber was ist, wenn einer ausfällt? Dann bist du froh, dass du noch einen Ersatz hast. Denn wenn du nicht weißt, wie schnell du bist, weißt du auch nicht, wie steil du die Nase deines Fliegers hochziehen darfst. Mitten in den Wolken hast du keine Ahnung, ob du mit 800 Stundenkilometern Ground Speed unterwegs bist oder ob dir im nächsten Moment die Strömung abreißt und du wie ein Sack Kartoffeln vom Himmel fällst. Deshalb ist der Geschwindigkeitsmesser sogar so wichtig, dass er in dreifacher Ausfertigung im Cockpit sein muss – falls der Ersatz auch noch kaputtgeht. Das TCAS, das Traffic Alert and Collision Avoiding System, und das Ground Proximity Warning System sind dagegen zweifach vorhanden. Es gibt aber nur eine Axt, mit der sich die Piloten im Notfall aus dem Cockpit befreien können.

Drei Fahrtmesser sind eingebaut. Zwei müssen funktionieren, sonst darfst du nicht fliegen. Die MEL verdeutlicht den Unterschied zwischen Essentials und purem Nice-to-have. Zwischen lebenswichtig und angenehm.

In Kapitel 5 ging es darum, das Wichtige vom Unwichtigen zu unterscheiden. Denn wenn du deine Zeit nicht vergeuden willst, musst du erst einmal wissen, was für dich im Leben wichtig ist. Aber wie findest du heraus, was für dich wirklich zählt? Stell dir doch mal folgende Frage: Wer sind die drei wichtigsten Menschen in deinem Leben? Wenn du das weißt, bist auch den bedeutenden Dingen in deinem Leben auf der Spur.

Stell dir vor, du verbringst fast deine gesamte freie Zeit auf dem Sportplatz. Mit deiner Mannschaft fährst du zu Turnieren und Trainingswochenenden. Wenn aber kein Einziger der drei wichtigsten Menschen aus diesem Sport-Umfeld stammt, dann stimmt etwas nicht.

Also: Wer sind deine Top 3? Ist dein Partner, einer deiner Freunde darunter? Vielleicht bist du erstaunt, wenn deine Überlegungen ergeben, dass dein alter Patenonkel, den du nur alle paar Jahre siehst, an Platz Nummer zwei steht. Warum ist er wichtig? Von dieser Frage aus kommst du schnell zu der Erkenntnis, *was* für dich wichtig ist.

Übrigens: Was hindert dich eigentlich daran, deinen Top 3 auch mal zu sagen, was sie dir bedeuten? Sag ihnen doch bei nächster Gelegenheit, dass sie für dich am wichtigsten auf der Welt sind. Damit machst du ihnen eine Freude. Und du nimmst ihre Bedeutung für dein Leben ernst. Und dich gleich mit. Denn sich ernst zu nehmen heißt nichts anderes, als danach zu handeln, was man denkt.

Nur wenn du für dich herausgefunden hast, was dir im Leben wichtig ist, gehst du dir nicht in den alltäglichen Banalitäten verloren. Sonst kümmerst du dich zwar hektisch um den richtigen Joghurt und die passende Farbe der Bettwäsche, aber die großen Fragen des Lebens verlierst du aus den Augen.

Entspannte Hamster

Wenn sich die Ereignisse vor dir auftürmen, der Alltag dich zu verschlingen droht, wenn du den Überblick verloren hast, dann ist der erste Impuls, auch selbst immer schneller zu werden. Du erhöhst die Umdrehungszahl, um alles zu schaffen und zu erledigen. Genau andersherum funktioniert es!

Die Bremse treten. Einen Schritt zur Seite machen und dich fragen: »Über was mache ich mir da eigentlich Gedanken? Was tue ich da eigentlich gerade? Und wozu ist das gut?«

Die Helikopter-Perspektive: In der Wirtschaft und der Politik ist das eine bekannte Technik. Wenn man sich in Verhandlungen als Kontrahenten unversöhnlich gegenübersteht, setzt man sich in einen virtuellen Helikopter mit Panoramablick und sieht sich die ganze Situation von oben an. Man sieht sich selbst, sieht seine Verhandlungspartner.

Und nun kommt die Preisfrage: »Über was streiten wir uns eigentlich?« Reden wir hier wirklich über erlaubte Exportvolumina, oder geht es um die Angst vor der wirtschaftlichen Stärke des Nachbarlandes? Und wie können wir das eigentliche Problem lösen, statt uns in Stellvertreterkämpfen aufzureiben?

> **Die maßlose Verschwendungssucht, die sich in einem halben Milliliter Zahnpasta offenbart.**

Was im Beruf funktioniert, zeigt auch im Privaten Erfolge. In wohl jeder Partnerschaft gibt es immer wiederkehrende Streitpunkte. Müll rausbringen, Wäsche nicht auf den Boden, sondern in die Wäschetonne werfen, Zahnpastatube ausdrücken. Wenn es nicht so traurig wäre, könnte man sich totlachen. Indem du aus dem ewigen Geplänkel und Gestreite heraustrittst, verschaffst du dir einen Überblick: Worum streiten wir uns wirklich? Es geht doch gar nicht um den Müll, auch nicht um den Rest Zahnpasta. Wenn es so wäre, bräuchtest du doch nur für 200 Euro im Großhandel eine Kiste mit 240 Tuben zu besorgen, und alles wäre in Butter. Ist es natürlich nicht. Denn es geht nicht um Zahnreinigung und auch nicht um die maßlose Verschwendungssucht, die sich in einem halben Milliliter Zahnpasta, der in der Tube bleibt, offenbart. Geht es nicht vielmehr um mangelnde Wertschätzung und fehlende Aufmerksamkeit? Geht es nicht vielleicht um eine verkorkste Beziehung?

Wenn erst der Kern der Dinge freigelegt ist, fängt die Arbeit richtig an. Warum glaubt denn der eine, dass der andere keine Rücksicht auf seine Wünsche nimmt? Stimmt das denn überhaupt? Und so weiter.

Ich bin kein Beziehungsberater. Aber der Mechanismus ist immer derselbe: Aus sich selbst heraustreten, sich aus der konkreten Situation lösen. Dann bist du ihr nicht mehr so ausgeliefert. Und du bekommst den Überblick. Das ist wie bei einer Kamera, die aus der Nahaufnahme auf die Totale umstellt.

Du kannst dich auch fragen: »Was würde Jesus jetzt machen?« Oder der Dalai Lama. Oder MacGyver. Egal. Hauptsache, nicht du selbst.

Auch mit diesem Trick schaffst du es, aus deiner Haut herauszuschlüpfen. Dich aus der direkten Umklammerung deines Alltags und direkten Erlebens zu lösen und eine ganz andere Perspektive zu bekommen. Kannst du die Situation von einer anderen Warte aus betrachten, wird auf einmal alles klarer. Dissoziierung nennt man das.

Zeitschleifen

Ich hatte früher Schulden. Das waren nicht die Schulden, die ich gemacht hatte, um Pilot werden zu können. Nein, das waren ganz dumme Schulden, die ich während meines Studiums und in der Zeit danach angehäuft hatte. Ich hatte immer schon ganz gut verdient, aber eben auch ganz gut gelebt. Und das hatte halt seinen Preis. Irgendwie war es mir egal, ob ich 25 000 oder 32 000 Mark Schulden hatte. Oder ob es 52 000 oder 57 000 Mark waren. So geriet ich immer mehr ins Minus. Schleichend.

Irgendwann habe ich gemerkt: Verdammt! Ich muss ja allein für Zinsen 1000 Mark im Monat bezahlen! Und die muss ich vorher erst mal verdienen. Ich addierte meine Verbindlichkeiten in einer Liste. Die, die ich bei der Bank hatte, bei Freunden, bei den Eltern. Die Summe: 150 000 Mark und ein paar Zerquetschte. Diese Erkenntnis war ein Schock.

Im ersten Moment dachte ich: Das war's. Da kommst du nie wieder raus! Aber dann krempelte ich mein Leben um, verkaufte alles, was ich nicht unbedingt brauchte. Ich schränkte mich extrem ein, arbeitete wie ein Bekloppter. In den beiden Jahren um den dreißigsten Geburtstag war ich so gut wie keinen Abend unter der Woche in einer Kneipe, tagsüber hielt ich Seminare, die ich dann bis in die Nacht vor- und nachbereitet habe. Alles, um von den verdammten Schulden runterzukommen.

Heute weiß ich, was für ein heilsamer Schock das damals für mich gewesen ist. Er riss mich aus meiner verantwortungslosen Alles-easy-Haltung. Ich kann sogar über meine Dummheit lachen, die mich damals fast in den Ruin geführt hätte. Aber damals, als ich um meine Existenz, um mein Leben kämpfte, war die Welt schwarz für mich.

Und das ist der Trick: Wenn du erlebt hast, dass du solche Tiefpunkte überstehen kannst, kannst du das auch auf den Schlamassel, in dem du heute steckst, übertragen. Aus »Ich weiß heute, dass ich mein Problem von damals bewältigen konnte, dass ich sogar daran gewachsen bin« wird: »Ich werde morgen wissen, dass mein Problem von heute auch zu schaffen ist.« Und als Bonus noch dazu: »Ich werde wissen, dass ich daran gewachsen bin.«

> **Was sich wie eine Grammatik-Übung im Deutschkurs für Ausländer anhört, ist eine wesentliche Erkenntnis.**

Was sich wie eine Grammatik-Übung im Deutschkurs für Ausländer anhört, ist eine wesentliche Erkenntnis in der Kunst, sein Leben zu führen. Du stellst dir vor, du würdest mit einem Zeitabstand von fünf oder zehn Jahren auf die heutige Lage zurückblicken – und schon verliert die aktuelle Situation an Bedeutung oder gar Bedrohlichkeit. Das ist noch wirkungsvoller als die »Ich schlaf mal eine Nacht darüber«-Methode. Und funktioniert fast immer.

Als ich sieben Jahre alt war, hatte ich einen brennenden Wunsch, der alles andere überstrahlte: Es gab diese schwarzen Plastik-Tennisschläger, Softball hieß das Spiel. Manche der Nachbarskinder hatten so ein Ding. Noch viel mehr faszinierte mich der dazugehörende knallgelbe Ball. Damit konnte man sogar im Zimmer spielen. So etwas zu besitzen musste die reine Glückseligkeit sein! Es verging kein Tag, an dem ich nicht mit dem Gedanken an so ein Teil aufwachte, und keiner, an dem ich nicht mit der heißen Sehnsucht danach schlafen ging.

Damals wohnte ich mit meiner Familie noch im Osten. Die Schläger gab's aber nur im Westen. Es hätte nichts gebracht, mein Taschengeld zu sparen, das waren ja Ost-Mark. Eltern, Tanten und Onkel waren auch keine Option. Keiner von ihnen würde für so etwas Westgeld ausgeben, wenn sie überhaupt welches hatten. Wir hatten auch keine Verwandten, die uns das Objekt meiner Begierde über die Grenze geschickt hätten. Es gab für mich einfach kein Rankommen. Umso mehr schmerzte mich das unstillbare Verlangen nach den Tennisschlägern und dem gelben Ball.

Ich weiß heute noch genau, wie sich das angefühlt hat. Ein giftiger Mix aus Verzweiflung, Verlangen, Trauer, Wut, … Ich fühlte mich allein, machtlos, unverstanden. Denn alle anderen sagten: »Stell dich nicht so an. Hör auf, uns mit dem Zeug in den Ohren zu liegen.«

Auch wenn meine damaligen Qualen aus heutiger Sicht Firlefanz waren – ich könnte heute eine ganze Schule mit dem Plastikkram ausstatten –, meine Gefühle, meine Verzweiflung damals waren echt. Sie aus heutiger Warte kleinreden zu wollen, wäre falsch. Für mich gab es damals keine Rettung. Als Kind wäre ich nicht in der Lage gewesen, meinen Wunsch mit dem Blick auf kommende Jahre zu relativieren. Aber Erwachsene können das sehr gut. Wenn sie es wollen.

Wenn du Liebeskummer hast, gerade verlassen wurdest, kannst du dir nicht vorstellen, dass es jemals wieder besser wird. Du vergehst vor Kummer. Die Zeit bleibt stehen, unvorstellbar, dass es irgendwann wieder weiter im Leben geht. Wenn du dir in so einer Situation vorstellst, wie du in fünf oder zehn Jahren auf die heutige Zeit zurückschaust, dann relativierst du den Schmerz. Das heißt nicht, dass er ganz vergeht. Natürlich nicht. Aber er verliert seine absolute Macht über dich.

Wenn du zurückschaust auf dein bisheriges Leben, dann erkennst du: Jeder Lebensabschnitt hatte seinen ganz eigenen Fokus. Alle paar Monate oder Jahre war eine andere Baustelle dran. Alles andere, schon Überstandene verblasste dagegen. Als Fünfjähriger hast du dir gedacht: »Ich würde gerne Rad fahren können.« Als Zehnjähriger war das kein Thema mehr für dich. Da wolltest du endlich das Bruchrechnen kapieren. Es hat genervt, wie der Lehrer dich vor der Klasse immer bloßstellte. Als 13-Jährigem war dir das Bruchrechnen so egal wie ein Sack Reis in China. Denn damals warst du zum ersten Mal hoffnungslos verliebt. Mit 19 Jahren hattest du diese Episode als eine echte Kinderei abgetan; du machtest gerade die erste wilde Trennung durch. Liebeskummer war dir mit 23 herzlich egal, jetzt stand dein Streit mit deinem Professor um ein paar Punkte in deiner Hausarbeit im Vordergrund. Du wolltest nicht, dass dein Notenschnitt versaut wird. Als 25-Jähriger hast du zum ersten Mal einen Job verloren. Die haben dich einfach nicht aus der Probezeit übernommen. Und so geht es das ganze Leben weiter.

Die Sängerin Annett Louisan hat in ihrem Lied *Chancenlos* die Geschichte eines Mädchens beschrieben, das unsterblich in einen Mitschüler verknallt war. Jahre später könnte sie ihn haben. Aber da ist es längst zu spät.

> »So viele Dinge bekommt man erst dann,
> wenn man sie nicht mehr gebrauchen kann.
> Ein dummer Teenager-Traum, jetzt wird er wahr.
> Warum erst jetzt, und nicht als sie 16 war?«

Dann bist du am Ziel: Gelassenheit.

Darüber zu jammern, dass ein Wunsch und seine Erfüllung nur sehr selten zeitlich passend aufeinandertreffen, bringt nichts. Sieh es positiv! Wenn du weißt, dass nichts ewig ist, dann kannst du auch abstrahieren: »Meiner Erfahrung nach wird diese unangenehme Situation, in der ich feststecke, nur eine gewisse Zeit anhalten. Danach ist dann wieder was anderes dran.« Wenn du in fünf Jahren sowieso drüber lachst, dann kannst du das doch eigentlich auch gleich tun. Deine Sehnsucht oder dein Problem ist zwar jetzt im Moment unbestreitbar vorhanden. Aber es wird nicht ewig anhalten. Relativierung – auch dies ist ein Schritt weg von der belastenden Situation. Indem du den Blick hebst, findest du den richtigen Maßstab. Dann bist du dem Gleichgewicht zwischen den alltäglichen Belangen und der großen Linie auf die Spur gekommen. Dann wirst du dich weder in Hektik verlieren noch als vergoldete Statue nur noch Entscheidungen von intergalaktischen Dimensionen treffen wollen.

Dann bist du am Ziel: Gelassenheit.

Um es ganz klarzumachen: Gelassenheit heißt nicht Beliebigkeit. Dann wärst du gleich ins andere Extrem gefallen und würdest nur noch von großen Dingen reden. Genauso wenig wie sich das Leben nur auf der Mikro-Ebene abspielt, findet es allein im kosmischen Rahmen und im Überhaupt-Grundsätzlichen statt. Die richtige Mischung macht's.

Woran liegt es, dass nur wenige den richtigen Maßstab treffen?

Eiskalt

Ich hatte mir am Abend die Hand gebrochen. Sie war notdürftig versorgt worden, und wir fuhren von Graz über die verschneite Autobahn nach Hause. Ich hatte im Krankenhaus Schmerzmittel bekommen. Vier Tabletten. Bei Salzburg verlor die letzte ihre lindernde Wirkung. Bad Reichenhall – die Hand fing an zu pochen. Traunstein – der Schmerz wurde unerträglich. Kurz vor Rosenheim hatte ich mich in meinen Schmerz verbissen. Meine Welt war auf die 200 Meter Autobahn vor mir und auf den pulsierenden Schmerz in meiner Hand zusammengeschrumpft. Egal, wie ich die Hand hielt – es tat weißglühend weh. Bei jedem Herzschlag, der das Blut in die Adern der verletzten Hand pumpte, sah ich feurige Kreise. Alle meine Gedanken kreisen um den Schmerz. Um die Hand. Um den Schmerz. Um die Hand.

Gerade passierte ich die Ausfahrt Rosenheim. Noch eine halbe Stunde bis München. Bei dem Schneetreiben vielleicht ein bisschen länger. Da wurde im Radio das Gedudel unterbrochen.

> »*In Rosenheim ist nach massiven Neuschneefällen das Dach einer Eissporthalle unter seiner Schneelast eingestürzt. Die Zahl der Verletzten und Toten ist noch nicht bekannt. Die Rettungsarbeiten wurden durch die andauernden Schneefälle erschwert.*«

Da waren Kinder und Jugendliche, die in ihren Schulferien zum Schlittschuhlaufen gegangen waren und die nun nicht mehr nach Hause zurückkehren würden. Menschen, die unter den Trümmern begraben worden waren und nach ihrer Rettung keinen Schritt mehr auf ihren Beinen würden laufen können. Ich war geschockt.

Erst als ich in München aus dem Auto stieg, wurde mir klar, dass ich zwischen Rosenheim und Mittlerem Ring kein einziges Mal mehr an meine Hand gedacht hatte. An diesem Tag sind 15 Menschen unter einem eingestürzten Eishallendach gestorben, darunter 12 Kinder, 34 weitere wurden zum Teil schwer verletzt. Und habe ich mir nur gedacht: Wie wichtig ist da noch meine Hand? Brandl, halt doch den Ball flach!

Ich sehe das so: Vom geozentrischem Weltbild der Antike und des Mittelalters ging es über zum heliozentrischen Weltbild. Ab der frühen Neuzeit stand nicht mehr die Erde, sondern die Sonne im Zentrum – das kam der Realität schon etwas näher. Doch obwohl mittlerweile bekannt ist, dass unser Sonnensystem nur eines unter Abermilliarden ist und auch unsere gesamte Milchstraße nur einen Fliegendreck in einer unglaublichen Anzahl an Galaxien darstellt, hat sich das Weltbild wieder zurückentwickelt: Das heliozentrische wurde vom egozentrischen Weltbild abgelöst.

Jetzt steht nicht mehr – wie in den Zeiten vor Kopernikus und Galilei – die Erde im Mittelpunkt des Universums, sondern der Einzelne. Das Ego. Die meisten Menschen haben als Allererstes nur sich selbst im Blick. Damit steht es um die Selbstüberschätzung des Menschen schlimmer als je zuvor: Alles um dich herum ist nur für dich und zu deiner Unterhaltung da.

> **Es gibt Wichtigeres als deine Befindlichkeit.**

Erst einschneidende Erlebnisse erinnern dich daran, dass es angemessen ist, den Ball flach zu halten. Dass es auf der Welt auch anderes, Wichtigeres als deine Befindlichkeit geben kann. Meine Rosenheimer Erfahrung hatte jedenfalls diese Wirkung. Du nimmst die Welt verzerrt durch die eigene Brille wahr. Erst wenn du die Dinge auch mal von einer höheren Warte als deinem Ego anschaust, überwindest du das egozentrische Weltbild. Und bekommst den Überblick darüber, wie es wirklich ist.

Beispiel Europa. Immer noch heißt es: Ich ich ich. Die Deutschen, die Griechen, die Italiener. Nationaler Dünkel, nationale Eifersüchteleien. Klar, in einem größeren Maßstab als »Wir in Klein-Kleckersdorf« zu denken bekommt man nicht über Nacht in die Köpfe hinein. Aber wann werden sich die 700 Millionen Einwohner der Alten Welt endlich als Europäer sehen? Dringend notwendig ist es. Denn nur im Verband, nicht als Einzelstaaten werden wir die Herausforderungen durch Länder wie China und Indien bestehen können.

Frank Schirrmacher hat in seinem Buch *Minimum* ein gutes Beispiel dafür gefunden, wie wichtig es ist, nicht als Einzelkämpfer durchs Leben zu ziehen. Im Winter 1846 / 47 sitzt ein Siedlertreck aus wohlhabenden Deutschen und Österreichern in der Sierra Nevada fest. Sie haben es nicht geschafft, rechtzeitig vor dem Schneeeinbruch mit ihren Planwagen den letzten hohen Pass zu überwinden. Knapp achtzig Menschen sind es, die in den eilig errichteten Notunterkünften gegen Kälte und Blizzards ankämpfen. Sechs Monate müssen sie ausharren, bis der Pass wieder befahrbar ist. Nahrung und Kleidung ist nur in der ersten Zeit genug da, ständig muss Holz geschlagen werden, damit das Feuer die Kälte vertreibt. Alles, was entbehrlich ist, wird verbrannt. Ganze Bibliotheken wandern in dem endlosen Winter in die Flammen. Jeder Tag ein Kampf ums Überleben. Bald fordern Überanstrengung und Unterernährung die ersten Opfer.

Die Hälfte der Siedler kam am Donner-Pass ums Leben. Aber die größten Chancen auf ein Überleben hatten nicht die allein reisenden Männer, stark, unabhängig, zwischen zwanzig und vierzig Jahre alt. Die meisten Einzelreisenden kamen um. Es waren diejenigen, die in Familien eingebettet waren, die von dem sozialen Verhalten untereinander profitierten, die den nächsten Frühling sahen. Wie sich herausstellte, waren die Aussichten auf ein Überleben umso größer, je stärker die sozialen Bindungen des Einzelnen in dieser Gruppe waren. Oder anders gesagt: Je größer die Familie, desto sicherer die Rettung.

Sieh es ein: Es gibt Dinge, die größer sind als du. Es geht nicht immer nur um dich. Du bist nicht das Zentrum der Milchstraße. Aber du bist auch kein bedeutungsloser Staubpartikel. Nimm dich ernst, aber mach nicht den Fehler zu denken, dass sich alles ausschließlich um dich dreht. Und schon gar nicht, dass du unersetzbar bist.

Ich nenne das: demütig sein. Denn es gehört Demut dazu, sich selbst zurückzunehmen. Sich als Teil eines Ganzen und nicht als das Maß aller Dinge zu begreifen. Um die eigene Größe und Bedeutung wissen, das ist Demut.

Aber heißt das, dass du dich am besten von jedem Fünkchen Selbstwertgefühl verabschieden musst und jeder Gedanke an eine Entscheidung ohnehin vertan ist? Zum Glück nicht.

In einer anderen Welt

Entscheidungen sind nicht absolut. Was wäre geschehen, wenn Sullenberger genauso reagiert hätte, wie er es tat, seine Maschine aber im Hudson versenkt hätte? Alle Insassen ums Leben gekommen, die Suche nach der Black Box, sich über Monate hinziehende Bergungsarbeiten, um die Trümmer des Flugzeugs aus dem Fluss zu holen. Wenn auf dem Hudson ein etwas höherer Wellengang geherrscht hätte; wenn da eine Bö gewesen wäre; wenn der Pilot es nicht geschafft hätte, die beiden Tragflächen exakt auf gleicher Höhe zu halten, damit keine der beiden Flügelspitzen ins Wasser geriet …

Ganz klar: Die Sache hätte auch schiefgehen können.

Dann hätte es mit Sicherheit geheißen: Warum ist der Idiot Sullenberger nicht zurück nach La Guardia oder zum Ausweich-Flughafen in New Jersey geflogen, so wie es der Tower wollte? Dass das gar keine Option gewesen war, wäre vergessen gewesen. Sullenberger wäre als der Pilot in die Geschichte eingegangen, der seinen Kopf durchsetzen wollte, alles falsch machte und das Leben von 155 Menschen auf dem Gewissen hat.

Zwischen Held und Versager liegen manchmal nur Millimeter oder Sekundenbruchteile. Oder Entwicklungen, die du nicht vorhersehen konntest. Löse dich also von der Vorstellung, dass du alle Karten in der Hand hast. Denn das hast du definitiv nicht. Du kannst nicht zu hundert Prozent über den Lauf deines Lebens bestimmen. Auch nicht, wenn du Entscheidungen triffst.

Wenn du entscheidest, ist das so, als würdest du ein Segelboot auf einem breiten Strom steuern. Du kannst bestimmen, ob du lieber eher am linken oder am rechten Ufer entlangsegelst. Aber du kannst nicht flussaufwärts fahren. Und du weißt nicht, welche Sandbänke und Stromschnellen noch vor dir liegen, die dich zwingen, den Kurs zu ändern.

Hier haben wir wieder das Thema Demut. Die brauchst du, um einzusehen, dass deine Gestaltungsmöglichkeiten begrenzt sind. Umso wichtiger ist es, was immer du an Richtungsbestimmung auf diesem Fluss bewerkstelligen kannst, auch wirklich zu tun. Jede Entscheidung zählt. Gerade dann, wenn nicht alles in deiner Hand liegt.

Zu meinen, »Ich bin völlig frei in meinen Entscheidungen; ich führe ein souveränes Leben«, ist der größte Selbstbetrug. Du kannst dem nahe kommen. Aber es nie ganz erreichen. Denn es gibt auch noch anderes in der Welt als dich allein. Du kannst nicht die Zukunft steuern. Wenn du dein Leben lebst, dann bist du nicht wie ein Controller an der Playstation. Bescheiden erkennst du: Du kannst im Großen und Ganzen die Richtung bestimmen, aber nicht den Fluss der Dinge. Auf vieles kannst du gar nicht einwirken.

Demut hat nichts mit der Unterwerfung eines Sklaven unter einen Herrn zu tun. Auch nichts mit Freude am Diener-Sein. Demut hat nichts Kriecherisches an sich. Im Gegenteil: Der Demütige hebt seinen Blick zu den Sternen. Er erkennt, dass es etwas für ihn Unerreichbares, Höheres gibt. Erich Fromm bezeichnete die Demut als die emotionale Haltung, in der der Mensch durch Vernunft und Objektivität seine Selbstbezogenheit überwinden kann.

Alexander Dibelius, Deutschlandchef der Investmentbank Goldmann Sachs, rief seine Branche zu Demut auf. Nun, zur Demut aufzurufen, ist gerade hip in Politiker- und Banker-Kreisen. Aber auch wenn einem so manche Worthülse um die Ohren fliegt: Dibelius hat vollkommen recht! Sein Aufruf ist nichts anderes als die Erkenntnis, dass der Trader eben nicht alles in der Hand hat. Dass sich nicht alles berechnen lässt. Dass es Dinge gibt, die sich niemand vorher hat ausdenken können.

Als Gorbatschow Präsident der Sowjetunion war, hatte er eine Fantastilliarde Probleme am Hals. Das Haus stand bereits kurz vor dem Zusammenbruch. Ihm war klar, dass es nicht so weitergehen konnte. Das Wettrüsten sog alle Kraft aus dem Land. Der Staatsapparat war gigantisch. Unbeweglich.

> **Er wollte Altes kaputtgehen lassen. Aber so?**

Gorbatschow wollte eine prosperierende Sowjetunion. Bedingung dafür: eine friedvolle Welt. Deshalb traf er radikale Entscheidungen: Weg vom Wettrüsten. Annäherung an den Westen. Er leitete mit Glasnost (Transparenz) und Perestroika (Veränderung) eine Wende ein. Als Generalsekretär der KPdSU hatte er die dazu erforderliche Machtfülle. Aber sobald der Stein ins Rollen gekommen war, gab es kein Zurück mehr.

Ich glaube, er hat absolut richtig gehandelt. Doch es ist anders gekommen, als er es sich vorgestellt hat. Gorbatschow hatte bestimmt nicht im Sinn, dass die Sowjetunion zerbricht. Er wollte Altes kaputtgehen lassen und Neues schaffen. Aber so?

Hat Gorbatschow Erfolg gehabt? Persönlich – ich denke, nein. Einen Putsch hat er noch politisch überlebt, aber die Sowjetunion war zerfallen, entmachtet. Und trotzdem hat er Unglaubliches erreicht. Gorbatschows Erfolg war es, dass er den Weg frei machte für eine tatsächliche Veränderung. Als Politiker, der Größe, Macht und Ansehen der UdSSR mehren wollte, ist er gescheitert.

So ist das mit dem richtigen Maßstab: Du kannst Entscheidungen treffen. Aber du kannst der Welt nicht befehlen, wie sie zu sein hat.

Du bist dran

> *»Tu es oder tu es nicht. Es gibt kein Versuchen«*, sagte Meister Yoda zu Luke Skywalker.
> *Es gibt im Leben keine Reiserücktrittsversicherung.*
> *Es gibt kein »Die anderen sind schuld«.*
> *Es gibt kein »Das ist halt so«.*
> *Es gibt kein »Ist doch egal!«.*
> *Es gibt kein »Hätte, wenn und aber«.*
> *Es gibt kein »Das ist nicht bequem«.*
> *Es gibt kein »Das mache ich dann irgendwann«.*
> *Es gibt kein irgendwie.*
> *Es gibt kein eigentlich.*
> *Es gibt kein vielleicht.*
> *Es gibt nur dich und dein Leben. Und die Entscheidungen, die du getroffen hast. Und die, die du noch treffen wirst.*
> *Sie erinnern dich daran, wer du bist.*

EPILOG

Auf dem Boden bleiben

Es hat ein Leben voller Entwicklung und Demut gebraucht, bis Chesley B. Sullenberger rückblickend auf seine Heldentat sagen konnte:

> »*Ich bin ein durchschnittlicher Typ, der sich in einer Extremsituation gut geschlagen hat.*«

Sullenberger hat getan, was er tun konnte.

Und das ist es doch, worauf es ankommt.

Über den Autor

Peter Brandl, Unternehmer, Managementtrainer, Berufspilot und Fluglehrer, ist sicher einer der ungewöhnlichsten Charaktere im Markt. Seit über 20 Jahren berät und trainiert er Unternehmen in den Bereichen Kommunikation, Verhandlungstechniken und Konfliktmanagement. Mit inzwischen über 3000 Veranstaltungstagen gilt er als einer der führenden Kommunikationsexperten im deutschsprachigen Raum. In seinen Büchern und Vorträgen überträgt er Erfahrungen aus der Luftfahrt auf alltägliche Business-Situationen.

Er versteht es, in seinen Veranstaltungen das Publikum zu begeistern, zu unterhalten, mitzureißen und zu motivieren.

Zu seinen Kunden zählen große Unternehmen wie Bosch Sicherheitssysteme, Airbus, Commerzbank AG, Credit Deutsche Bank AG, DRF Deutsche Luftrettung, Deutsche Post AG, Fresenius Medical Care AG, IBM, Microsoft, MTU, Siemens, aber auch ambitionierte Mittelständler.

Von Peter Brandl sind außerdem bei GABAL erschienen:

»*Crash Kommunikation – Warum Piloten versagen und Manager Fehler machen*«
»*30 Minuten Verhandeln*«

www.peterbrandl.com

Stichwortverzeichnis

Adenauer, Konrad 143
Ambiguitäts-Aversion 16
Angst vor dem Aufstieg 185
Angst vor Veränderung 185, 190f.
Aushalten 22, 24
Autosuggestion 172

Betriebsblindheit 103

de Gaulle, Charles 143
Demut 220f.
Dissoziierung 213
Durchsetzungswillen 148

Eisenhower, Dwight D. 51
Erfolgsgurus 171
Erwartungen 22, 24, 108, 111, 115

Fehler, Umgang mit 135–138, 196, 199
Frankl, Victor 140
Freiheitsaufgabe 35f.
Fromm, Erich 221

Geduld 204–206
Gelassenheit 216f.
Glaubenssätze 66–70, 73, 75f., 78–80, 188
Gorbatschow, Michail 222
Gruppendruck 24

Halo-Effekt 41–44

Investitionen, Festhalten an 18f.

Kognitive Verzerrung 42, 47
Kohärenz 39
Kontrollzwang 37
Konventionen 108
Kreative Vermeidungsstrategien 36

Leidensdruck 149f., 153
Loslassen 127, 129, 131, 133, 138

Macht des Gewohnten 39f., 46, 108
Methatesiophobie 184, 186f.

Non-helping-Bystander-Effekt 57

Opferhaltung 51–54, 64, 148
Optionen 27f.

Perfektionismus 98f.
Positives Denken 173
Primärgefühle 132
Prioritäten 88, 92–97, 101
Prophezeiung, sich selbst erfüllende 40

Relativierung 216
Resilienz 170
Risikoabschätzung 146
Risikoaversion 25f., 120

Sekundäre Rationalisierung 39
Sekundärgefühle 132
Sekundärtätigkeiten 104
Selbst-Delegitimierung 52
Selbstmanipulation 172
Sicherheitsstreben 31–36
Somatische Marker 117
Störfaktoren 42
Störfälle 165
Szenarien 163f., 173, 177

Thorndike, Edward 41
Trägheit 46f., 50, 56, 64, 108
Tunnelblick 20

Verdrängungsstrategien 168f.
Visionen 90f., 144
Vorbereitung 163, 204
Vorsätze 90, 92

Wahrnehmungsdefzite 173
Weltbild, egozentrisches 218
Widerstände 24

Zeppelin, Ferdinand Adolf von 141f.
Zielfixierung 15, 20
Zielvorstellungen 172

Dein Erfolg

Erprobte Strategien, die Ihnen auf dem Weg zum Erfolg hilfreiche Abkürzungen bieten.

Stephen R. Covey
Die 12 Gründe des Gelingens
ISBN 978-3-86936-722-4
€ 24,90 (D)
€ 25,60 (A)

Astrid Braun-Höller, Katharina Pohl
Wie hätten Sie's denn gern?
ISBN 978-3-86936-757-6
€ 19,90 (D) / € 20,50 (A)
Nicht als E-Book erhältlich

Stephen M. R. Covey, Rebecca R. Merrill
Schnelligkeit durch Vertrauen
ISBN 978-3-89749-908-9
€ 29,90 (D) / € 30,80 (A)

Ilja Grzeskowitz
Let's talk about change, baby!
ISBN 978-3-86936-758-3
€ 15,00 (D) / € 15,40 (A)

Stephen R. Covey
Die 7 Wege zur Effektivität
ISBN 978-3-89749-573-9
€ 24,90 (D) / € 25,60 (A)

Friedbert Gay (Hrsg.)
Das persolog-Persönlichkeits-Profil
ISBN 978-3-89749-352-0
€ 34,90 (D) / € 35,90 (A)

Svenja Hofert
Was sind meine Stärken?
ISBN 978-3-86936-693-7
€ 24,90 (D) / € 25,60 (A)

Ilja Grzeskowitz
Mach es einfach!
ISBN 978-3-86936-689-0
€ 19,90 (D) / € 20,50 (A)

 Alle Titel auch als E-Book erhältlich

gabal-verlag.de

ein Leben / Dein Leben

spirierende Impulse und praktische
pps, die Ihr Leben leichter, besser und
chöner machen.

Marco von Münchhausen
Konzentration
ISBN 978-3-86936-719-4
€ 19,90 (D)
€ 20,50 (A)

Steffen Ritter
Selbstbewusstsein
ISBN 978-3-86936-724-8
€ 19,90 (D)
€ 20,50 (A)

harina Maehrlein
htsamkeit ganz praktisch
N 978-3-86936-759-0
,00 (D) / € 15,40 (A)

Thomas Tuma
Der moderne Mann
ISBN 978-3-86936-728-6
€ 15,00 (D) / € 15,40 (A)

Christo Foerster
Dein bestes Ich
ISBN 978-3-86936-723-1
€ 29,90 (D) / € 30,80 (A)
Nicht als E-Book erhältlich

dula Nussbaum
ht ja doch!
N 978-3-86936-626-5
4,90 (D) / € 25,60 (A)

Kathrin Sohst
Zart im Nehmen
ISBN 978-3-86936-688-3
€ 24,90 (D) / € 25,60 (A)

Stephen R. Covey
Die 7 Wege zur Effektivität für Familien
ISBN 978-3-89749-728-3
€ 29,90 (D) / € 30,80 (A)

 Alle Titel auch als E-Book erhältlich

gabal-verlag.de

GABAL

Lesen und lesen lassen!
Beliebte GABAL-Bücher im Hörbuchformat

 Ungekürzte Lesungen

Rainer Biesinger
The Fire of Change
ISBN 978-3-86936-774-3
€ 39,90 (D) / € 44,80 (A)

Klaus-J. Fink
TopSelling
ISBN 978-3-86936-773-6
€ 39,90 (D) / € 44,80 (A)

Katharina Maehrlein
Erfolgreich führen mit Resilienz
ISBN 978-3-86936-745-3
€ 39,90 (D) / € 44,80 (A)

Svenja Hofert
Was sind meine Stärken?
ISBN 978-3-86936-772-9
€ 39,90 (D) / € 44,80 (A)

Franziska Brandt-Biesler,
Rainer Krumm
So wird verkauft!
ISBN 978-3-86936-744-6
€ 39,90 (D) / € 44,80 (A)

Devora Zack
Die Multitasking-Falle
ISBN 978-3-86936-743-9
€ 39,90 (D) / € 44,80 (A)

Gill Hasson
Achtsamkeit
ISBN 978-3-86936-717-0
€ 39,90 (D) / € 44,80 (A)

Claudia Fischer
99 Tipps für erfolgreiche Telefonate
ISBN 978-3-86936-775-0
€ 39,90 (D) / € 44,80 (A)

Alle Titel auch als MP3-Download erhältlich

gabal-verlag.de

30 Minuten wissen Sie mehr!

Kompetentes Wissen praxisorientiert und
übersichtlich auf den Punkt gebracht.

Jedes Buch 96 Seiten, € 8,90 (D) / € 9,20 (A)

Marco Weißer
30 Minuten
Erfolgreich
ausbilden
ISBN
978-3-86936-770-5

Markus Hornig
30 Minuten
Gewohnheiten
ändern
ISBN
978-3-86936-734-7

Monika A. Pohl
30 Minuten Intuition
ISBN 978-3-86936-768-2

Thomas Lorenz, Klaus-Jürgen Deuser
30 Minuten Sympathisch und souverän:
So geht Vortragen!
ISBN 978-3-86936-771-2

Olaf Kortmann
30 Minuten
Transformationales Führen
ISBN 978-3-86936-739-2

Rainer Flockenhaus
30 Minuten Gute Briefings
ISBN 978-3-86936-742-2

Felix Maria Arnet
30 Minuten Gescheit scheitern
ISBN 978-3-86936-766-8

Stefanie Demmler, Hendrik
Hübner, Madlen Frieseke
30 Minuten Familienfreundlich
arbeiten
ISBN 978-3-86936-738-5

Alle Titel auch als E-Book erhältlich

gabal-verlag.de

Peter Brandl bei GABAL
Die Erfolgstitel des Kommunikationsexperten

Peter Brandl ist Unternehmer, Managementtrainer, ehemaliger Berufspilot und Fluglehrer. Er berät und trainiert Unternehmen in den Bereichen Kommunikation, Verhandlungstechniken und Konfliktmanagement. Dabei kombiniert er seine über 20-jährige Erfahrung mit neuesten Erkenntnissen aus der Luftfahrt und überträgt dieses Wissen auf alltägliche Situationen.

Kommunikation
ISBN 978-3-86936-636-4
D € 19,90 / A € 20,50

Hudson River
ISBN 978-3-86936-509-1
D € 24,90 / A € 25,60

Crash-Kommunikation
ISBN 978-3-86936-830-6
D € 19,90 / A € 20,50

30 Minuten Verhandeln
ISBN 978-3-86936-353-0
D € 8,90 / A € 9,20

Hudson River
ISBN 978-3-86936-535-0
D € 39,90 / A € 44,80

Crash-Kommunikation
ISBN 978-3-86936-276-2
D € 39,90 / A € 44,80

30 Minuten Verhandeln
ISBN 978-3-86936-503-9
D/A € 16,90

Alle Titel auch als E-Book oder MP3-Download erhältlich

gabal-verlag.de